U0639422

大夏书系 | 全国幼儿教师培训用书

《3—6岁儿童学习与发展指南》
案例式解读
（第二版）

管旅华　崔利玲　朱　瑶　主编

华东师范大学出版社

·上海·

图书在版编目（CIP）数据

《3—6 岁儿童学习与发展指南》案例式解读／管旅华，崔利玲，朱瑶主编. —2 版.
—上海：华东师范大学出版社，2023
ISBN 978-7-5760-3751-7

I.① 3... II.①管 ... ②崔 ... ③朱 ... III.①学前教育—教学研究 IV.① G612

中国国家版本馆 CIP 数据核字（2023）第 042991 号

大夏书系 | 全国幼儿教师培训用书

《3—6 岁儿童学习与发展指南》案例式解读（第二版）

主　编	管旅华　崔利玲　朱　瑶
策划编辑	李永梅
责任编辑	万丽丽
责任校对	杨　坤
封面设计	柏　艺

出版发行	华东师范大学出版社
社　　址	上海市中山北路 3663 号　邮编 200062
网　　址	www.ecnupress.com.cn
电　　话	021-60821666　行政传真 021-62572105
客服电话	021-62865537
邮购电话	021-62869887
地　　址	上海市中山北路 3663 号华东师范大学校内先锋路口
网　　店	http://hdsdcbs.tmall.com/

印　刷　者	北京密兴印刷有限公司
开　　本	700×1000　16 开
印　　张	17.5
字　　数	258 千字
版　　次	2023 年 12 月第二版
印　　次	2025 年 7 月第四次
印　　数	10 101-11 100
书　　号	ISBN 978-7-5760-3751-7
定　　价	62.00 元

出版人　　王　焰

（如发现本版图书有印订质量问题，请寄回本社市场部调换或电话021-62865537联系）

　　《3—6 岁儿童学习与发展指南》（以下简称《指南》）是为深入贯彻教育规划纲要，落实《国务院关于当前发展学前教育的若干意见》（国发〔2010〕41 号），帮助广大幼儿园教师和家长了解 3—6 岁幼儿学习与发展的基本规律和特点，全面提高科学保教水平，由教育部组织专家研究制定，并于 2012 年 10 月正式颁布。

　　《指南》颁布 10 年后，2022 年 2 月教育部为深入贯彻全国教育大会精神，根据中共中央、国务院《关于学前教育深化改革规范发展的若干意见》和《深化新时代教育评价改革总体方案》的精神，深化幼儿园教育改革，促进学前教育高质量发展，推动各地完善以促进幼儿身心健康发展为导向的学前教育质量评估体系，印发《幼儿园保育教育质量评估指南》（以下简称《评估指南》）。

　　为帮助教师和家长更好地了解《指南》和明确幼儿学习与发展的具体方向，树立科学的评价导向，本书采用案例式解读的方式讲解。所谓案例式解读，意在将《指南》与教育教学实践有机结合，与一线幼儿园教师的经验、体会、摸索融会贯通，通过基于幼儿园教师实践中那些需要回应的现实问题和鲜活典型的案例，为一线幼儿园教师提供问题发现、问题分析和问题解决的具体场景，让一线幼儿园教师结合案例解读，切实把先进的教育理念和科学的教育方法落实到幼儿园保教工作的各个环节。

　　本书总体框架，依照《指南》的 5 个领域、11 个方面、32 个学习与发展目标进行解读。每个目标下有四个栏目：视野拓展，案例、评析及建议，教育偏差，名著启示，其中"案例、评析及建议"是本书的主体部分。在这一部分中，《评估指南》中要求的"注重过程评估""强化自我评估""聚焦班级观察"的"评估方式"，得到着重体现。

视野拓展：《指南》的制定者是在分析比较美、英、德、法等13个国家和地区早期儿童学习与发展指南（标准）的文本结构和内容框架，并认真总结国内经验的基础上制定的《指南》。本书选取英国、法国、南非、澳大利亚、芬兰、韩国、日本、德国等国家，以及中国香港地区的幼儿学习和发展目标，与《指南》的32个目标分别对应，有助于幼儿学习和发展的引导者、支持者在更广阔的视野中了解《指南》。

案例、评析及建议：《指南》分别对3~4岁、4~5岁、5~6岁三个年龄段末期幼儿应该知道什么、能做什么，大致可以达到什么发展水平提出了合理期望，但《指南》中的各学习与发展目标又不能简单、直接地用作幼儿园的具体教育活动目标和活动内容，应该根据幼儿的兴趣和需要，制定有针对性的活动目标，促进每个幼儿在原有水平上的发展。结合《评估指南》，以及《指南》颁布10年来优秀一线教师、园长在实践中对《指南》进一步理解和把握的经验，精选典型活动案例并进行评析，分别给教师和家长提出建议，有利于教师和家长更好地用好《指南》。

教育偏差：《指南》说明的第四部分指出，要关注幼儿学习与发展的整体性，不应片面追求某一方面或几方面的发展；要尊重幼儿发展的个体差异，切忌用一把"尺子"衡量所有幼儿；要理解幼儿的学习方式和特点，严禁"拔苗助长"式的超前教育和强化训练；要重视幼儿的学习品质，不能单纯追求知识技能学习而忽视幼儿学习品质培养。《指南》颁布10年来，学前教育的理念、方式有了很大的提高，但幼儿教师和家长在与儿童相处的过程中，仍然存在很多似是而非的教育问题，需要我们教师和家长警醒。

名著启示：《指南》着重强调的教育理念是——幼儿是积极主动的学习者，珍惜童年生活的独特价值，尊重幼儿的学习方式和学习特点，尊重幼儿发展的个体差异，重视家园共育。本书针对各目标要求中常出现的教育理念、教育方式的偏差，链接了相关名著中的重要段落，提供了了解各种教育思想和理念的通道，有利于提高教师和家长的教育素养，能给我们的反思带来一些启发，有利于从更高层面上实施《指南》。

目　录

第二章 | 解读《指南》"语言"领域

第三章 | 解读《指南》"社会"领域

第四章｜解读《指南》"科学"领域

第五章｜解读《指南》"艺术"领域

第一章

解读《指南》"健康"领域

（一）身心状况

（二）动作发展

（三）生活习惯与生活能力

健康是指人在身体、心理和社会适应方面的良好状态。幼儿阶段是儿童身体发育和机能发展极为迅速的时期，也是形成安全感和乐观态度的重要阶段。发育良好的身体、愉快的情绪、强健的体质、协调的动作、良好的生活习惯和基本生活能力是幼儿身心健康的重要标志，也是其他领域学习与发展的基础。

为有效促进幼儿身心健康发展，成人应为幼儿提供合理均衡的营养，保证其拥有充足的睡眠和适宜的锻炼，满足幼儿生长发育的需要；创设温馨的人际环境，让幼儿充分感受到亲情和关爱，形成积极稳定的情绪情感；帮助幼儿养成良好的生活与卫生习惯，提高自我保护能力，形成使其终身受益的生活能力和文明生活方式。

幼儿身心发育尚未成熟，需要成人的精心呵护和照顾，但不宜过度保护和包办代替，以免剥夺幼儿自主学习的机会，养成过于依赖的不良习惯，影响其主动性、独立性的发展。

（一）身心状况

目标 1　具有健康的体态

3~4 岁	4~5 岁	5~6 岁
1. 身高和体重适宜。 参考标准： 男孩： 身高：94.9~111.7 厘米 体重：12.7~21.2 公斤 女孩： 身高：94.1~111.3 厘米 体重：12.3~21.5 公斤 2. 在提醒下能自然坐直、站直。	1. 身高和体重适宜。 参考标准： 男孩： 身高：100.7~119.2 厘米 体重：14.1~24.2 公斤 女孩： 身高：99.9~118.9 厘米 体重：13.7~24.9 公斤 2. 在提醒下能保持正确的站、坐和行走姿势。	1. 身高和体重适宜。 参考标准： 男孩： 身高：106.1~125.8 厘米 体重：15.9~27.1 公斤 女孩： 身高：104.9~125.4 厘米 体重：15.3~27.8 公斤 2. 经常保持正确的站、坐和行走姿势。

注：身高和体重数据来自《2006 年世界卫生组织儿童生长标准》4、5、6 周岁儿童身高和体重的参考数据。

视野拓展

中国香港《儿童发展范畴表现指标》

自我形象：对自己有一定的认识，能分辨自己与别人的异同。

英国《EYFS 早期学习与发展目标》

身体发育：了解保持健康的重要性及如何保持健康。

韩国《全国幼儿园课程》

健康之感知技能和身体认知：运用感官，对身体和身体活动的自我认知。

● 案例、评析及建议

【案　例】

"小胖墩"和"小教练"

　　中一班开始"钻圈"体育活动了，小朋友们正面钻、侧身钻、倒着钻，各显神通。最后是钻圈比赛，四组同时进行，每一组三人合作手拉手依次钻圈，先完成的队伍获胜。赫赫是第三组中间的队员，前面的安安侧着身体轻松穿过，当轮到他钻时，由于自身体型偏大，加上双手被前面的安安和后面的小宇拉着，他尝试了好几次才成功，因此，第三组成了最后一名。安安和小宇抱怨道："赫赫太胖了，太慢了，我们不要和他一组。"赫赫脸唰地红了："哼，不和我一组就不和我一组，我还不想玩了呢！"他抱着双臂转身背向一边。老师见状，快速走到赫赫身边安抚。赫赫情绪稍稳定后，老师请大家集中讨论："手拉手钻圈和一个人钻圈有什么不同呢？"孩子们争先恐后地答道："手拉手比一个人钻更难。""手拉手钻圈更好玩。"老师追问："手拉手钻圈时怎么做才能速度更快呢？"一向比较能干的果果回答道："一个人钻过圈后需要把手抬高，将圈套到旁边小朋友的头上，我们组就是这样才赢得比赛的。"老师问安安和小宇道："你们愿意用果果的方法尝试一下吗？"安安和小宇相互看看，主动拉起赫赫的手，三人和好了。

　　赫赫之所以成为"小胖墩"，和平时的饮食习惯有关。他胃口好、饭量大，从不挑食，还特别喜欢吃肉、甜食等热量高的食物，自中班起便成为保健室肥胖儿的管理对象。根据管理办法，在幼儿园进餐时老师都是鼓励赫赫先喝汤再吃饭，爸爸、妈妈也知道肥胖会影响健康，但每次看到孩子喊饿又不忍心，所以赫赫的体重一直处于上升趋势。参照《国民体质测定标准手册》，老师为全班孩子做了体质测试，通过数据分析发现，赫赫除了在网球、掷远上超过同伴，其他反应速度、平衡和灵敏的素质测试都远低于班级男孩子的平均水平。虽然老师鼓励他多参加锻炼，但赫赫因体型偏大，运动一会儿就喊累，对体育活动提不起兴趣，静坐、漫无目的地走来走去成为赫赫锻炼时的常态。老师一直在观察，希望能找到帮助赫赫的机会。

一天晨间锻炼时，老师看到赫赫在投篮区投篮，发现赫赫很有此项运动的天赋。投篮区有三个篮筐，难度和高度依次递增，小朋友投最高的篮筐都很吃力，赫赫却很轻松，而且命中率很高，引来围观小伙伴们的阵阵掌声。在和赫赫聊天后得知，他爸爸是资深篮球爱好者，经常带他去球场玩。老师似乎找到了改善赫赫肥胖现状、让他身体更加健康的钥匙。

老师将分析的情况和之前钻圈活动时发生的事情反馈给了赫赫爸爸，并且告诉赫赫爸爸赫赫对篮球很有兴趣，建议赫赫爸爸在闲暇时多带赫赫参加篮球运动，让赫赫身体得到锻炼的同时，培育他对篮球运动的兴趣。赫赫爸爸欣然接受老师的提议，愿意和老师做好赫赫的健康管理工作。

每天晚上，赫赫爸爸都会带赫赫到小区广场运动，和他一起拍球、运球、投球，分享一些运动经验。每周末，父子俩还会去篮球馆，赫赫在观战之余也习得了很多篮球技巧。在幼儿园的晨间锻炼中，赫赫理所当然地成了篮球"小教练"，他给小伙伴们示范如何拍球和投篮，跑前跑后地纠正他们的运球姿态，静坐一边的"小胖墩"再也看不到了。

五个月之后，在中班下学期的第一次体检中，赫赫终于由中度肥胖变成了超重，身材明显匀称了很多，体质测试的成绩也提高了不少。他这篮球"小教练"还多了不少小粉丝，每天围着他的不仅有本班的小朋友，还有中二、中三班的伙伴呢。

【评析】

赫赫并不是不爱动，而是因为肥胖活动受限、运动不自如，导致无法完成活动目标，进而缺乏自信，锻炼时不愿尝试，才会表现出旁观和静坐的行为。但他投篮时身高和技巧的优势，让他在此运动中与众不同。老师发现并抓住契机，发挥孩子的特长，让他在运动中找到乐趣，在满足身体锻炼需求的同时，找到了独特的运动优势，也有了自信。最可喜的是，他从一个别人不愿合作的"沮丧者"，变成了受同伴欢迎的"小教练"，改善的不仅是身体状况，还有同伴关系。

很多肥胖儿和赫赫一样，由于自卑和易疲劳不愿参加体育锻炼，我们要善于发现孩子的闪光点，激发其参加锻炼的内驱力，让其发现运动的乐趣，主动参加运动，让孩子拥有健康的体态。

近年来，越来越多憨态可掬的"小胖墩"出现在幼儿园里。肥胖不仅对幼儿的生理具有危害，造成其心肺功能降低、运动能力下降，增加其患糖尿病、高血压等疾病的风险，还会让孩子在社交和心理方面面临极大挑战，容易被歧视、嘲笑，进而产生自闭自卑等心理障碍。肥胖儿的健康管理必须在家园共同努力下进行，单纯靠幼儿园的干预，效果甚微。教师应通过多种方式让家长认识到肥胖给幼儿带来的危害，引起家长的重视，在家园共育下共同守护孩子的健康。

幼儿肥胖可分为病理性肥胖和单纯性肥胖，病理性肥胖是因某种疾病引起的肥胖，需要家长带孩子及时就医，在医生的治疗和干预下康复。单纯性肥胖较为普遍，产生的原因大多和遗传因素、摄入过量、不爱运动及不良的饮食习惯有关。只有清晰地认识到肥胖可能对幼儿身心造成多方面的危害，才能正确树立老师、家长及孩子对改变肥胖的意识。很多父母忙于工作，无暇顾及孩子的饮食起居，周末也很少有时间陪同孩子一起锻炼，孩子多由家里的老人照看，爷爷奶奶们觉得孩子胖乎乎的很可爱，因为怕孩子玩耍会受伤就很少带孩子去户外锻炼，看到孩子吃得多认为是孩子胃口好，体重长得快是身体壮，觉得孩子现在还小，长大点自然就不胖了。也有老师会觉得孩子胖胖憨憨的不惹事，平时挺省心的，只要按照儿童保健的要求饭前给他喝汤，多提醒他做运动就可以了，没有采取更多的引导措施。这些观点和行为都源于对肥胖的认识不够，没能认识到肥胖对孩子的身心危害。老师和家长应时刻关注幼儿体态，重视幼儿肥胖的防治，发现幼儿超重和肥胖后要加强家园合作，形成家园合力教育。

【建　议】

给教师的建议

1. 配合保健室建立超重、肥胖儿健康管理档案

要定期体检，记录、监测孩子发育情况，通过家长会、个别交流及时向家长反馈，提高家长对孩子肥胖的正确认识，帮助家长制订饮食、运动计划，形成家园合力。

2. 合理规划幼儿膳食，保证其营养均衡

肥胖儿的防治需要制定科学的营养食谱，在保证营养均衡的基础上，通过多食粗粮、饭前半小时吃水果、饭前先喝汤等措施，循序渐进地减少肥胖儿每日摄入的总能量。老师还要帮助孩子养成良好的生活饮食习惯，纠正只吃肉不吃蔬菜、大量进食甜食等不合理的膳食方式，避免孩子能量摄入过量造成肥胖。

3. 激发幼儿参与运动的兴趣，提高其运动能力

教师在晨间锻炼、早操等户外活动时关注肥胖儿运动量，通过引导、鼓励等多种方式逐渐增加其运动量。多数孩子肥胖是因为进食量大，消耗少，多余的能量以脂肪的形式储存在体内，运动可以改善幼儿心肌代谢状况、增加肺活量、改善肺的通气能力，使体内气体交换频率加快，有助于氧化孩子体内多余的脂肪，有效改善孩子的肥胖状态。

4. 关注肥胖儿心理健康

加强肥胖儿对自身体态的认知，避免其在幼儿园生活中被嘲笑、排斥。发掘孩子在某些运动项目上的潜力，在组织户外活动时让其担任重要角色，为其创造运动条件，逐步提升肥胖儿的运动能力，增强其自信。

给家长的建议

1. 培养孩子养成良好的饮食、作息习惯

要使孩子养成细嚼慢咽不挑食、早睡早起勤锻炼的好习惯。肥胖儿因食欲好，吃饭时往往狼吞虎咽，而且多有吃小零食的不良习惯。在孩子进食时，家长要提醒孩子养成细嚼慢咽的好习惯，这样做有利于食物消化，还能减缓进食速度，从而减少进食总量。

2.提供品类多样、营养丰富的食物，科学烹饪

家庭可以调整饮食结构，合理规划低脂饮食，让孩子摄入优质蛋白。如减少油、盐、糖的摄入，增加谷物、蔬菜、水果、奶、蛋、牛肉、鸡肉、鱼、虾等多样化食物。平时以植物脂肪和优质蛋白摄入为主，避免食用炸鸡、红烧肉等油腻食物，尽量少煎炸、烧烤、腌制。孩子爱吃的零食大多是多糖多盐等高热量高脂肪的食物，对健康十分不利，家长应控制孩子零食、甜食进食量，保证营养均衡、合理。

3.增加亲子陪伴，多带孩子参加体育锻炼

循序渐进，逐渐增加孩子的运动量，多带孩子参加如踢球、跳绳、骑车、游泳、爬山、远足等运动。

4.积极配合幼儿园做好孩子的健康管理

保持与幼儿园的紧密联系，提高健康意识，在保健老师的指导下关注孩子的身体变化，实施科学养育行为，帮助孩子养成健康的生活方式。

（南京市晓庄学院实验幼儿园　屠超）

教育偏差

当和孩子一起外出行走时，家长经常会催促孩子"快点走，慢慢吞吞的，什么时候才能到家"，"快点，快点，不要东看西看的"。"行走就是为了要到达预定的目标"，看似符合成人世界的规则，实质忽视了儿童的感受，甚至违背了儿童的成长规律。

"教育是一个逐步发现自己无知的过程"（杜兰特），《指南》提出的"教育建议"、《童年的秘密》中的论述能给我们的反思带来一些启发。

教育建议：

（1）为幼儿提供营养丰富、健康的饮食。如：参照《中国孕期、哺乳期妇女和0~6岁儿童膳食指南》，为幼儿提供谷物、蔬菜、水果、肉、奶、蛋、豆制品等多样化的食物，均衡搭配。烹调方式要科学，尽量少煎炸、烧烤、腌制。

（2）保证幼儿每天睡11~12小时，其中午睡一般应达到2小时左右。午睡时间可根据幼儿的年龄、季节的变化和个体差异适当减少。

（3）注意幼儿的体态，帮助他们形成正确的姿势。如：提醒幼儿要保持正确的站、坐、走姿势；发现有八字脚、罗圈腿、驼背等骨骼发育异常的情况，应及时就医矫治。桌、椅和床要合适。椅子的高度以幼儿写画时双脚能自然着地、大腿基本保持水平状为宜；桌子的高度以写画时身体能坐直，不驼背、不耸肩为宜；床不宜过软。

（4）每年为幼儿进行健康检查。

名著启示

一岁半到两岁的儿童实际上可以走上1英里的路程，还可以爬过斜面或楼梯等一些有难度的地方。但是和我们成人相比，他的行走有着截然不同的目的。成人行走是要到达某个外在的目标，而且是直奔目标的；成人步履匆匆，这种速度几乎机械地带着他向前赶路。相反，儿童行走是为了发展自己的力量，儿童在行走中建构自己。儿童步履缓慢，他行走时既没有速度也没有目标。但是儿童行走时所看到的一切吸引着他，促使他继续向前。如果成人要帮助儿童的话，那么成人就必须放弃自己行走的速度和目标。

在那不勒斯，我认识一对年轻夫妇，他们最小的孩子18个月大。夏天去海边，他们必须沿着一条陡峭的下山路走差不多1英里，几乎无法借助任何交通工具。这对年轻夫妇本来希望抱着孩子走，但是他们发现抱着孩子走实在太累人了！结果小孩儿本人解决了他们的难题，他自己走完了全程。他不时地停下来看花，或者坐在草坪上，或者站起来看动物。一次，小孩儿竟然盯着一只正在吃青草的驴子看了15分钟。于是，这个孩子每天不知疲倦地往返于这条漫长艰难的道路。

——《童年的秘密》

目标 2　情绪安定愉快

3~4岁	4~5岁	5~6岁
1. 情绪比较稳定，很少因一点小事哭闹不止。 2. 有比较强烈的情绪反应时，能在成人的安抚下逐渐平静下来。	1. 经常保持愉快的情绪，不高兴时能较快缓解。 2. 有比较强烈情绪反应时，能在成人提醒下逐渐平静下来。 3. 愿意把自己的情绪告诉亲近的人，一起分享快乐或求得安慰。	1. 经常保持愉快的情绪。知道引起自己某种情绪的原因，并努力缓解。 2. 表达情绪的方式比较适度，不乱发脾气。 3. 能随着活动的需要转换情绪和注意。

视野拓展

英国《EYFS 早期学习与发展目标》

个体、社会和情感：对重大的经历有着不同的情绪和反应；懂得什么是正确的，什么是错误的，以及为什么；考虑个人言行对自己及他人会产生的后果。

中国香港《儿童发展范畴表现指标》

自我管理及表达感情的能力：乐意遵守规则，与人和谐相处；能了解和表达自己的需要和感受；能适当地计划自己的活动时间和进行方式；认识、了解和接受不同的情绪；适当地表达及控制情绪；能明白和关心别人的感受和需要，懂得尊重别人。

南非《早期儿童发展服务纲要指南》

儿童情感的发展：儿童需要能够说"我能"，这意味着他们可以做的事情；"我有"意味着他们知道那些可以提供帮助的人；"我是"意味着自己有哪些特点。

日本《幼儿园教育要领》

健康：积极在室内游戏；对各种活动有亲切感并乐于参与；掌握健康的

生活节奏。

韩国《全国幼儿园课程》

健康领域：保持正确积极的生活态度，通过参加各种愉快的体育活动保持心理健康。

案例、评析及建议

【案　例】

打败情绪小怪兽

早上 8 点，中班孩子们陆陆续续地来到了班级，平常准时入园的小雨竟然还没来。老师正疑惑时，"丁零零"，电话响了。"喂，董老师，快来把你们班小雨带上楼！"大门处负责晨检的保健老师在话筒里焦急地催促着。董老师快速跑下楼，刚到大厅就看见保健老师抱着小雨，小雨挥舞着拳头涨红着脸，一副生人勿近的模样，旁边许多孩子在围观。"我要回家！"小雨不停地推开保健老师，边说边想要冲出去。看到董老师走来，小雨紧张的动作有些放松，皱起的眉头也慢慢舒展。"小雨，你怎么了？"董老师话音未落，周围的孩子们纷纷开腔："他刚刚发火，都吓到我了！""我来的时候小雨就在这大喊大叫的，他要回家。"孩子们的话语又激起了小雨的愤怒，他跺着脚着急地说："我没有！我就是要爷爷！"董老师蹲下身轻轻握住小雨的手："为什么要爷爷，可以和我说说吗？"小雨从口袋里拿出一个皱巴巴的口罩说："爷爷忘把口罩拿走了！"

现在是新冠疫情期间，为保护孩子路途的安全，我们要求家长给孩子全程佩戴口罩，到园门口再摘下交给家长。原来规则意识很强的小雨是因为这件事才情绪激动的。我安慰道："没事的，小雨，我们找个塑料袋把口罩套住放进你的柜子里，下午回家时再带回去。"小雨明显松了口气。董老师轻抚小雨的背部舒缓他的情绪，说："我们现在可以回班吗？"小雨点点头，牵住了董老师的手。

回班之后的小雨还是闷闷不乐，大家感到有些奇怪，桃宝追着小雨问："小雨，你怎么不理我呀？"天天指着小雨的脖子说："小雨，你的脖子怎么红了？"小雨捂着脖子生气地说："被我妹妹抓的！明明是妹妹抢我的玩具，但爸爸妈妈帮她不帮我！"孩子们的同情心被激发："没事的，小雨，我们给你吹吹就好啦！"在伙伴们的关心和安慰下，小雨逐渐平复了情绪。进入区域活动了，老师知道小雨真正的心结还没打开。在个别谈话时间，老师找小雨聊天："今天发生了什么事，你可以和我说说吗，真的是因为口罩的事情生气吗？"

　　"不是的，其实早上在家的时候就生气了。"小雨说。

　　"为什么生气呢？说给我听听，或许我可以帮你想想办法哦！"老师继续问。

　　"早上妹妹抢我的玩具，我不给她就抓我，爸爸妈妈还说我不懂事，我就发火了。"小雨委屈地说，眼泪在他的眼眶里打转。

　　"那你可以用什么方式来告诉他们你生气了呢？"老师问道。

　　"我可以用嘴巴说。"小雨指了指自己的嘴巴说。

　　"是的，你说了大家就知道你是怎么想的。下午放学的时候我和你爸爸妈妈聊一聊哦。"说完，老师向小雨竖起了大拇指。

　　饭前的过渡环节，孩子们都提议让老师讲故事，老师给大家念了《我的情绪小怪兽》这本绘本。讲完后组织大家围绕情绪展开了讨论："情绪小怪兽都有哪些情绪呢？"孩子们七嘴八舌地给出了自己的答案："有快乐、生气，还有害怕。""还有愤怒、平静和伤心呢。"

　　"那你们知道自己的不同情绪吗？"老师继续问道。"爸爸妈妈说我的时候，我是伤心的，我今天早上生气了，后来和我的好朋友在一起玩就是快乐的。"小雨说。"我每天来幼儿园都很开心，尤其是和好朋友一起玩游戏的时候最开心。""我想妈妈的时候会伤心，但一会儿就好了。"

　　"那如果你们生气、伤心或愤怒的时候，你们怎么做能让自己开心起来呢？"老师问道。"我会和老师或者好朋友说一说不开心的事情，说完就好了。""我玩一会儿喜欢的玩具就开心了。""我会把我不喜欢的东西画出来，画完我就高兴了。"大家争先恐后地分享管理情绪的方法。

"原来有这么多种方式可以让大家开心起来呢，那以后我们不开心的时候可以试试这些方法哦！"老师总结道。

"我一定会战胜'情绪小怪兽'的！"小雨满怀信心地说。

离园时，来接小雨的是几乎没来过幼儿园的小雨妈妈。老师和小雨妈妈交流了今天的情况并询问小雨最近在家的情绪。妈妈说："有时候会和妹妹闹矛盾，我们都说哥哥要让着妹妹，小雨就会生气。"哦，其实小雨生气的原因爸爸妈妈是知道的，他们又是怎么做的呢？"我平时工作忙，下班后照顾妹妹比较多，小雨都是他爸爸管。他爸爸有时也没耐心，会对小雨发脾气。"小雨妈妈有些惭愧。

老师给出建议："发脾气、打骂都不是帮助小雨的好办法，这样反而会让小雨的情绪更不稳定。你们应该多和小雨聊聊，听听他的想法。您除了照顾妹妹，也要多关心小雨，了解他在幼儿园的事情，不要忽略他哦！"小雨妈妈连忙点头。

【评 析】

帮助幼儿学会恰当地表达和调控情绪是幼儿园健康教育的重要方面。教师要善于在生活中、偶发事件中把握教育契机，积极引导。此案例中，小雨情绪不稳定，会因为一些小事生气、发脾气，老师抓住这一教育契机，用积极交流、绘本阅读、家园沟通、营造安全心理环境等多种方式让小雨感受到了爱的温暖并开始愿意接纳成人善意的关怀，从而慢慢稳定了情绪。

1. 正视幼儿的负面情绪，尝试共情

情绪虽有正负之分，但没有对错之分。案例中的小雨在出现负面情绪的时候，教师并没有阻止，小雨通过大喊、推人等方式发泄了自己的负面情绪。教师给幼儿发泄的机会，待他发泄完，情绪稳定了再进行个别或集体讨论，引导幼儿认识情绪、合理地表达情绪。

2. 从幼儿的角度出发，分析原因、寻找对策

家园合力，共同引导幼儿正确表达情绪。案例中小雨从入园时就情绪不

稳定，教师通过与小雨家人交流得知：小雨家里还有个妹妹，平时全家人都让着妹妹，忽视了小雨的感受，导致小雨通过生气、发脾气等方式来获得关注。针对这一情况，教师与小雨的家长进行沟通，了解小雨在家的情况，更准确地找到问题的症结，引导家长了解幼儿行为背后的情绪，与孩子多交流，给予孩子公平的关注和关爱。

3. 允许幼儿表达情绪，给予适当引导

当幼儿生气时，我们要做到不硬性压制，允许他们表达。小雨在大哭大闹时，教师智慧地与他对话；当孩子情绪安定后再进行交流引导。案例中教师通过个别交流、绘本阅读，自然而然地帮助小雨稳定了情绪。

【建　议】

给教师的建议

1. 营造温暖轻松的心理环境，让幼儿形成依赖感和安全感

教师的教养态度是直接影响幼儿形成安全心理环境的关键因素之一。教师应充满爱心与耐心，尊重每个幼儿，满足他们正当的情绪情感需求。教师平时在主动关心的基础上也可以鼓励班级里的孩子们互相关心、互相帮助，在温暖的集体氛围中帮助幼儿在心理上形成安全感甚至是依赖感。温暖轻松的班级心理环境更有利于孩子的情绪稳定。

2. 情绪稳定，以积极愉悦的情绪影响幼儿

教师要从自身情绪的表达出发，言传身教，以积极饱满的状态与幼儿相处。情绪是会感染的，每天我们和孩子相处的时间都在 8 小时以上，教师的一言一行耳濡目染地影响着孩子。我们要做情绪稳定的教师，用恰当的方式表达情绪，为幼儿做好榜样。特别在教育孩子的过程中要不急不躁，保持良好的情绪。

3. 以游戏化的教育方式，教会幼儿学会情绪表达

生活中，每个幼儿都会有不开心、生气的时候，遇到这样的情况，学会合理地表达情绪是幼儿园健康教育的重要部分。根据幼儿的年龄特点，我们

　　　　　　　　《3—6岁儿童学习与发展指南》案例式解读（第二版）

应该采用游戏化的教育方式，通过阅读绘本，帮助幼儿认识情绪并了解处理情绪的方法；通过绘画，也能帮助幼儿表达自己的情绪；借助情景表演、亲子手工制作等方式教会他们识别正面情绪。这样才有利于他们更好地稳定情绪。

给家长的建议

1. 父母共同参与教育，平等对待家中幼儿

陈鹤琴先生在《家庭教育》中写道：环境中最重要的是父母，教养中的最重要因素恐怕也是父母。这强调了父母在家庭教育中扮演着重要角色，两者缺一不可，不能因为工作繁忙而忽视孩子的教育。对于多子女家庭，父母要平等对待家中的每一个孩子，适当地满足孩子的需求，不偏爱，不溺爱，不忽视，家长的日常关心让孩子感受到家庭的温暖，这样的家庭环境有助于孩子形成良好的性格以及稳定的情绪。

2. 亲子互动，创设平等友爱的家庭氛围

针对情绪不稳定的幼儿，父母要有意识地在日常生活中与幼儿多沟通，了解他们心里的真实想法，帮助他们分析问题、解决困难。父母可以尝试游戏化的方式进行改善，比如周末进行家庭大讨论，复盘一周发生的小故事，这样既能分享彼此的趣事，也能改善亲子关系，从而营造平等、轻松、自由的家庭氛围。

3. 树立良好榜样，成人恰当表达和调控情绪

父母是孩子的第一任教师，也是终身教师，这说明家长要以身作则，做好榜样。家长情绪不稳定的时候容易忽视孩子的情感体验，案例中教师了解到小雨妈妈平时看到小雨生气也会很焦躁，而小雨爸爸看到后会大声斥责甚至打骂孩子，小雨则"学以致用"，遇到一点儿小事就会发脾气。所以家长要合理地控制情绪，不在孩子面前发脾气，不迁怒于孩子，不恐吓、威胁孩子，也不能溺爱或过分严厉地对待孩子，要做好孩子情绪管理的榜样。

（南京市佳营幼儿园　董千姿）

教育偏差

孩子乱发脾气，常被成人忽视，觉得孩子还小，情绪不稳定不必太在意。"情绪发展对儿童社会性的发展至关重要。"已有的追踪研究发现，情绪发展迟缓的儿童存在潜在风险，在情绪贫乏环境中成长起来的儿童会很难面对越来越复杂的社会交往。

"教育是一个逐步发现自己无知的过程"（杜兰特），《指南》提出的"教育建议"、《人类行为、学习和脑发展：典型发展》中的论述能给我们的反思带来一些启发。

教育建议：

（1）营造温暖、轻松的心理环境，让幼儿形成安全感和信赖感。如：保持良好的情绪状态，以积极、愉快的情绪影响幼儿。以欣赏的态度对待幼儿。注意发现幼儿的优点，接纳他们的个体差异，不简单与同伴做横向比较。幼儿做错事时要冷静处理，不厉声斥责，更不能打骂。

（2）帮助幼儿学会恰当表达和调控情绪。如：成人用恰当的方式表达情绪，为幼儿做出榜样。如生气时不乱发脾气，不迁怒于人。成人和幼儿一起谈论自己高兴或生气的事，鼓励幼儿与人分享自己的情绪。允许幼儿表达自己的情绪，并给予适当的引导。如幼儿发脾气时不硬性压制，等其平静后告诉他什么行为是可以接受的。发现幼儿不高兴时，主动询问情况，帮助他们化解消极情绪。

名著启示

情绪发展对儿童社会性的发展至关重要，也是认知能力和学术成就的基础。例如，出生之后前三年的心理因素能够很好地预测小学阶段的学术成就，即使控制了智力因素和前期成就，结果也是这样。此外，儿童早期和中期的社会及情绪调整可以预测以后在较高年级中的变化。对情绪发展迟缓的儿童的潜在风险的追踪研究表明，这可能影响其与老师建立良好的人际关系，进而导致其较差的学习成绩。正如上文中所论述的那样，儿童对情绪线索的知觉和理解引发神经和激素反应，从而使之有效地和老师发生联系，感受到舒适和自信，从而认为学校是令人感到享受的地方，并从同辈那里学有所获——一个对教育的成功来说非常重要的因素。此外，研究还发现互动中压力的持续增长和相应的激素水平，如皮质醇的提高，将干扰认知表现，包括记忆和学习能力。

除了"情绪能力的发展可以促进学术成就"这一观点外，认识到"学校环境对促进社会情绪发展来说是理想的"也是很重要的。一些以学校为基础的初期干预项目已经发展为以改变适应不良的认知为目标的问题行为解决，然而，鲜有将情绪纳入引发行为问题因素的。学校环境中问题行为的减少和亲社会行为的增加可提高学术成就。事实上，表现出亲社会行为且无反社会行为的儿童的学术成就更高，可能是因为社会认知和情绪对社会和学术能力起着同样重要的作用。学前阶段的情绪知识（例如，识别情绪和标记情绪表情的能力）对9岁时的学术成就影响极大（例如，阅读能力、算术能力以及获得学术成就的动机），且情绪知识是言语能力和学术能力的调节变量。这种情绪能力和学术成就之间的关系甚至会持续到成年初期；社会技能可以有效地预测大学头两年的平均学分成绩。因此，对情绪发展内部机制进行更深入的研究可能会推动对危险儿童的干预项目。例如，收养中心一个有希望的干预已经将研究目标发展为儿童虐待的生理心理结果。该干预项目的指导数据发现了以增加亲社会行为和提高情绪控制的心理测量成绩两种形式来提高情绪机能的证据。

——《人类行为、学习和脑发展：典型发展》

目标 3 具有一定的适应能力

3~4 岁	4~5 岁	5~6 岁
1. 能在较热或较冷的户外环境中活动。 2. 换新环境时情绪能较快稳定，睡眠、饮食基本正常。 3. 在帮助下能较快适应集体生活。	1. 能在较热或较冷的户外环境中连续活动半小时左右。 2. 换新环境时较少出现身体不适。 3. 能较快适应人际环境中发生的变化。如换了新老师能较快适应。	1. 能在较热或较冷的户外环境中连续活动半小时以上。 2. 天气变化时较少感冒，能适应车、船等交通工具造成的轻微颠簸。 3. 能较快融入新的人际关系环境。如换了新的幼儿园或班级能较快适应。

视野拓展

中国香港《儿童发展范畴表现指标》

自我形象：有兴趣参与各项游戏和活动，主动参与讨论，表达自己的意见；对自己有信心；能完成活动，不会半途而废，态度专注认真；能欣赏自己独特之处，认识自己的价值。

澳大利亚《幼年学习大纲》

儿童拥有强烈的幸福感。体验到强烈的社会和精神幸福，对自己身体的健康越来越负责任。

日本《幼儿园教育要领》

健康：通过与教师和小朋友的接触，带着安全感去行动；理解幼儿园的生活方式，自己去完善幼儿园的生活环境。

《3—6岁儿童学习与发展指南》案例式解读（第二版）

【案　例】

天冷我不怕

　　12月，天气逐渐变冷，户外气温只有5℃左右。早上8:20，大班孩子们陆陆续续来到幼儿园。到了晨间锻炼时，文文说："老师，我觉得有点儿冷，我不想出去锻炼！"笑笑也附和道："老师，我也觉得外面太冷了，我们就在教室里玩游戏吧。"看着畏畏缩缩的孩子，老师问道："我也有些冷，有什么好办法能让我们暖和起来呢？"一旁的嘉禾说："多锻炼就会暖和了，我们可以跑步、跳绳、拍篮球。"小亮提议道："我们来玩解放军锻炼身体的游戏吧，可以跑步、打拳，肯定不会冷了！"他的想法得到孩子们的一致同意，于是，孩子们开始讨论"运动小小兵"可以玩什么，怎么玩，师生共同绘制了"运动中的注意事项"示意图，还在教室门口设置了"我是运动小小兵"的记录墙，记录每天锻炼的内容、玩法和运动中的感受。

　　孩子们来到操场上，一阵冷风吹来，笑笑缩成了一团，说："好冷啊！"嘉禾边和其他孩子搬锻炼器材边回应道："我们来布置跑步场就不冷了！"他们搬来大木桩，间隔排列形成"障碍区"；搬来平衡板、长竹梯、轮胎，延长加宽垒高，形成一个大大的"挑战区"；搬来纸盒纸箱，垒高加长形成"战壕区"。渐渐地，孩子们的小脑袋昂起来了，小手伸出来了。老师问笑笑："你现在觉得冷吗？"笑笑搓搓小手笑着说："不冷，一点儿都不冷！"

　　"小小兵运动场"环境创设好了，孩子们开始准备锻炼。老师拿出孩子们讨论的"运动中的注意事项"示意图提醒大家观察："天气比较冷，运动前应该先要做什么？"琪琪说："先要热身！"老师又问："运动一会儿如果觉得热了，怎么办？"嘉禾说："要去休息，可以脱掉外套，还可以擦擦汗。"老师再次提醒："这张'运动中的注意事项'图片就挂在休息区，大家要根据图上的提示保护好自己。"

开始活动了。嘉禾在"战壕区"玩助跑跨跳,他快速地奔跑,连续跨跳3个"战壕",一连玩了3次,脸上开始微微泛红。老师看见了便来到他的身边,还未开口,嘉禾就走到休息区脱掉大衣外套放进衣篓里,然后回到"战壕区"的起点线,选择了更高的"战壕",开始助跑跨跳。

小亮在"挑战区"里攀爬轮胎、跨跳竹梯,玩了十几分钟后,他的额头开始微微出汗。老师拿来休息区的擦汗毛巾,小亮用毛巾擦擦脸。老师问道:"需要休息一会儿吗?"小亮说:"我想去喝点儿水。"说完他走回教室喝了一些水,又回到操场接着玩了起来。

笑笑和文文两个人围着大木桩玩起追逐躲闪游戏。不一会儿,两个孩子脸上红扑扑的,老师问道:"现在感觉怎么样?""一点儿也不冷了!"两个孩子齐声喊道。

40分钟以后,晨间锻炼活动结束了,琪琪说:"老师,我的小手热乎乎的!"一凡一边用擦汗巾擦着小脸一边说:"我现在一点儿都不冷,瞧!我脸上都有点儿汗了。"文文说:"老师,明天我们还要锻炼,每天都锻炼就不冷了!"

【评　析】

《指南》期望5~6岁的幼儿"能在较热或较冷的户外环境中连续活动半小时以上",但幼儿机体发育不完全,对气温变化的适应能力相对薄弱,在季节更替、温度下降的时候,身体的各项机能及运动状况会随之发生变化。这种变化因孩子的个体差异又会有不同的反应,如文文和笑笑一开始就出现畏难情绪,他俩怕冷怕寒,不想参加户外运动。嘉禾与小亮对寒冷气候的适应能力相对较好,他们能不畏天气的变化,对锻炼活动充满兴趣,并能带动其他小朋友一起进行锻炼。

面对不同孩子的情况,教师敏锐地捕捉到孩子们的内心想法和实际感受,采取一系列方法调动幼儿在冬季开展户外锻炼的兴趣。

1. 创设"记录墙",引发幼儿对自我运动情况的关注

为帮助幼儿感受和体会在冬季开展体育锻炼的益处,教师采用"记录

墙"的方式，启发幼儿用记录的方法展现自己的运动情况。幼儿能够直观地感受到自己参与晨间锻炼活动的次数、时长，更重要的是，幼儿能够表现出自己的运动感受，这样可以从心理上调动幼儿对自我运动情况的关注，帮助幼儿形成冬季参加运动的良好习惯。

2. 放手鼓励支持，激发幼儿参与晨间锻炼的积极性

教师改变以往成人布置晨间锻炼场地、幼儿被动开展晨间锻炼的情况，提供开放式的运动器械库，鼓励幼儿自主选择晨间锻炼的器材。同时，教师支持幼儿创设不同的锻炼区域，在场地的布置以及玩法的设计上发挥幼儿的创意，让幼儿成为晨间锻炼活动的主人，进一步激发了幼儿对晨间锻炼活动的兴趣，也能够调动起幼儿持续参与的积极性。

3. 运用规则提示，调节幼儿运动能力的自主性

运动中学会关注自身的运动感受，并根据自身运动量的大小调节自我的运动强度，是大班幼儿需要掌握的健康领域内容。教师巧妙运用"运动中的注意事项"示意图，以直观形象的图示帮助幼儿学会在运动中调节自身运动量，掌握自我保护的方法，锻炼了幼儿自我调节、自我管理的运动能力，进一步培养了幼儿在运动中的适应能力。

【建　议】

给教师的建议

适应能力是一个人在社会中生存与发展必备的基本能力，也是幼儿阶段需要逐步学习与发展的最基本方面。教师应有意识地根据季节气温的变化，对幼儿的锻炼活动给予调适。

1. 坚持开展户外锻炼活动，做幼儿的高级榜样

教师是幼儿的高级榜样，因此在季节更替的时节里，教师要以身作则，坚持带领幼儿开展户外运动，参与幼儿的锻炼活动，例如：冬季和幼儿一起跑步、跳绳、投沙包等；夏季和幼儿一起玩踩影子、打水仗等体育游戏。每天坚持做幼儿的锻炼玩伴，游戏中给予幼儿更多的鼓励、肯定，为幼儿带来正面积极的影响，激励幼儿坚持参加体育锻炼。

2. 丰富体育锻炼的内容和器材，不断增强运动趣味性

有趣的户外锻炼项目是吸引幼儿坚持参加体育锻炼的重要因素，教师应充分了解幼儿的运动需求和兴趣，从锻炼项目的内容、器材以及玩法规则上不断调整和变化，满足幼儿运动、探索的兴趣，从而保持幼儿参与锻炼的热情。例如：定期带领幼儿开展讨论，制定班级锻炼计划表；定期更换体育器材，鼓励幼儿创造性地进行组合，探索更多新玩法；开展具有主题性的锻炼活动，使锻炼活动更加有趣。

3. 充分利用自然环境条件，开展"三浴"锻炼活动

充分利用自然条件，带领幼儿开展"三浴"活动（空气、日光、水三浴），能有效增进幼儿健康、提高免疫力。在季节变化之际，坚持开展户外锻炼活动，可帮助幼儿适应气候的变化，例如：夏季开展水浴活动、冬季带幼儿玩雪，都是有效提高幼儿机体对外界气温变化适应能力的有效手段。

4. 锻炼幼儿自我服务，培养运动调节能力

随着幼儿年龄的增长，教师可有意识地培养幼儿关注自身的运动情况，培养幼儿在运动中的调节能力。例如：幼儿能在运动前进行热身、运动后及时放松；能根据自身的运动情况增减衣物；知道运动累了要及时补充水分、放松和休息；冬季跑步运动中注意正确的呼吸方法等。正确、良好的运动习惯能保护幼儿的机体，减少运动损伤，同时也培养了幼儿自我服务、自我管理的能力。

给家长的建议

1. 坚持开展户外锻炼活动，形成健康的生活习惯

建议家庭制定健康的生活作息，每日固定户外锻炼时间，无论寒暑，坚持每天带幼儿到户外锻炼一个小时，多晒太阳，保证幼儿有充分接触自然、开展体育锻炼的时间，帮助幼儿形成运动习惯，建立健康良好的生活规律。例如：可以制定一张家庭生活作息表，每天坚持到户外进行锻炼，还可以根据运动情况在表上贴小红花等，对幼儿进行鼓励和表扬。

2. 保证每日必需的营养摄入，提高幼儿机体抵抗力

家庭可以制定科学、合理、健康的食谱，保证营养的均衡摄入，多提供

优质蛋白、新鲜蔬菜水果、蛋类豆类等，保证蛋白质、矿物质、维生素的摄入，从而保证幼儿机体生理需求的基本平衡。

3. 开展家庭户外锻炼活动，增进亲子之间的情感

家庭可以利用户外锻炼时间，陪伴孩子运动、成长，尤其是爸爸要发挥作用，多和孩子一起跑步、踢球、骑车，增进亲子之间的感情，同时也培养幼儿的多种运动爱好。

（南京市第五幼儿园　严星路）

教育偏差

"清理掉一切儿童成长中的障碍，将孩子保护起来，避免遭遇麻烦。"但所有的保护都不可能百密无一疏，一旦离开成人的保护，孩子没有能力应对当下的状况，就会遭遇更大的风险。"与其为孩子铺好路，不如让孩子学会如何走好路。"

"教育是一个逐步发现自己无知的过程"（杜兰特），《指南》提出的"教育建议"、《娇惯的心灵："钢铁"是怎么没有炼成的？》中的论述能给我们的反思带来一些启发。

教育建议：

（1）保证幼儿的户外活动时间，提高幼儿适应季节变化的能力。幼儿每天的户外活动时间一般不少于两小时，其中体育活动时间不少于1小时，季节交替时要坚持。气温过热或过冷的季节或地区应因地制宜，选择温度适当的时间段开展户外活动，也可根据气温的变化和幼儿的个体差异，适当减少活动的时间。

（2）经常与幼儿玩拉手转圈、秋千、转椅等游戏活动，让幼儿适应轻微的摆动、颠簸、旋转，促进其平衡机能的发展。

（3）锻炼幼儿适应生活环境变化的能力。如：注意观察幼儿在新环境中的饮食、睡眠、游戏等方面的情况，采取相应的措施帮助他们尽快适应新环境。经常带幼儿接触不同的人际环境，如参加亲戚朋友聚会，多和不熟悉的

小朋友玩，使幼儿较快适应新的人际关系。

● 名著启示 ▨▨▨

回避锻炼、风险和小剂量之痛苦却会导致伤害，对这个问题的解释，纳西姆·尼古拉斯·塔勒布可谓是当世第一人。这位出生在黎巴嫩的统计学家，目前供职于纽约大学，是风险管理学教授，还兼做股票交易商，是一位百科全书式的博学多闻者。2007 年，塔勒布出版了风靡一时的畅销书《黑天鹅》，其主张是，我们大多数人思考风险的方式都是错误的。在复杂系统内，无法预见的问题几乎是不可避免要发生的，然而我们却总是坚持，非要基于过往的经验来计算出风险。生活总有自己的方法，制造出完全不在预期内的事件——塔勒布将此类事件比作"发现黑天鹅"，原本基于此前的经验，你假设了所有的天鹅都是白色的。

塔勒布随后又出版了《反脆弱》一书：既然生命中的黑天鹅不可避免，那么系统和人如何面对此类必然事件，而且如同免疫系统，用成长得更强大作为回应。塔勒布建议我们区分三种类型的事物。有些东西，如瓷器茶杯，是脆弱的：它们易碎而且无法复原，所以你必须对它们温柔以待，把它们放在孩子们够不着的地方。还有些东西，则是坚韧的：它们可以承受住冲击。父母们给幼童的通常是塑料制的杯子，就是因为塑料抗摔，怎么摔到地板上也不会碎，但塑料杯也不会因为摔打而变得更坚韧。但是，塔勒布告诉我们，不要只盯着"坚韧"这个已经被用滥了的词，还要意识到并发现，某些东西是反脆弱的。在我们的经济和政治生活中，许多重要的系统如同我们人体的免疫系统：它们需要刺激和挑战，才能学习、适应和成长。有些系统即使是反脆弱的，但若是没有挑战或外部刺激去促发它们做出积极回应，系统也会变得僵化、软弱和低效。根据塔勒布的区分，肌肉、骨骼和孩子都是反脆弱的：

要是在床上躺一个月……肌肉就会跟着萎缩，如果缺乏外部的紧张和刺激，复杂的系统也会弱化乃至衰败。我们的现代世界已经结构化，很多方面

《3—6 岁儿童学习与发展指南》案例式解读（第二版）

都是那些由上至下的政策和装置伤害着我们……它们所做的，正是对系统之反脆弱的视而不见。这就是现代性的悲剧：如同有些父母神经过敏，对孩子们的保护无微不至。可那些想要施以援手的政策却经常伤我们最深。

在塔勒布的笔下，整本书开篇就是一幅富有诗意的画面，不妨讲给所有的父母。他指出，风可以吹灭蜡烛，却也会助燃火。这告诉我们，不要像蜡烛一样，也不要把我们的孩子变成蜡烛："你要成为那堆火，渴望着风。"

一旦理解了反脆弱的概念后，你就会立马发现，过度保护是多么愚蠢。既然风险和压力都是生活中自然、不可避免的一部分，父母和老师就应该帮助孩子们激发他们的内在能力，从此类经验中学习，获得成长。有句老话说得好："与其为孩子铺好路，不如让孩子学会如何走好路。"但这些年来，我们的所作所为看起来却正好相反：我们总是想要清理掉一切路障，只要它们有可能让孩子们感到不安。但我们却完全没有意识到，这么做，其实正是在重复花生过敏的错误。如果我们将孩子们保护起来，使他们的生活没有任何可能的不适经验，反而是好心做坏事，在孩子们离开我们的保护伞之后，他们就没有能力应付此类事件了。现代人热衷于将年轻人保护起来，使他们不会"感觉不安全"，我们相信，正是这种心理，导致了青少年抑郁、焦虑和自杀率的迅速上升。

——《娇惯的心灵："钢铁"是怎么没有炼成的？》

（二）动作发展

目标 1　具有一定的平衡能力，动作协调、灵敏

3~4 岁	4~5 岁	5~6 岁
1. 能沿地面直线或在较窄的低矮物体上走一段距离。 2. 能双脚灵活交替上下楼梯。 3. 能身体平稳地双脚连续向前跳。 4. 分散跑时能躲避他人的碰撞。 5. 能双手向上抛球。	1. 能在较窄的低矮物体上平稳地走一段距离。 2. 能以匍匐、膝盖悬空等多种方式钻爬。 3. 能助跑跨跳过一定距离，或助跑跨跳过一定高度的物体。 4. 能与他人玩追逐、躲闪跑的游戏。 5. 能连续自抛自接球。	1. 能在斜坡、荡桥和有一定间隔的物体上较平稳地行走。 2. 能以手脚并用的方式安全地爬攀爬登架、网等。 3. 能连续跳绳。 4. 能躲避他人滚过来的球或扔过来的沙包。 5. 能连续拍球。

◗ 视野拓展 ▪▪▪

中国香港《儿童发展范畴表现指标》

大肌肉的活动协调力：能掌握身体平衡力和四肢的协调能力；能掌握大肌肉的活动技能，控制肢体动作；能掌握肢体空间的概念。

英国《EYFS 早期学习与发展目标》

身体发育：有控制的、协调的活动；自由行走、钻过、爬越或穿越平衡及攀爬器械。使用各类大小运动器材。

南非《早期儿童发展服务纲要指南》

儿童身体的发展：鼓励儿童多进行跑、爬、跳、单脚跳、平衡等动作的

练习，从而发展他们身体的控制能力和协调能力。

韩国《全国幼儿园课程》

健康之基本的运动能力：开展动力性运动，开展静力性运动，操作器械的运动，开展各种体育活动。

法国《对母育学校的方向指导》

体育活动：敏捷游戏、速度游戏、对抗性游戏以及伴有歌唱的舞蹈，可以提高协调能力。幼儿表演由他们自己创作或由教师建议的动作，可使幼儿得到充分的表现，展示他们的能力。通过律动，提高幼儿动作的协调性；通过表演哑剧，培养幼儿身体的表达能力。

案例、评析及建议

【案　例】

高桥与矮桥

新学期来到，面对新的户外场地和运动器材，大班的孩子们产生了浓厚的探索兴趣。

今天，孩子们根据前一天商讨出的规划，选择材料、布置运动场景，然后在梯子搭建的桥上开心地走着，跨越木桩障碍，滑下木板滑梯……突然，梯子桥那里出现了拥堵，小伙伴都在催促着韩韩："韩韩你快点儿啊！""韩韩你快爬上去啊！""韩韩，我们等了好久，还要去玩前面的游戏呢！"只见韩韩双手紧抓住木架两边，身体蹲在梯子第一层横杠上一动不动，不再往前走了。听到小伙伴的催促，韩韩突然呜呜呜大哭起来，一边哭一边说："我害怕！"老师跑过去把韩韩抱了下来。接下来的时间，韩韩一个人靠在墙壁边，不再参与活动了。老师问韩韩："韩韩，怎么不和小伙伴一起玩啊？"韩韩很委屈地说："老师，我想玩梯子桥，可是……我害怕！"老师说："待会你把自己的苦恼告诉小伙伴们，我们一起来想办法好不好？"韩韩抬起头，擦干眼泪："好！"

运动回顾分享环节，孩子们讲述着自己的运动状况。可乐说："老师，今天我们玩的时候，韩韩哭了。"明明说："嗯嗯，韩韩说不敢玩梯子桥。"媛媛说："因为韩韩不过桥，我们等得有些着急，别的好玩的运动都有点儿来不及玩。"老师说："我发现韩韩今天很伤心，也很委屈，一直不愿意玩，这是为什么呢？我们来听韩韩说说。"韩韩小声说："梯子桥很好玩，我很想玩，但是……我玩走小桥游戏时会走不稳，我很害怕，不敢往前走。"老师说："我们一起想办法帮助韩韩好吗？""好！"孩子们开始小声议论，可乐第一个分享自己想到的办法："韩韩害怕肯定是因为桥太高了，我们要把桥架矮一点儿。"媛媛说："我不同意。我想玩梯子桥，有挑战。""我同意架矮点儿，因为会有小朋友需要矮桥。""我不同意。"孩子们因此发生了小争执。老师问道："有什么办法可以满足不同小朋友的需求呢？"可乐说："老师，我想到了，我们可以搭两座桥，一座高桥、一座矮桥。"

第二天，孩子们如约多搭建了一座矮桥。韩韩开始过桥，她尝试将一只脚跨进第一个轮胎里，然后另一只脚再跟上来，接着用这个方法跨进第二个轮胎……慢慢地，韩韩走过了轮胎桥。老师说："韩韩真棒，一步一步慢慢来，就可以顺利通过哦。"小伙伴们也拍起手来："韩韩真棒！"反复了几次后，韩韩不再紧张，她开心地对着前面的可乐说："可乐，我想学学你的过桥方法。"只见韩韩学着可乐的样子，双脚叉开踩在轮胎的上面慢慢向前走，最后顺利通过了轮胎桥。韩韩激动地跳着说："老师，我成功了，成功了！我也不害怕了！我明天还想去高桥那里试试呢！"

【评　析】

1. 尊重个体差异，满足幼儿不同的需要

幼儿们是自己成长发展的主角，都是独一无二的，具有独特个性和禀赋。案例中的韩韩想要玩高高的梯子桥，但是因为动作平衡能力不够，产生了害怕心理，无法成功走过梯子桥。在小伙伴的催促下，她情绪爆发，因此产生了畏难情绪。正如《指南》中指出，每个幼儿在沿着相似进程发展的过程中，各自的发展速度和到达某一水平的时间不完全相同。面对这一情况，

老师充分理解和尊重该幼儿的发展差异，持续关注，正面疏导。通过分享回顾让其他幼儿了解韩韩的苦恼，一起帮助她想办法解决，及时舒缓她的情绪；支持建矮桥的办法，鼓励韩韩加入到建矮桥的过程中，在韩韩顺利通过轮胎时适时鼓励，使韩韩获得愉快的运动体验，韩韩的平衡能力与动作的协调性、灵敏性都得到了提高。

2. 重视品质，激发幼儿勇敢面对挑战与挫折

体育活动具有一定挑战性，在活动中我们要鼓励幼儿大胆尝试，不逃避；遇到困难要想办法积极面对，不气馁。案例中的韩韩虽然害怕，但愿意坚持尝试过梯子桥，虽然未能如愿，但勇气可嘉。作为老师更要保护她在体育运动中这种不怕挑战的体育精神。因此，老师在韩韩短暂受挫时理解鼓励，在分享回顾时集中谈论，帮助韩韩正视困难，积极引导，通过由简到难的游戏材料，不断鼓励韩韩进行有目标的锻炼。同时，韩韩通过同伴学习也能更好地掌握运动技巧，逐步增强自信，提高了自身的平衡能力与动作协调灵活性。

【建　议】

给教师的建议

1. 注重观察与保护，保护幼儿的身体安全与心理健康

在开放性的体育活动中，老师除了保护幼儿的安全，注重安全教育，还应持续关注每个幼儿的运动实况，注重在活动中不断培养幼儿的自我保护能力，并通过对出现突发状况的幼儿进行重点性观察与适时介入，及时发现矛盾冲突，即时缓解、疏导幼儿情绪。

2. 注重回顾，共同商量解决问题的方法

重视每次户外运动后的分享回顾环节。在分享交流的过程中，老师可以通过幼儿的表达进一步理解他们的行为，走进他们的内心世界。老师在此环节中既是引导者又是参与者，既可以了解他们在活动时的运动状况，又可以通过追问有效聚焦运动时遇到的问题与矛盾。在分享回顾结束前，老师归纳总结幼儿提出的建议，可以进一步提升、拓展幼儿的整体经验。

3. 实践体验，在信任放手中支持幼儿对运动的理解表达

在面对运动中的困难或苦恼时，老师隐身退后，鼓励支持幼儿根据自己与同伴的想法（规划）自主建构运动场景，幼儿们在这种氛围下更愿意独立思考、自主实践。他们可以依据自身的需要挑选搭建运动场景所需的材料；在与同伴的交流探讨中逐步调整材料建构方式，完善运动场景；不靠教师的讲解与示范，通过自己的探索尝试来习得运动方法；在无数次与同伴的学习互动中积累更多的运动经验。在这种自主运动中，老师尊重幼儿自己的运动方式，支持幼儿用自己的方式表达他们对于运动的理解。

4. 创设情境，在多种活动交互并行中发展幼儿的运动能力

幼儿平衡能力、协调能力的发展，单靠一项活动是无法达成的，因此，老师需要在一日活动的各个环节中有效渗透。通过观察了解，老师要及时发现幼儿运动中的薄弱之处，积极创设情境、营造氛围，鼓励幼儿主动参与，不间断地锻炼，逐步发展他们的各项运动能力。

给家长的建议

1. 接触自然，走进利于幼儿直接感知体验的环境

多带幼儿去户外玩耍，树上一颗掉落的松果、路边一堆散落的石头，都可以成为幼儿锻炼的材料，他们会利用这些材料来进行跳跃、抛接、投掷等多种多样的运动。多接触自然后，幼儿更愿意玩，家长可以带他们在户外走田埂、爬山坡、采果子、滚草坪、滑土坡……不断创造条件发展他们的身体平衡能力，促进他们动作的协调性、灵活性。在保证幼儿安全的情况下，我们要敢于放手，我们要保护幼儿的好奇心和探究欲，鼓励他们积极参与小探险游戏、愿意接受对他们稍有难度的小挑战。

2. 因人而异，尊重支持幼儿按照自身速度、阶段发展

每个幼儿都是独立的个体，家长面对孩子的某些运动弱项时，不要进行纵向比较，要看幼儿的横向发展，用赞美的眼光捕捉幼儿的点滴进步，给予肯定、鼓励。家长们需要充分尊重、信任幼儿，根据他们各自的情况，针对他们的运动弱项循序渐进地设置运动难度（努力一下就能达到），营造轻松

《3—6岁儿童学习与发展指南》案例式解读（第二版）

氛围，用积极正面的引导，让幼儿感受付出努力后就能够获得成功，不断建立他们的自信。

3. 即时鼓励，满足、释放幼儿的情绪

鼓励对幼儿来说很重要，幼儿们在运动过程中无论成功或失败都需要成人的共情与陪伴。在获得成功时，家长的即时鼓励可以满足幼儿自尊的需要、成就感的需要，让幼儿信心十足，勇攀运动高峰；在体验失败时，即时鼓励可以帮助幼儿缓解不良情绪、保持乐观心态、敢于面对挫折，重塑信心，更可以拉近亲子间的距离，让幼儿切身感受到家长的理解与帮助、关心与支持。

（南京市滨江幼儿园　居月）

教育偏差

"儿童做事太慢，有些事长大自然会做，成人应随时提供帮助"。殊不知，成人提供给儿童过多的不恰当的帮助，反而造成儿童心理的压抑，甚至会伤害到儿童。"成人给予儿童的无用帮助竟然是儿童所经受压抑中的第一种压抑，日后还是成人深深地伤害儿童的根源。谁会想到这一点呢？"

"教育是一个逐步发现自己无知的过程"（杜兰特），《指南》提出的"教育建议"、《童年的秘密》中的论述能给我们的反思带来一些启发。

教育建议：

（1）利用多种活动发展身体平衡和协调能力。如：走平衡木，或沿着地面直线、田埂行走。玩跳房子、踢毽子、蒙眼走路、踩小高跷等游戏活动。

（2）发展幼儿动作的协调性和灵活性。如：鼓励幼儿进行跑跳、钻爬、攀登、投掷、拍球等活动。玩跳竹竿、滚铁环等传统体育游戏。

（3）对于拍球、跳绳等技能性活动，不要过于要求数量，更不能机械训练。

（4）结合活动内容对幼儿进行安全教育，注重在活动中培养幼儿的自我保护能力。

　　一个成人如果意识不到儿童极需动手活动，也识别不出儿童工作本能的第一次展现，那么他就会成为儿童工作的障碍。这也不能总是归咎于成人的防御心态，可能还有其他的原因。其中一个可能的原因就是，成人看到的是行为的外在目的，同时成人有着自己固定的行为模式，而这些是人心智的组成部分。以最直接的方法在最短的时间内达到目的，这已经成为成人的某条自然法则，成人也的确将这条法则明确地称为"效益最大法则"。当成人看到一个儿童费尽九牛二虎之力去完成一件在他眼里毫无用处的事情，或者一件他瞬间就能做完的事情，而且，如果由他来做，会比儿童做得更好的事情的时候，成人就有一股冲动想去帮助儿童，似乎要结束一个让人恼火的场面。当成人看到儿童对那些微不足道的鸡毛蒜皮之事狂热不已，他就会很恼火，觉得儿童的行为有点儿荒唐可笑且不可理喻。如果一个儿童注意到桌布放歪了并想起桌布平时摆放的样子，他就会努力地按照他所记得的样子把桌布铺好。如果他这样做的话，那么他会做得很慢，但是这个活动却蕴含了儿童全部的能量和热情。因为记忆是这个阶段儿童心智的主要任务，按照他看过的样子把某个东西整理好是与这个发展阶段相对应的至高无上的胜利。但是只有在成人没有注意到他的努力的时候，儿童才可能这样做。而在成人注意到他的这种努力的时候，成人就会以符合自己逻辑的理由阻止他。

　　如果一个儿童尝试着自己梳头，成人并不会为儿童这个可贵的尝试而感到欣喜，而是感到这是对"效益最大化法则"这个成人法则的攻击。成人认为，儿童无法很快地梳好头，无法达到他所期望的结果，而他作为成人却可以为儿童梳得又快又好。于是，当儿童正兴高采烈地进行这个有助于其个性发展的活动时，他就看见一个像天花板一般高的、强壮得无法估量的、自己无法抵抗的巨人——成人走过来拿起梳子，并说必须由他来为儿童梳头。当成人看见幼儿努力地尝试着自己穿衣服或者系鞋带的时候，也是这般做法。成人会打断儿童的每一次尝试。成人会因儿童的活动恼羞成怒，不仅仅是因为儿童试图去进行一项在她们眼里没有必要的活动，而且还是因为儿童和成人有着不同的活动节奏和不同的行为方式。

成人的节奏并不像旧观念那样可以改变，也不像新信念那样容易被人理解。每一个人都有自己特有的行为节奏，这是一种内在的特征，几乎就像是一个人的体形一样无法改变，这种节奏和其他类似的节奏遇到一起就容易保持和谐，但这种节奏在遇到其他不同节奏时却无法避免适应其他不同节奏的痛苦。例如，如果我们站在一个中风瘫痪的病人旁边和他一起走路，我们就会觉得极其不舒服；如果我们看见一个中风瘫痪的病人慢慢地将一个杯子举到嘴边，而杯子里面的东西眼看就要洒出来的时候，我们和病人之间因节奏不同而形成了让人无法忍受的冲突，这种冲突使我们很痛苦。为了让自己从这种痛苦中解脱出来，我们就会以自己的节奏来替代别人的节奏，我们把这个称之为帮助他。

成人对待儿童的方式与此类似。成人在潜意识中就会努力阻止儿童进行那些缓慢、笨拙的活动，就如他无法抑制自己去驱赶那些恼人的、没有什么害处的苍蝇一样。

当儿童以一种比较快的节奏迅速行动的时候，成人倒能忍受。在这种情况下，成人准备好忍受儿童在他的环境中所造成的无序和混乱。这时成人会"耐心地袖手旁观"，因为他注意到了一些清晰的、显而易见的事情，同时成人的意志总是可以控制自己有意识的行为。但是当儿童动作缓慢的时候，成人就无法忍受了，觉到自己不得不插手帮助他。因此，成人并不是在儿童最基本的心理需要上帮助儿童，而是在儿童所有想要自己独立完成的活动上帮助他。所以，成人制止儿童的每一个活动尝试，成为儿童重要发展过程中最大的障碍。"任性的"儿童往往不要别人帮他洗澡，不要别人帮他穿衣服，也不要别人帮他梳头，他们在这些情景中发出的绝望尖叫揭开了人类富有戏剧性的斗争的第一幕。

成人给予儿童的无用帮助竟然是儿童所经受压抑中的第一种压抑，日后还是成人深深地伤害儿童的根源。谁会想到这一点呢？

——《童年的秘密》

目标 2　具有一定的力量和耐力

3~4 岁	4~5 岁	5~6 岁
1. 能双手抓杠悬空吊起 10 秒左右。	1. 能双手抓杠悬空吊起 15 秒左右。	1. 能双手抓杠悬空吊起 20 秒左右。
2. 能单手将沙包向前投掷 2 米左右。	2. 能单手将沙包向前投掷 4 米左右。	2. 能单手将沙包向前投掷 5 米左右。
3. 能单脚连续向前跳 2 米左右。	3. 能单脚连续向前跳 5 米左右。	3. 能单脚连续向前跳 8 米左右。
4. 能快跑 15 米左右。	4. 能快跑 20 米左右。	4. 能快跑 25 米左右。
5. 能行走 1 公里左右（途中可适当停歇）。	5. 能连续行走 1.5 公里左右（途中可适当停歇）。	5. 能连续行走 1.5 公里以上（途中可适当停歇）。

视野拓展

中国香港《儿童发展范畴表现指标》

大肌肉的活动协调力：乐意参与大肌肉活动，表现充满活力。

英国《EYFS 早期学习与发展目标》

身体发育：了解儿童在活动中身体会发生的变化。

南非《早期儿童发展服务纲要指南》

儿童身体的发展：儿童需要进行身体的大肌肉锻炼，学习各种动作，并充满自信心。

法国《对母育学校的方向指导》

体育活动：体育活动的方式应当是多种多样的。行走、跑跳、爬行、攀登、投掷、平衡等全身运动机能活动，能使幼儿在应答指令、克服困难、解决问题、信号反应方面的速度和能力方面得到锻炼。

案例、评析及建议

【案 例】

蹦跳区的新玩法

阳光明媚的春天，中班的孩子们在户外进行晨间锻炼活动，不远处的蹦跳区忽然传来了小朋友们的嚷嚷声。

"我跳得远！"

"你看我还能单脚跳！"

"我可以从这一直跳到那么远的地方。"

……

原来孩子们在蹦跳区游戏时产生了不同的游戏方法，随着老师的走近，孩子们立刻拉着老师七嘴八舌地说起来。

"老师，您说是不是要比谁跳得远？"

"不对，老师，我们应该比谁跳得高。"

"老师，老师，是不是看谁能坚持跳得最远？"

孩子们围着老师，老师没有急着回答，而是看着孩子们，笑着问道："你们觉得可以在蹦跳区进行哪些玩法呢？"

老师和孩子们围绕"蹦跳区可以怎么玩"进行了一场简短的讨论，有孩子指了指筐子里的塑料圈说："我们可以双脚跳圈。"有的孩子看着木棍说："我们可以用木棍拼一条马路，然后跨跳过去。""老师，还可以……"孩子们用眼睛观察着周围的晨间锻炼辅材，有的孩子还去器械室拿出了一叠指压板："老师，我们可以跳这个。"几名孩子的创意想法吸引了同伴的围观，大家利用器械和辅助材料拼搭出多条跳跃游戏路径，接着用自己喜欢的蹦跳方式去尝试了这些路径，有的单脚跳，有的双脚跳，还有的跨跳。

小豆丁在单脚跳过石头块铺成的小路时，刚开始挺有劲，跳到中间的时候，小豆丁坚持不住了："好长呀！我跳不动了！""马上就到了！"紧跟后面的小乐鼓劲道。还有已经跳过小路的天天在一旁鼓掌："小豆丁加油！加油！"小豆丁立即坚持着又跳过了几块石头。然后他又不禁感叹："好远啊！"这时老师发现了，说："你试试换一只脚跳，可以两只脚交替跳。"小豆丁换了另一只脚继续向前跳，然后又换了一次脚，坚持跳完了石头路。

这时，老师来到小豆丁身旁说："你可以看看其他小朋友是怎么跳石头路的，单脚是怎么站的，手臂是怎么摆动的，落地时膝盖是直的还是有点儿弯曲的。"小豆丁点点头。老师鼓励孩子们拍一拍小腿肚，转转脚腕，放松一下。小豆丁再一次挑战了单脚跳石头路，这次他主动换脚，中途没有停歇，一口气完成。当他回头看向老师时，老师向他竖起了大拇指，旁边的小朋友纷纷为他鼓掌，小豆丁得意地笑了。

晨间锻炼活动结束后，孩子们回到班级，老师利用晨间谈话的时间和孩子们进行了深入的探讨："你们在蹦跳区游戏的时候有没有遇到什么困难或者问题？"

"老师，我在蹦跳区用单脚跳圈了，但我只跳了几下就没力气了。"

"老师，我和乐乐比赛跳远，但是我跳得没有他远。"

通过孩子们的表述，老师发现孩子们真的很喜欢蹦跳活动，并且愿意尝试各种各样的玩法。但有的孩子表达出自己跳得没有同伴远，有的孩子跳了一会儿就没力气了等困难，这是因为各个孩子年龄及身体素质不同，特别是腿部的力量和耐力需要通过体育活动和锻炼逐步加强。

老师引导孩子思考："怎样提升我们身体的力量和耐力呢？"孩子们纷纷支招："我爸爸告诉我，增加力量要训练，他就经常去健身房锻炼。""要每天跑步，锻炼身体。""我妈妈说吃牛肉，长肌肉，有力气！"……孩子们发出了开心的笑声。

在轻松愉悦的氛围中，孩子们交流了自己的经验，对可行的方法做了梳理，其中支持最多的有如下几个：一是每天坚持运动；二是每天认真做早操；三是坚持每天自己从家走到幼儿园；四是去户外玩的时候，自己走路，不要大人抱；五是吃饭不挑食，蔬菜和肉都要吃。

为了确定这些方法到底有没有效果，老师鼓励孩子们自主选择自己想要

　　　　《3—6岁儿童学习与发展指南》案例式解读（第二版）

尝试的方法，用记录表记录自己一段时间内的身体素质变化。

【评　析】

力量是身体运动的基础，没有下肢部位的肌肉力量，幼儿就无法站立、行走，更无法做跑、跳等动作。耐力则体现了心肺耐力和肌肉耐力等方面的综合状况，幼儿处在身体机能发育的阶段，大小肌肉群有待练习和加强，如案例中孩子们在蹦跳区的游戏中出现的一些状况："跳跃的距离较短""连续跳后出现乏力"等现象，这些都是孩子在运动中会面临的问题，如何引导孩子们通过合适的方式方法提升和加强，则是父母和老师需要关注的事情。

1. 探究式的互动激发幼儿的运动兴趣

兴趣是幼儿最好的老师，当孩子对某一运动感兴趣，就会不断去尝试，相反，如果失去兴趣，会选择放弃这项运动。案例中的孩子们在蹦跳区不知道怎样进行游戏并产生了争论。此时，如果没有老师的关注与引导，很可能会造成该区域游戏人员的流失。老师通过提问和启发，引发孩子思考蹦跳游戏的多种玩法，并鼓励孩子大胆去实际操作。孩子们的想法在老师这里得到了肯定，自己拼摆蹦跳游戏路径，进行不断地尝试和探究，这极大提升了孩子们参与运动的主动性；孩子们从被动选择游戏区域转变为主动探索蹦跳区域游戏新玩法，这激发了幼儿参与运动的兴趣，增强了下肢的力量。

2. 适宜的材料情境带动幼儿的坚持性

晨间锻炼活动是孩子在园的第一个户外活动环节，老师通过观察孩子的活动，发现孩子们在蹦跳区因为跳的方式产生了争论，其实质是运动内容单一，只在场地里跳，忽视了辅助材料的功能。老师引导孩子尝试利用操场四周的辅助材料进行跳跃游戏的路径创设，如利用圆圈进行跳圈游戏，利用小木棍拼摆路径进行过马路游戏，利用指压板进行红绿灯游戏等，活动的内容丰富，吸引了原本不想再跳的孩子，原本觉得跳跃时腿没有力气的孩子也有了继续跳跃的动力。所以，适宜的游戏材料和情境创设是让幼儿坚持运动的助力因素，坚持运动，孩子的腿部力量和耐力就得到了发展。

3. 同伴与老师的鼓励助力身体力量和耐力的养成

力量和耐力的提升是一个逐步向上的过程，不是一蹴而就的，良好的运动习惯是身体素质发展的有力保障。孩子在运动的过程中碰到困难或自身薄弱的地方，会有畏难情绪，容易放弃，同伴的鼓励会给予其力量，老师的鼓励会给予其动力，所以运动中，我们要善于调节孩子的心理动力来促进身体的锻炼，帮助孩子掌握正确的运动方法，坚持运动，逐步增强身体的力量。老师要科学有效地组织体育活动，结合幼儿的实际发展需要，在活动中及时调整策略，在运动中及时关注幼儿的身心状况，适时引导、鼓励孩子坚持。

【建　议】

给教师的建议

1. 结合幼儿身心发展特点，帮助幼儿养成坚持运动的习惯

创设活动环境，注重活动内容的"趣味性"与"实用性"。在户外运动中结合孩子的年龄特点创设情境，如小班孩子可以在模仿小动物蹦跳的过程中，提升他们的下肢力量；中班孩子在户外运动中运用"油漆桶"这类既新鲜又富有挑战性的材料，激发运动的活力；针对大班孩子，教师可以充分发挥幼儿的自主性，让孩子去寻找、探索感兴趣的运动方式。用游戏化的方式来开展运动，减少机械化的练习，引导孩子积极地投入到某项运动技能的学习中去，在一次次的练习中增强身体的耐力与力量素质。

2. 高效利用材料资源，锻炼孩子的身体力量与耐力

户外运动中材料的趣味性、新鲜感能不断激发孩子锻炼的欲望。孩子天生喜爱自然、亲近自然，除了专门的器械材料，利用自然的、生活中的材料，也能够激发孩子较长时间的运动兴趣。如园内的可承重的一些设施上，用粗绳在上面打结，拴上一定重量的废旧轮胎，孩子顺着绳子的一头将轮胎拉起，在拉的过程中可锻炼孩子全身的力量。又如在长廊的横梁上悬挂一些高低不一、处于孩子发展区的抓握绳，锻炼孩子双手握绳悬空身体的力量与耐力。

3.科学组织体育活动，并根据孩子的活动情况灵活调整

幼儿处于生长发育的生长期，各方面的发育还不完善。无目的、无计划、高强度的活动对于幼儿的力量与耐力素质提升收效甚微，也不符合幼儿的学习方式与特点。在组织体育活动时，老师要关注孩子的运动发展水平及身心健康，关注运动前的准备、运动中的自我保护及运动后的放松，在提升身体力量与耐力的同时，帮助孩子养成良好的运动习惯。

给家长的建议

1.培养孩子坚持户外锻炼的好习惯

平时生活中鼓励孩子自己上下楼梯，不要抱。合理安排孩子的运动时间，坚持带孩子多去户外运动，外出时让孩子自己背包，不要包办代替。户外的一些公共运动设施的锻炼、走台阶、爬山等，都可以帮助孩子养成锻炼的习惯，同时提升身体的力量与耐力。

2.树立正确的运动观念和榜样

在日常生活中，家长在孩子面前要树立运动的好榜样，如多走路、少坐车，定时定点做运动并坚持，发挥家长的榜样示范作用，形成好的家庭运动氛围。孩子做得好时，家长可以给予适当表扬和奖励。

（南京市翠屏山幼儿园　江晨）

教育偏差

不少家长希望孩子从小就很优秀，将来能超越他人，觉得知识学习、才艺培养是首位的，户外运动是次要的。

这样做，一方面，孩子活动时间太少，没法锻炼自己的力量和耐力；另一方面，会导致孩子只关心结果，一不如意，就灰心气馁，很不利于孩子的正常发展。

"教育是一个逐步发现自己无知的过程"（杜兰特），《指南》提出的"教育建议"、《儿童的人格教育》中的论述能给我们的反思带来一些启发。

教育建议：

（1）开展丰富多样、适合幼儿年龄特点的各种身体活动，如走、跑、跳、攀、爬等，鼓励幼儿坚持下来，不怕累。

（2）日常生活中鼓励幼儿多走路、少坐车；自己上下楼梯、自己背包。

● 名著启示 ■■■

通常，这种追求优越夹杂着过分的雄心。但是，这点通常被人忽视。因为我们习惯把雄心视为一种美德，并激励孩子多做努力。这是一个错误，因为过分的雄心会妨碍孩子的正常发展。雄心过度就会给孩子带来紧张心理。短时间，孩子尚能承受，不过，时间一长，这个压力对孩子来说就太大了。这样一来，孩子就会花太多的时间在书本上，而忽视了其他活动。这种孩子通常会回避其他问题，受自己膨胀的雄心驱使，他们总想在学校名列前茅。对于这样的发展，我们很难感到满意，因为在这种情况下，儿童的身心不可能获得健康发展。

这种儿童把他们的生命目标仅仅局限于超越别人，并由此来安排他们的生活，这对他们的正常发展并不十分有利。我们要不时地提醒他们不要花太多的时间在书本上，要经常出去走动，呼吸新鲜空气，多与同伴玩耍，关注其他的事情。当然，这类孩子同样不会占大多数，但却经常出现。

......

虽然他们不能在数学上取得优异成绩，不过，他们可以成为运动场上的健将。教师千万不要轻视孩子这些方面的成绩，而是要把这种成绩当作教育的突破口，鼓励学生在其他领域追求同样的进步。如果教师一开始就从孩子某一方面的长处出发，鼓励他们，相信他们可以在其他领域取得同样的成绩，那么，教师的任务就大为轻松了。

——《儿童的人格教育》

目标3　手的动作灵活协调

3~4岁	4~5岁	5~6岁
1. 能用笔涂涂画画。 2. 能熟练地用勺子吃饭。 3. 能用剪刀沿直线剪，边线基本吻合。	1. 能沿边线较直地画出简单图形，或能边线基本对齐地折纸。 2. 会用筷子吃饭。 3. 能沿轮廓线剪出由直线构成的简单图形，边线吻合。	1. 能根据需要画出图形，线条基本平滑。 2. 能熟练使用筷子。 3. 能沿轮廓线剪出由曲线构成的简单图形，边线吻合且平滑。 4. 能使用简单的劳动工具或用具。

视野拓展

中国香港《儿童发展范畴表现指标》

小肌肉的活动协调力：能掌握手部的操作能力；能掌握手眼协调能力；能掌握小肌肉操作技巧；能表现大小肌肉的协调能力。

英国《EYFS 早期学习与发展目标》

身体发育：安全使用工具、物体、建筑和可塑性的材料，并逐渐加强控制性。

南非《早期儿童发展服务纲要指南》

儿童身体的发展：当儿童有机会玩建构游戏、书写、绘画、翻书、平衡等动作练习时，可以很好地锻炼身体小肌肉控制能力。

案例、评析及建议

【案　例】

一起包饺子咯！

新年快到了，大班孩子们在讨论怎么庆祝新年。蒙吉说："过节的时候我奶奶会给我包饺子！"小朋友们连连点头："对，我奶奶也会包饺子！"几个女孩子提议："我们能不能在生活区包饺子啊？"毛毛面露难色："我不会包饺子，我不太想做这个！"老师听见了，鼓励毛毛："没关系的，老师以前也不会包饺子，我们可以一起学，一起试试看，好不好？"于是大家约定回家再向爸爸妈妈学习，第二天一起包饺子，老师也请厨房阿姨帮忙准备面粉、面团和馅料等包饺子需要的材料。

第二天晨谈时间，大家一起回顾了包饺子的方法和经验，观看了一段包饺子的视频。孩子们都睁大了眼睛盯着屏幕，看着面粉加了水搅拌揉捏，神奇地变成了面团。老师轻轻问："做完面团后做什么呢？"大家纷纷说道："揪面团！再用擀面杖压压滚滚做皮，然后在皮的周围沾沾水，用勺子挖馅料放在皮中间，最后把饺子皮的边边轻轻压紧。"随着小朋友的回答，老师用简笔画记录了包饺子相应的步骤。

洗干净小手的孩子们非常兴奋地奔走，追着老师问什么时候开始。小女生们跃跃欲试："老师，我们要自己动手包饺子咯，好开心！"老师变魔法一样端出一大团面团和一些饺子馅儿，请值日生给几组同伴分了一些馅料、饺子剂子、擀面杖。几个动手能力强的女孩子马上就抓起擀面杖，压了压面剂子，然后用擀面杖来回滚了几下，侧着身子低头看看厚度，觉得很满意，接着给饺子皮沾水、挖馅儿了，最后用灵活的小手将饺子边捏紧，饺子顺利地包好了。再看旁边桌的几个男孩子犯难了，他们拿着剂子用手捏，好像捏不成功，一会儿又把擀面杖滚到了地上，做了一会儿觉得没意思，站起来东张西望。老师问："怎么了？"蒙吉小声地说："老师，我实在不会用擀面杖，我可以做别的事情吗？"老师蹲在他的身边问："你想做什么呢？"蒙吉说："我可以给饺子皮沾水，或者放馅儿。"

按照蒙吉的提议，这些有困难的小朋友自主报名了其他工序。很快，合作包饺子小组成立了。毛毛承担了分面团的工作，蒙吉承担了给饺子皮沾水的工作，萌萌承担了放馅儿的工作，豆豆和天天说可以捏饺子边。毛毛揪了一个面团不停地揉搓，再用擀面杖来回滚动压扁，可能力气小了一些，饺子皮没有完全撑开。蒙吉马上拿过来想沾水，突然他发现饺子皮太小了不好沾，于是说："毛毛，你应该把皮擀大一点。"接着把饺子皮给萌萌，萌萌看了看这么小的饺子皮，用小勺子尖挖了一点点馅儿放进去，豆豆拿过小饺子皮犯难了："老师，这个怎么合起来？"老师过来帮她拽拽皮，豆豆用手指捏好中间，然后再把饺子四周捏紧，饺子终于做好了！她举起来给大家看，蒙吉说："我们的饺子宝宝做好了！"大家看着笑着，说要再一起做"饺子妈妈""饺子爸爸""饺子阿婆"……大家的动作越来越熟练，手指拿捏得也更加灵活。不一会儿，饺子就把笼屉装满了，几个人嗨呀嗨呀地抬着送往食堂，一路上的欢笑声不断。

【评　析】

孩子手部的动作灵巧不是天生的，而是在多种操作活动中逐渐培养起来的。陶行知先生提出要"解放孩子的双手"，他认为动手是动脑、好奇、好学、好创造的表现。培养孩子的动手操作能力，会使孩子的思维更灵活，更富有创造力。孩子的智慧是在实践活动中形成和发展的，手指活动越多越精细，越能刺激大脑皮层上相应的运动区域，使大脑的思维活跃，智能发展迅速，同时促进手的动作越来越灵活、协调。老师是孩子学习的支持者和引导者。在日常活动中，老师可以为孩子创造更多动手操作的机会。

案例中孩子们自发想到包饺子的活动，有部分手部动作灵活协调的孩子能够顺利完成包饺子，但有些孩子因为是初次尝试，有点儿无从下手和茫然，老师通过降低难度、共同学习等形式引导孩子保持活动的热情。当发现孩子觉得擀饺子皮动作学习难度过高时，老师鼓励孩子自己思考解决方案，追随孩子的意愿，通过分组操作的形式满足了不同发展水平孩子的操作愿望。在分组之后，孩子操作兴趣大，积极性高，在操作过程中，有的学会使用擀面杖，有的学着沾水，还有的学会用勺子挖适量的馅儿等，最终完成饺子的制作任务。

活动中老师适当引导和鼓励，一步步地设问来引导孩子参与，孩子始终非常乐意参与活动。在指导孩子活动初期，要有意给孩子创造成功的机会，使孩子比较容易体验到成功，敢于操作、乐于操作；接着进行操作难度分层，引导鼓励孩子突破更大难度，进一步提高动手操作能力。孩子是好动的，喜欢自己动手，大人既不能以安全为由限制孩子的行动，也不能以浪费时间为由扼杀孩子动手的欲望，孩子们正是在这样的过程中提高了手部动作的灵活性与协调性。

【建 议】

给教师的建议

1. 以生活模仿为基础，提高孩子手部动作的灵活性

给不同年龄段的孩子提供不同的操作材料。如在"喂娃娃吃饭"游戏中，小班早期，教师可提供吃饭用的小勺子和一些比较大颗、扁平、不易滚动的材料，像皱纹纸团的糖果、晒干的蚕豆等，塑料瓶娃娃的嘴巴也剪得大大的，使孩子能够稳稳地用勺子舀起食物送入大嘴巴里。进入中大班，可以将喂娃娃吃饭的工具调整为筷子，孩子从能用筷子夹起食物到熟练使用筷子是一个渐进的过程。食物类型也可以多变，还可以加入同伴比赛，发展手指小肌肉的力量以及手指的灵活性。其他的如扣扣子、做面食等生活模仿类游戏都可以帮助孩子提高手指的灵活性。

2. 以手工制作为平台，增强孩子手部动作的协调性

可根据孩子不同的游戏需要，开设手工区、加工厂等区域活动，为孩子创造条件和机会，提供适合本年龄段孩子操作的材料，不对孩子提出超前的、过难的活动要求。结合每个年龄段开展不同主题的单元内容，组织孩子开展相应的美工游戏，如让孩子参与主题环境的创设，鼓励孩子动手制作手工作品布置墙面，用他们制作的小玩具来丰富创造性游戏的材料。尊重、爱护孩子的创作，尽可能地把孩子的手工作品展示出来、利用起来，让他们体会到成功的快乐，同时通过画、剪、折、粘等动作，增强孩子的动手能力，让手的动作越来越灵活、协调。

3. 以民间游戏为载体，促进孩子手部动作的控制力

随着孩子手部动作的发展，协调性的提高，可在此基础上不断丰富和创新，让活动变得更加生活化、游戏化，吸引孩子们积极参与。如一些传统的

民间游戏：玩游戏棒、玩沙包、翻花绳等就具有这样的功能，这些游戏活动对手的精细动作要求比较高，中大班孩子如果经常玩，也能够增强其手部控制能力和手眼协调能力。

给家长的建议

1. 积极放手，交还动手机会给孩子

有的家长觉得孩子比较小，不会做，做不好，做得慢，所以会替孩子把事情做了，这样就剥夺了孩子自己动手去尝试的机会，也导致他们没有锻炼手眼协调能力的机会。家长从心理层面上就要大胆放手，有意识地把相应动手机会交还于孩子，引导孩子生活自理或参与家务劳动，发展其手部的动作。如练习自己拉拉链、扣扣子、用筷子吃饭、系鞋带、帮助家人择菜叶、做面食等。在生活中学习，体会动手操作带来的自身能力的提高和自信体验。

2. 把关材料，提供安全环境给孩子

进行手部动作锻炼游戏的时候，给孩子提供的操作材料要安全，如塑料粒、珠子等要足够大，以免造成异物进入气管等伤害。教孩子使用工具之前，家长要亲身示范拿筷子、握笔的正确姿势以及使用剪刀、锤子等工具的方法。如果使用剪刀，要提供给孩子安全钝头的儿童剪刀，用完后放回原处，养成良好的操作习惯，保证安全的操作环境。

（南京市鼓楼区一中心幼儿园　迟雯倩）

教育偏差

"一杯牛奶与孩子的信心，哪个更重要？"如果让我们来回答，答案一定是"当然是孩子的信心更重要"。但反观我们实际生活中的处事方式和对孩子的态度，我们就会明白自己的问题所在。

"教育是一个逐步发现自己无知的过程"（杜兰特），《指南》提出的"教育建议"、《孩子：挑战》中的论述能给我们的反思带来一些启发。

教育建议：

（1）创造条件和机会，促进幼儿手的动作灵活协调。如：提供画笔、剪刀、纸张、泥团等工具和材料，或充分利用各种自然、废旧材料和常见物品，让幼儿进行画、剪、折、粘等美工活动。引导幼儿生活自理或参与家务劳动，发展其手的动作。如练习自己用筷子吃饭、扣扣子，帮助家人择菜叶、做面食等。幼儿园在布置娃娃家、商店等活动区时，多提供原材料和半成品，让幼儿有更多机会参与制作活动。

（2）引导幼儿注意活动安全。如：为幼儿提供的塑料粒、珠子等活动材料要足够大，材质要安全，以免造成异物进入气管、铅中毒等伤害。提供幼儿用安全剪刀。为幼儿示范拿筷子、握笔的正确姿势以及使用剪刀、锤子等工具的方法。提醒幼儿不要拿剪刀等锋利工具玩耍，用完后要放回原处。

名著启示

我们常常无心地通过讲话语气、行为动作，让孩子觉得自己无能、没用、做不了大事情，并且他们低我们一等。而即使孩子们感到面临这样的状况，他们通常也还是会通过不断努力，找到自己的定位。

我们通常没有给孩子不同的途径和机会，让他们找到自己的强项和长处，反而我们常常以大人的偏见——我们不相信孩子有能力——站在他们的对立面。为了让我们的行为和偏见显得有道理，成人还会武断地规定所谓适龄行为的标准。一个两岁的孩子试图帮忙清理餐桌时，我们立刻从他手里把盘子抢过来："别动，宝贝，你会把盘子打碎的。"为了不打碎盘子，我们却打碎了孩子发展自我能力的信心。

……

三岁的帕蒂想帮妈妈摆晚饭餐桌，她拿起牛奶瓶准备往玻璃杯里面倒牛奶，妈妈抢过牛奶瓶，和蔼地说："别动这个，亲爱的。你还不够大，我来倒牛奶，你可以摆餐巾纸。"帕蒂露出难堪的神情，转身离开了餐厅。

孩子天生具有极大的勇气，并且热切地尝试其他人能做的事情。如果帕蒂真的把牛奶洒在桌子上又能怎样呢？损失牛奶和损失孩子的信心，哪个更严重？帕蒂自己有勇气尝试一个新挑战，妈妈只要信任她，就是给她鼓励。如果牛奶洒了，妈妈只需要不断鼓励帕蒂面对失败，擦掉洒出的牛奶，轻声说："再试一次吧，你做得到。"

——《孩子：挑战》

（三）生活习惯与生活能力

目标 1　具有良好的生活与卫生习惯

3~4 岁	4~5 岁	5~6 岁
1. 在提醒下，按时睡觉和起床，并能坚持午睡。 2. 喜欢参加体育活动。 3. 在引导下，不偏食、挑食。喜欢吃瓜果、蔬菜等新鲜食品。 4. 愿意饮用白开水，不贪喝饮料。 5. 不用脏手揉眼睛，连续看电视等不超过 15 分钟。 6. 在提醒下，每天早晚刷牙、饭前便后洗手。	1. 每天按时睡觉和起床，并能坚持午睡。 2. 喜欢参加体育活动。 3. 不偏食、挑食，不暴饮暴食。喜欢吃瓜果、蔬菜等新鲜食品。 4. 常喝白开水，不贪喝饮料。 5. 知道保护眼睛，不在光线过强或过暗的地方看书，连续看电视等不超过 20 分钟。 6. 每天早晚刷牙、饭前便后洗手，方法基本正确。	1. 养成每天按时睡觉和起床的习惯。 2. 能主动参加体育活动。 3. 吃东西时细嚼慢咽。 4. 主动饮用白开水，不贪喝饮料。 5. 主动保护眼睛。不在光线过强或过暗的地方看书，连续看电视等不超过 30 分钟。 6. 每天早晚主动刷牙，饭前便后主动洗手，方法正确。

视野拓展

中国香港《儿童发展范畴表现指标》

卫生习惯：有良好的卫生习惯；有良好的饮食习惯；具健康意识，有良好的生活习惯。

日本《幼儿园教育要领》

健康：保持自身清洁，自己去进行穿脱衣服、饮食、排泄等生活所需的活动。

韩国《全国幼儿园课程》

健康：个人盥洗，对身边环境的清理，整齐的衣着，正确的饮食习惯，适当的睡眠，疾病防治，保持正确积极的生活态度。

案例、评析及建议

【案　例】

我的生活我自主

　　下午大班户外活动后，真真和橙子手牵手来到进餐区。真真高兴地说："哇，今天的点心是紫薯发糕和千禧果，都是我爱吃的哟！橙子，我们一起去洗手吧！"说完，两人走向盥洗室，真真开了水龙头，简单用肥皂洗了洗手就准备走了，这时橙子提醒道："真真，你要讲卫生，七步洗手法你没做完呢，要像我这样！你看，墙上还贴着七步洗手法的图呢！""好吧，好吧，我们一起七步洗手。"真真说着又重新加入了洗手，一边洗一边念："手心搓一搓，手背搓一搓，手指交叉搓一搓，两手互握搓一搓，大拇指搓一搓，指尖立着搓一搓，手腕交换搓一搓……"橙子向真真点头微笑，说："这样手就洗干净了，吃东西的时候就不会把病菌带进我们的肚子里了。"

　　来到自主进餐区，值日生汤圆开始播报："今天的点心每人一个紫薯发糕、六颗千禧果。点心有营养，水果有丰富的维生素，吃了身体棒哦！"真真和橙子拿了点心盘排队等候取点心。轮到真真时，她很利落地用点心夹取了紫薯发糕和千禧果。然后轮到橙子时，她取了一个紫薯发糕和四颗千禧果。当橙子准备走时，真真说："你怎么只拿了四颗千禧果，可以吃六颗呢！"橙子摇摇头没说话，转身向餐桌走去，选了个位子坐了下来。真真紧跟其后，坐在了橙子的旁边。她们开始吃下午的点心，真真吃了颗千禧果直点头："好甜呀，真好吃！橙子，你快吃嘛！"橙子低声应着："我不太爱吃这个！"真真又说："真的很甜很好吃，我没骗你，你吃一颗尝尝嘛！"值日生汤圆随后走到这里，也跟橙子说："确实很好吃，你不要挑食哦！"橙子看看真真又看看汤圆，有点儿不好意思。在好朋友的极力推荐下，她尝了一颗千禧果，她的表情告诉大家好像味道还不错，没自己想的那么难吃，于是在好朋友的带动下，她愉悦地吃完了自己的一份点心。但是，后来真真让她再取两颗千禧果时，橙子还是没有取，她说："我今天吃了四颗，已经是我吃得最多的一次了。"

小朋友自主点心结束后，餐盘里还剩了几颗千禧果，保育老师问："还想吃的小朋友可以自己过来取哦。"几个小朋友争先恐后地就"解决"了剩余的千禧果。孩子们在老师的引导下，随后开始了区域自主游戏。

【评　析】

自从开展了自主进餐以来，孩子们每天的早点、午餐、午点都在自主进餐区自己解决，小朋友自取餐具，自己动手盛饭、盛菜、拿点心等，自选座位和同伴一起进餐，吃完后自己收拾好餐具。活动室的环境自主自由、小朋友的心情轻松愉悦，孩子们在这样的过程中，养成了自主的、有规律的良好生活习惯，养成了定点定时进餐、不偏食不挑食的良好饮食习惯，以及餐前便后主动洗手的良好卫生习惯。当然，好的生活与卫生习惯不是一蹴而就的，而是长期坚持实践而成的。行为心理学研究表明：21天以上的重复会形成习惯；90天的重复会形成稳定的习惯。即同一个动作，重复21天就会变成习惯性的动作。可见，良好习惯的培养不是一天或是几天所能实现的，但良好的习惯一旦养成，可终身受益。在幼儿园，为了帮助孩子们养成良好的生活与卫生习惯，环境中的暗示、老师的引导、同伴的经验迁移等都是激发因素，我们要善于运用。

1. 良好的生活与卫生习惯贯穿在一日生活中

幼儿园的生活是有规律的、科学的，促进孩子身心健康发展的，一日生活包含了进行晨间锻炼、吃晨点、进行小组活动、进行自主游戏、吃午餐、午睡、吃午点、进行户外活动等环节，每个环节，老师都有和孩子共同讨论约定的规则要求，如餐前洗手、排队取餐、吃多少取多少、不偏食不挑食等，大家共同遵守。一日生活中遇到孩子们发现了问题，如有小朋友洗完手不及时关水龙头，造成浪费水的现象，我们就在晨谈环节进行讨论，孩子们共同支招怎么解决问题，让孩子们感受到自己是班级的小主人，学会帮助自己和同伴养成良好的生活习惯和卫生习惯。

2. 通过图示引导、同伴影响等方式持之以恒

我们要注意环境，利用环境暗示孩子养成好的生活习惯与卫生习惯，如我们将"七步洗手法"的图示张贴在洗手池上方的墙面，时刻提醒孩子勤洗手、认真洗手，注意手的卫生。除了物质环境，还有人文环境对孩子的影响，如利用"值日生报菜名"的活动，引导孩子们轮流担当值日生，每餐每点向同伴宣讲：今天吃什么、有什么营养……鼓励小朋友养成好的饮食习惯。再如自主进餐时，孩子可以自选座位，好朋友一起进餐，胃口好的可以带动同伴多吃并养成不挑食的习惯，就像橙子在真真的鼓动下吃了平日不爱吃的千禧果。周围环境的影响可以让孩子好的行为习惯持之以恒。

3. 鼓励孩子生活自主，促进身心健康发展

生活中我们将自主权、决定权交给孩子，鼓励孩子自己的事情自己做、有意见大胆提出、同伴之间相互提醒、共同制定班级公约等。如自主进餐让孩子通过自己动手拿餐具、盛饭菜、品尝食用、送餐具等，不仅锻炼了孩子手部肌肉的灵活性、手眼协调能力、平衡能力，还让孩子们养成了不挑食不浪费的好习惯。同时，孩子们在自主选择座位、自主选择同桌的过程中，提高了社交能力、谦让与协作能力等，满足了内心的需要，变得更加自信了。孩子真正成为环境的主人，获得喜悦和满足，十分有利于孩子的身心健康发展。

【建　议】

给教师的建议

1. 多听孩子的讨论建议

集体的环境中有大家共同约定的规则要求，但是老师也要多注意观察和倾听孩子。当他们发现问题提出疑问时，我们可以进行讨论、听取建议、解决问题，孩子生活在自主的环境中，自然也能自主养成良好的生活习惯与卫生习惯。

2. 善于观察孩子的需要

班级的生活充分体现孩子的自主性，让孩子在轻松愉悦的氛围中养成好的生活习惯与卫生习惯，但是作为老师，要善于观察个别孩子的行为需要，如有的孩子会啃指甲，老师要及时引导交流，告知这样的行为不卫生，帮助他及时清理指甲，并和家长沟通，家园共育帮助孩子改掉不良的卫生习惯。

3. 鼓励强化良好的习惯

当发现孩子养成了好的习惯时，老师应及时给予鼓励，可以强化这种好的生活习惯，并引发同伴效仿学习。如琪琪总是在小朋友游戏结束后去每个区域检查一遍，主动将遗漏的材料收放整齐，这是很好的生活习惯。当老师表扬奖励她这一行为后，班级其他小朋友纷纷效仿，现在很多孩子都养成了收拾、整理的好习惯。

给家长的建议

1. 重视孩子习惯的培养

有的家长和老人总是觉得孩子还小，不让孩子做很多事情，这不利于孩子养成良好的生活习惯与卫生习惯。相反，家长应该重视孩子良好的生活习惯与卫生习惯的培养，多让孩子自己动手。如可以让孩子在家自主进餐，自己盛饭盛菜，吃多少取多少，不浪费食物。再如提醒孩子看电视保持3米左右距离，控制看电视的时间，帮助孩子养成良好的用眼习惯。

2. 鼓励孩子生活中自主

家庭中可以召开家庭讨论会，讨论和制定家庭生活的规则要求，明确孩子在家可以自主做哪些事情等，如鼓励孩子周末在家午餐后，去散步半小时，然后回家自己午睡，定好小闹钟叫醒，让孩子在家庭生活中也自主养成良好的生活习惯与卫生习惯。

3. 潜移默化地言传身教

孩子是好模仿的，家庭中父母就是孩子的榜样，父母的言行对孩子有着潜移默化的作用。如吃饭时父母不挑食，不做与吃饭无关的事情，孩子也会向父母学习。所谓"言传不如身教"，父母首先要养成良好的生活习惯和卫生习惯，才能对孩子有积极的影响，父母做得好，孩子才会做得更好。

（南京市鼓楼幼儿园　丁仕华）

教育偏差

孩子能否养成良好的生活习惯与卫生习惯，家长确实有很大责任。"在进行教育工作时，教师会不可避免地和父母产生矛盾。特别是当教师所纠正的孩子偏差行为正是家庭教育的问题所在。""教师也应该向家长表现出善意和帮助的态度，以此得到家长对他们工作的支持。"

"教育是一个逐步发现自己无知的过程"（杜兰特），《指南》提出的"教育建议"、《儿童教育心理学》中的论述能给我们的反思带来一些启发。

教育建议：

（1）让幼儿保持有规律的生活，养成良好的作息习惯。如：早睡早起、每天午睡、按时进餐、吃好早餐等。

（2）帮助幼儿养成良好的饮食习惯。如：合理安排餐点，帮助幼儿养成定点、定时、定量进餐的习惯。帮助幼儿了解食物的营养价值，引导他们不偏食不挑食、少吃或不吃不利于健康的食品；多喝白开水，少喝饮料。吃饭时不过分催促，提醒幼儿细嚼慢咽，不要边吃边玩。

（3）帮助幼儿养成良好的个人卫生习惯。如：早晚刷牙、饭后漱口。勤为幼儿洗澡、换衣服、剪指甲。提醒幼儿保护五官，如不乱挖耳朵、鼻孔，看电视时保持 3 米左右的距离等。

（4）激发幼儿参加体育活动的兴趣，养成锻炼的习惯。如：为幼儿准备多种体育活动材料，鼓励他选择自己喜欢的材料开展活动。经常和幼儿一起在户外运动和游戏，鼓励幼儿和同伴一起开展体育活动。和幼儿一起观看体育比赛或有关体育赛事的电视节目，培养他对体育活动的兴趣。

　　我们并没有特别区分孩子的成长和教育是受父母影响还是教师影响，关键在于他们是否得到了良好的教育。这里的教育并不是指在学校接受的学科教育，而是人格发展的心理教育。尽管在孩子的教育方面，父母和教师都做出了各自的贡献，父母纠正学校教育的错误，教师则弥补家庭教育的不足。但在当今的社会经济条件下，对孩子的教育，教师负主要责任。这可能是因为家长对新型的教育理念并不敏感，而教师教育孩子是他们的职业责任，也是兴趣所在。个体心理学强调学校应该倾注更多的力量来教育孩子，虽然父母的养育也是必不可少的。

　　在进行教育工作时，教师会不可避免地和父母产生矛盾。特别是当教师所纠正的孩子偏差行为正是家庭教育的问题所在。这样，父母很容易认为教师是在指责自己的失职。那么，在这种情况下，教师该如何处理与父母的关系呢？

　　教师应该把家长的问题当作一个心理问题来处理。如果家长看到以下的讨论，请不要生气，这里毫无冒犯之意，这种讨论只针对那些认识力不足、不够明智的家长，然而这些家长已经成了教师在做教育工作时一定要面对的对象。

　　许多教师说过，跟问题儿童的父母打交道要比跟问题儿童本人打交道更加困难。这也说明，教师在和家长打交道时要运用策略和技巧。教师还应该有这样的认识：家长不必为孩子身上所出现的问题负责任。毕竟，他们并不善于运用专业的教育技巧指导孩子，他们只是按照约定俗成的方法来管教孩子。当他们接到学校的通知来处理孩子的问题时，他们觉得像是自己犯了错一样。这种感觉也反映了他们的内疚心理，他们应该得到教师富有技巧的对待。教师应该安抚家长的情绪，使他们心平气和、态度友好。教师也应该向家长表现出善意和帮助的态度，以此得到家长对他们工作的支持。

　　即使我们有足够的理由责备家长，我们也不应该这么做。如果我们能让他们和我们站在统一战线上，说服他们改变态度与我们合作，用我们倡导的方法来教育孩子，那么，我们的工作就能取得更好的成果。简单粗暴地否定他们以往的教育方法是起不到作用的。我们所要做的就是尽力使他们采取新的教育方法。孩子不可能是一夕之间变坏的，总有一个演变的过程。家长对此并非没有察觉，他们也会怀疑自己在教育过程中忽视了什么。我们在和家长交流时不能生搬教条。即使是向他们提建议，也不应该用命令的口吻，而是应该尽可能多地尝试"或许""可能"或者"你可以尝试一下"这样的句式。即使我们知道他们错在哪里，怎么纠正，我们也不能贸然提出，以免给他们一种强迫的感觉。

有趣的是，富兰克林在自传中也曾表达了同样的观点。他写道，他的一个朋友认为他太咄咄逼人，于是他给自己定下规矩，绝不正面反驳别人的观点，也绝不直接肯定自己的观点。在表达观点时不允许自己运用"当然""肯定"等含有绝对意义的字眼，取而代之的是"我以为""我觉得""这可能"等表达句式。当别人的观点在他看来可能是错误的，他也不会直接反驳他的观点，而是回答说，"他的观点在有些情况下有其合理之处，不过在我看来，这种说法在当前这种情况下可能有点不同"等。于是他能更加愉快地和别人进行交谈了。

富兰克林的这一经历可以说明，盛气凌人、咄咄逼人的做法是不合时宜和徒劳无益的。生活中不存在适用于所有人的基本定律，规则一旦超出适用范围，自然会失去效力。我们不能否认，生活中确实需要措辞激烈的时候。但是，如果我们能够体察到那些家长已经心存羞愧并为自己的孩子忧心忡忡，他们将要为自己的问题孩子再次蒙羞的情况，我们就不会对他们疾言厉色。又或者我们认识到，如果没有家长的合作，我们的教育就一无所成，就算是为了帮助孩子，我们也应该采取富兰克林的方法。

——《儿童教育心理学》

目标 2　具有基本的生活自理能力

3~4 岁	4~5 岁	5~6 岁
1. 在帮助下能穿脱衣服或鞋袜。 2. 能将玩具和图书放回原处。	1. 能自己穿脱衣服、鞋袜、扣纽扣。 2. 能整理自己的物品。	1. 能知道根据冷热增减衣服。 2. 会自己系鞋带。 3. 能按类别整理好自己的物品。

● 视野拓展

中国香港《儿童发展范畴表现指标》

自理能力：能掌握日常生活的基本能力；能在日常生活中表现自我照顾的能力。

日本《幼儿园教育要领》

健康：通过各种游戏去充分地活动身体；关心自己的健康，积极开展预防疾病之类的必要活动。

● 案例、评析及建议

【案　例】

让"机器人"的小手动起来

愉快的寒假结束了，新的学期开始了。许久未见的小班孩子们看到小伙伴后都开心地相互问早问好，昊昊却"与众不同"，他没有表情地站在教室的中间，与兴奋的伙伴们形成了鲜明的反差。

"昊昊，有不开心的事吗？需要我帮忙吗？"昊昊摇摇头。我牵着他的手，将他送到以前最喜欢玩的建筑区。昊昊拿起两块积木，若有所思地看着窗外，对教室里的欢笑声没有什么反应。

"丁零零……"这是活动结束的信号，孩子们停下手中的游戏，开始收拾玩具。不一会儿，活动区里的小朋友都回到了讨论区准备晨谈，只有昊昊坐在建筑区的地上。"昊昊，快来啊！"我招呼着他，他局促地站起身移了移脚，最后还是站在了原地。"昊昊，需要我帮忙吗？"当再一次询问无果后，我挽着他回到讨论区。

奇怪的是，接下来的每个环节，昊昊都需要老师手把手地帮助：挽着他去盥洗室洗手，带着他一起接水喝水、与他一起收拾积木……如果老师不帮助，昊昊就站在原地不动。就这样，昊昊一天的幼儿园生活在一对一帮助下结束了。这些事情昊昊上学期就能完成了，为什么现在不愿意做呢？嗯！估计是刚开学，昊昊可能还需要适应一段时间吧。班上的三位老师都发现了这个现象，大家决定明天多多关心昊昊，给予他更多的鼓励和帮助。

一天、两天、三天……昊昊依旧重复着相同的举动，连小伙伴们都发现了他的特别。"老师，昊昊又站在那里一动不动了，像不像机器人！""昊昊一定是在等老师去帮他吧！"

中午要睡觉了，昊昊站在小床边等着老师过去帮助。"上学期他是会解衣服扣子的，难道今天的扣子太紧了吗？"我思忖着走了过去，扣子很轻松就解开了，脱下衣服，我叮嘱昊昊："赶紧躺下休息哦！"昊昊点点头。我转身帮助其他小朋友。一阵忙碌后，转眼看见昊昊依旧坐在床边，保持着我离开时的"造型"。我顿时有些急了，声音下意识地大了起来："昊昊，我都帮你脱好了衣服，你还坐在那里，赶快钻到被子里，天气冷会着凉生病的。"我的声音把正在打扫卫生的保育老师吸引了过来，他说："卞老师，这几天都是我帮昊昊掀开被角盖好被子，他才上床睡觉的。"听了保育老师的解释，再看看其他正忙着自己钻被筒盖被子躺下的孩子们，我瞬间明白了，放了一个寒假的昊昊现在什么事都不会干了，甚至是不愿意自己干了！

下午放学后，我和昊昊妈妈进行了交流，昊昊妈妈听了他在幼儿园里的表现也十分惊讶。她焦急地说道："穿衣服这些事情昊昊上学期就已经学会了，怎么会这样呢？不过，这个假期我和昊昊爸爸工作都特别忙，我们把孩子送回了老家，一直是爷爷奶奶带他的，开学了才接回来。估计是爷爷奶奶什么事情都包办代替的吧……"问题就出在了这里。找到了原因，我们决定家园同步，一起帮助昊昊养成做力所能及事情的好习惯。晚上，昊昊妈妈和我电话交流，说与昊昊爸爸约定好：宁愿时间长一点、动作慢一点、做得差一点，也要让昊昊完成自己能做的事。太好了，只要家长愿意配合，幼儿园的办法就会更多。

第二天晨谈，我和孩子们讨论："我们的小手能做哪些事？"孩子们伸出小手比画着："我的小手会拿小勺吃饭。""我的小手会穿衣服。""我的小手会拿茶杯接水喝。"……原来孩子们对自我服务与自理能力是有着丰富的生活经验的。经过讨论，我们决定将班级留白的一块墙面布置成名为"小手真能干"的儿童海报，孩子们在"小手真能干"的海报里每天打卡。如果自己完成吃饭、收拾玩具、解纽扣、提裤子等简单的任务，就可以得到一朵笑脸花。如果小手能完成海报里没有的事情，就可以在海报里再增加内容。

果然，打卡的活动激发了孩子们"自己的事情自己做"的热情。我留心观察着昊昊的变化。当完成一项任务后他也会很兴奋地跑去打卡，有时也会开心地跑到我的面前炫耀一番："卞老师，我今天喝了三杯水了！"我当然会给他一个大大的拥抱，说："真能干！"在小伙伴的影响下，昊昊的小手开始动起来，不再当"机器人"了。

【评　析】

3~4岁是生活自理能力养成与习得的关键期，这个阶段的孩子正在从依赖成人的帮助逐渐过渡到自主完成。小班上学期的集体生活让孩子们有了自我服务的意识与能力，他们需要进一步提高自理能力的机会与环境。案例中的昊昊因为寒假父母忙被送回老家由爷爷奶奶照顾，老人的全心呵护代表了一大批自理能力较弱幼儿的教养模式，他们怕孩子吃冷饭、怕孩子受凉、怕东西洒在地上、怕孩子受伤，这些过度照顾的孩子因为丧失了练习机会出现了意识缺乏、能力倒退的现象，依赖成人便不可避免。

案例中采用"等待""激励"两种教育方式，家庭中的"等待"是一种

　　　　　《3—6岁儿童学习与发展指南》案例式解读（第二版）

努力唤起孩子动手意识的"等待",是充满期待地让孩子独立完成任务的"等待",是家长愿意陪伴的"等待"。幼儿园的"激励",是让孩子体验成功后欢乐的"激励",是鼓励孩子不断挑战自己的"激励",是同伴间相互学习相互模仿的"激励"。只要给予孩子充分的练习机会,只要生活中的契机充分利用,孩子自我服务的意识就能不断萌发,自我服务的能力也能得到相应的提高。

【建 议】

给教师的建议

1. 理解孩子的学习方式,以游戏化的方式进行自理能力的练习

在帮助孩子具备基本生活自理能力的过程中,我们需要在游戏和日常生活中进行。我们要珍视游戏的独特价值,创设丰富的教育环境,鼓励他们通过直接感知、实际操作和亲身体验获取经验,而不是采用枯燥的练习方式让孩子对穿衣穿鞋等自理能力产生畏难情绪和抗拒心理。比如,可以鼓励昊昊在娃娃家为睡午觉的"宝宝"穿脱衣服,还可以组织穿衣服比赛等活动激发昊昊动手练习的兴趣。

2. 家园共育,为孩子创设目标一致的教育环境

在日常班级管理中,教师要和家长建立正向有效的沟通途径,向家长宣传科学的育儿方式与经验,争取达成教育理念的一致。家长会、育儿沙龙、班级育儿分享群等,都可以传递科学家庭教育的经验,只有家园达成共识才能形成合力,有效促进孩子能力的提高与充分发展。

3. 善于精密观察,及时发现问题、解决问题

因为出生时间、遗传、生活环境、教养方式等不同,班级中的孩子也是千差万别。特别是自我服务的能力需要生理与心理发展的支撑,一个策略不可能适用于所有孩子。在日常保育教育过程中,老师要精密观察,善于捕捉每个孩子的典型性行为,关注他们的心理变化,通过分析与反思,采取适宜的教育策略,这样才能更有效地促进孩子能力的发展。善观察是基础,会分析是抓手,懂策略是关键。

给家长的建议

1. 大胆放手，凡是儿童能做的事情就让他自己做

陈鹤琴先生在十七条教育原则中明确指出："凡是儿童能做的事情就让他自己做。"生活中我们要鼓励孩子做力所能及的事情，对于他们的尝试与努力要给予积极的肯定，不能因为做得不好或做得慢而包办代替。有句俗话"懒妈妈养出勤快孩子"，说明给予孩子充分锻炼的机会非常重要。在帮助孩子提高自理能力的过程中，家长需要做"懒妈妈"。

2. 科学育儿，有意识地在生活中教会孩子生活自理的基本方法

父母作为孩子的第一任老师，要充分利用家庭共同生活的契机，教给孩子能够学会的、简单的生活技能，如穿鞋、拿茶杯、握小勺、洗手、擦鼻涕的动作流程与要领，在帮助孩子穿脱衣物中让孩子从伸手臂配合到主动套衣袖，再到尝试解系纽扣，直到自己主动穿脱衣服，家庭保持与幼儿园一致的教养方式与教养态度，更有利于孩子尽快掌握生活自理的方法。

3. 合理规划，提供有利于孩子生活自理的条件

我们不仅要尊重孩子的学习方式，更要尊重孩子的年龄特点。在孩子小肌肉发育不完善的幼儿园阶段，我们不能提出超越孩子能力的要求，不能因为要给孩子练习的机会造成潜在的安全隐患，或者因过高的要求让孩子丧失自信。若想让孩子学习自己穿脱衣服，家长就应该选择舒适、方便穿脱的衣物，尽量少穿紧身无弹性、后背开拉链等服装。家庭中，可以为孩子设置个人衣柜，创设游戏区、阅读区等区角，让孩子自己尝试分类收拾生活用品和学习用具，帮助孩子在生活中提高自我服务的能力。

（南京市鼓楼幼儿园　卞晓燕）

教育偏差

"你还小，做不好，让我来替你做。"类似的话，对孩子不能充分信任的成人经常会说。也许你的出发点是关心孩子，真心想帮他解决问题，但在孩子那里，感受到的是对他尝试与努力的否定，对他能力和独立性的冒犯。

"教育是一个逐步发现自己无知的过程"（杜兰特），《指南》提出的"教育建议"、《教学机智——教育智慧的意蕴》中的论述能给我们的反思带来一些启发。

教育建议：

（1）鼓励幼儿做力所能及的事情，对幼儿的尝试与努力给予肯定，不因做不好或做得慢而包办代替。

（2）指导幼儿学习和掌握生活自理的基本方法，如：穿脱衣服和鞋袜、洗手洗脸、擦鼻涕、擦屁股的正确方法。

（3）提供有利于幼儿生活自理的条件。如：提供一些纸箱、盒子，供幼儿收拾和存放自己的玩具、图书或生活用品等。幼儿的衣服、鞋子等要简单实用，便于自己穿脱。

名著启示

教育者需要信任孩子。尤其是对他或她所负有责任的具体孩子的潜力和善良充满信任。我对孩子的信任给孩子以力量——自然，这要在孩子体验到我的信任是真实的、积极的时候。一个成人说，"让我来替你做"，可能只是想帮帮孩子而已。但是，可能孩子会觉得这是对他的能力和独立性的冒犯。"我要自己来做！"孩子可能会这样说。另外一个孩子可能会将"我来替你做"理解为缺乏信心，因而反应更加地消极。他或她可能会对自己的能力缺乏信心。不信任或疑惑使得真正的教育几乎不可能。那些不能显示对孩子充分地信任的成人，不能成为真正意义上的老师或作为教育者的父母。这些可能就是那些他们自己对世界和对他人的信任受到打击的成人的情况。假如我不信任别人，假如我充满疑惑、不能以信心和希望面对生活，那么我可能就不能够为了孩子来珍惜信任。

怀疑会带来否定、恶意，甚至邪恶。它容易使孩子也产生怀疑和不信任："你为什么还这样做！""难道你就总做不好吗？""为什么我这次就应该相信你？""我知道你做不到那样的！""我知道我不能指望你！""你刚才做了啥？"

孩子听见成人这样对他说"我知道我不能指望你！"他和成人的关系就没有合适的调子。这可能会导致孩子不能正眼看人、说话张口结舌、尴尬地停顿、喜欢低头朝下看，或者倾向于说道歉的话和说那些成人想听的话。于是，成人会发现他的怀疑得到了证实。很快，教育的关系变成了一种武力和操纵的关系——在这种关系下学习则变得十分荒唐可笑了。

——《教学机智——教育智慧的意蕴》

目标3　具备基本的安全知识和自我保护能力

3~4岁	4~5岁	5~6岁
1. 不吃陌生人给的东西，不跟陌生人走。 2. 在提醒下能注意安全，不做危险的事。 3. 在公共场所走失时，能向警察或有关人员说出自己和家长的名字、电话号码等简单信息。	1. 知道在公共场合不远离成人的视线单独活动。 2. 认识常见的安全标志，能遵守安全规则。 3. 运动时能主动躲避危险。 4. 知道简单的求助方式。	1. 未经大人允许不给陌生人开门。 2. 能自觉遵守基本的安全规则和交通规则。 3. 运动时能注意安全，不给他人造成危险。 4. 知道一些基本的防灾知识。

视野拓展

中国香港《儿童发展范畴表现指标》

大肌肉的活动协调力：进行活动时，具安全意识。

英国《EYFS早期学习与发展目标》

身体发育：自信的、模仿性的和安全的活动；开始对空间、自身和他人所需要的空间概念有所了解。

南非《早期儿童发展服务纲要指南》

儿童身体的发展：指导和帮助年幼的儿童，让他们知道如何保持自己的身体安全和健康，包括合理的饮食活动，保护牙齿和头发等各方面的健康。

日本《幼儿园教育要领》

健康：懂得危险的场所、危险的游戏方式以及遇到灾害等时的行动方法，在安全中活动。

韩国《全国幼儿园课程》

健康之安全：安全地游戏，遵守交通安全规则，认识危险情况并能适当采取措施预防环境污染和自然疾病。

● 案例、评析及建议

【案　例】

交通安全小卫士

到户外自主游戏时间了，中班的孩子们绽放着笑脸奔向户外，选择"送货"游戏的孩子朝着"停车场"方向直奔而去。"嘀嘀嘀，出发！让一让、让一让——"，浩浩背着小背包骑着滑板车飞速行驶，不断超越前面的小车。轩轩骑着三轮车驮着一只气球试图超越浩浩，浩浩回头冲着轩轩得意地说："你是追不上我的，我比你快……"话没说完，浩浩就摔倒在地，小背包里为饲养区送的菜叶掉了一地。原来，他的车子撞上前面开"出租车"的宁宁。老师走过去上下左右察看着浩浩的身体，问他："疼不疼？哪里不舒服？"浩浩揉揉屁股："这里有点儿疼。"老师请浩浩先把地上的菜叶收拾起来，把滑板车移到场地边，休息一会儿觉得不疼了再游戏。

游戏回顾环节，孩子们交流着今天的游戏情况。宁宁讲了浩浩翻车的事情。"浩浩为什么会撞到宁宁？为什么会摔倒呢？"老师引导孩子们分析讨论。"浩浩骑得太快了。""浩浩他还回头跟我做鬼脸，没看路。""幸好浩浩和宁宁没有受伤，不然就要打120送医院了……"孩子们你一言我一语地交流着。

今天的"送货"游戏似乎不太顺利，更多的事故隐患在曝光："我们在草坪上玩'娃娃家'，淘淘把车开到了草坪上，差点儿撞倒了我们。""我过马路时，差点儿被天天的车撞了。""我还看到路中间有小车子，没人骑，挡住了路。""我也看到小车子乱停。"

在纷纷议论中，与生活相关的经验被唤起，孩子们纷纷分享："有一次，我爸爸开车打电话，不小心撞到前面的小汽车，小汽车的灯都撞坏了，还好人没受伤。""我看到有人闯红灯，被车子撞了，流了好多血，救护车都来了。""我妈妈把车停在路边，收到了罚单。"

最后大家一致建议：要防止交通事故，"货车""出租车"游戏都要有规则。可以有哪些规则呢？

"我们需要增加一个交警，司机要听交警指挥。"

"我们可以竖个红绿灯，红灯停、绿灯行。"

"我看过禁止停车的牌子，可以竖个牌子，告诉司机不能把车停在这里。"

"我还在加油站看过禁止吸烟的牌子。"

"开车时要安全驾驶，眼睛看路。"

"不能闯红灯，过马路要走斑马线，要遵守交通规则。"

"开车时不能打电话，慢点儿开。"

"不能乱停车，要把车停在停车场。"

孩子们立即行动起来，有的到图书区寻找交通标志图片，有的到美工区制作交警的帽子，有的做红绿灯。下午游戏时，孩子们用这些规则提醒标志试了一次，觉得还是有些乱，我建议他们回家向爸爸妈妈寻求帮助，请大人们出出主意。

第二天，晨晨带着一本安全标记画册到班级，画册里面不仅有交通标志，还有图文解释，书后还有一张视频光盘，将所有的交通标志详细做了动画展示。晨谈时，晨晨就做小老师，带着大家欣赏了视频，对照画册提出那些适用的建议。在老师的鼓励下，孩子们分组绘制了"向左转""向右转""允许掉头""停车场"等指示标志、"注意行人""慢行"等警告标志以及"禁止通行""禁止停车""禁止超车"等禁令标志。有了标志的指引和"小交警"的监督，"小司机"的安全意识大大提高，"货车""出租车"有序在道路上行驶，交通事故大大减少了。

从行车的交通规则标志，孩子们又延伸到班级和校园中的环境秩序与安全，他们来回检查讨论，又绘制了户外运动设施、上下楼梯、进出大门等安全提醒标志，校园里处处留下了他们稚嫩的画笔与语句。

【评　析】

幼儿园必须把保护幼儿的生命和促进幼儿的健康放在工作首位，幼儿的安全生活能力是保护自身生命安全、维护自身健康必备的基本能力。此案例中，看似是发生在游戏中小伙伴之间的一次"小碰撞"，其实隐藏了巨大的安全问题和规则意识缺失的隐患。老师有意识地将游戏与生活联系起来，以增强幼儿安全意识。

1. 重视游戏中出现的安全问题，及时讨论反思

幼儿活泼好动，自我保护意识较弱，自我保护能力较差。针对游戏中出现的小碰撞，教师"小题大做"，组织幼儿在游戏回顾中聚焦安全问题，通过交流引导幼儿关注生活中的交通规则和交通标志，反思游戏中的行为，为孩子敲响了安全警钟。

2. 关注生活中的安全教育，巧妙经验迁移

游戏的"小事故"蕴含着遵守安全规则和交通规则的教育"大契机"。老师巧妙调动了幼儿的生活经验，引导幼儿主动思考解决游戏问题的方法，鼓励他们去寻找和认识生活中的安全标志和交通标志，支持他们通过自己特有的方式与周围环境互动，实现了知、情、意、行的同步渗透。

3. 注重幼儿在游戏中的亲身体验，巩固安全意识

在幼儿认识生活中标志的基础上，老师鼓励幼儿自己绘制安全标志和交通标志并投入到游戏中使用。通过亲身体验，幼儿不仅享受了愉悦安全的游戏活动，还巩固了对常见的交通标志和安全标志的认识。幼儿在"做中学""玩中学""生活中学"，建构自己对安全标志的理解和认识，从而自觉遵守安全规则和交通规则。

【建 议】

给教师的建议

1. 巧用契机，在生活中引导幼儿关注安全问题

教师要善于发现生活、游戏中的安全教育契机，利用身边的环境资源给予适宜、合理的安全教育，提高幼儿安全意识及敏感性。如幼儿发现"安全出口"的标志，老师可以和幼儿交流为什么要有"安全出口"的标志和什么情况下必须走"安全出口"，提醒幼儿去商场、医院或其他地方，关注"安全出口"的位置，提高警惕意识。借助新闻播报、晨谈等活动，引导幼儿关心社会安全事件，如"宝贝回家"活动，强化幼儿安全意识和自我保护能力。

2. 积极引导，在集体中教导幼儿掌握安全知识

班级可以将安全知识作为活动主题，通过各种形式和多种渠道对幼儿进行相关教育。如在环境中展示有关安全知识的宣传图，向幼儿展示有关安全知识的影像资料，请消防员、警察、医生入园给幼儿讲解安全知识，结合消防日、防震减灾日组织应急演练和逃生演习，提高孩子自我保护能力和面对灾难的应急能力。

3. 学以致用，在游戏中强化幼儿安全意识和规则意识

要强化幼儿园的安全意识和规则意识，必须让孩子感受与体验，游戏就是最好的形式，游戏中幼儿可以通过假想、反复体验、练习和实践，逐渐习得安全的行为。教师可以创设娃娃家、消防局、医院、警察局、交通局等游戏环境，丰富游戏角色，创编相关的游戏内容，鼓励幼儿在扮演司机、消防员、医生、警察的游戏中掌握基本的安全知识和自我保护能力。

给家长的建议

1. 加强防范，创设安全的生活环境

家庭中注意消除孩子生活环境中的危险因素，要将刀具、药品、易碎品、易燃品、易烫伤等危险物品放到孩子够不着、找不着的地方；阳台、窗户处安装安全防护栏；家中桌角、墙角贴上防撞条等。家长也可以和孩子观察和讨论家中需要张贴安全提醒标志的地方，一起和孩子绘制安全标志，张贴在家中相应位置。如在洗漱间张贴"小心地滑"标志、厨房张贴"当心烫伤"标志、窗户处张贴"禁止攀爬"标志、插座处张贴"禁止触摸""小心触电"等标志。外出时，提前准备好一张有家人的联系方式的小卡片让孩子携带，防止其走失后联系不上家人；在公共场所照看好孩子，不单独把孩子留在家里或车上。

2. 随机教育，结合生活实际对孩子进行安全教育

外出时提醒孩子跟紧家人，在家人视线内活动，不吃陌生人给的东西、不跟陌生人走，提前和孩子约定好万一和家人走散在哪里等待，如何寻求他人帮助。随时提醒孩子遵守交通规则、认识常见的安全标志，提醒孩子不做危险的事。结合身边发生的安全事故或新闻，和孩子交流分析，进行安全教育，强化其安全意识和自我保护能力。

3. 未雨绸缪，教给孩子简单的自救和求救方法

让孩子记熟家人的联系方式和家庭住址，让孩子知道在公共场所走失时如何向他人求助并提供必要的信息。借助绘本、影像等资料，告诉孩子要保护自己身体隐私部位，不允许别人触摸；与孩子讨论遇到火灾、地震等自然灾害时逃生和求救的方法，告诉孩子遇到紧急情况时可以拨打110、120、119等紧急电话，以及拨通电话后应该提供哪些必要信息（事件、地点）。

4. 以身作则，自觉遵守安全规则和交通规则

孩子是通过观察和模仿来学习的，成人的行为往往会成为他们模仿的内容。生活中家长的一次"赶时间"闯红灯行为或"求方便"翻越栅栏的危险行为，都会让孩子耳濡目染，进而影响着孩子。家长要时刻关注自身行为举止，自觉遵守安全规则和交通规则，以积极、正面的形象影响幼儿，为孩子树立学习的榜样。

（南京市鼓楼幼儿园　魏丹）

教育偏差

"危险，不许……"对孩子这一类话讲得越多，危险越容易发生。"焦虑的孩子可能诱使他人如父母或看护者做出过度保护的行为，而这又会加重孩子对威胁的负面感受，减弱他们对危险控制的感知程度。"但这也不是放任不管，"待在孩子身边，并带着关心去守护，是孩子的自我实现能力表现出来的必要条件"。

"教育是一个逐步发现自己无知的过程"（杜兰特），《指南》提出的"教育建议"、《娇惯的心灵："钢铁"是怎么没有炼成的？》中的论述能给我们的反思带来一些启发。

教育建议：

（1）创设安全的生活环境，提供必要的保护措施。如：要把热水瓶、药品、火柴、刀具等物品放到幼儿够不到的地方；阳台或窗台要有安全保护措施；要使月安全的电源插座等。在公共场所要注意照看好幼儿；幼儿乘车、乘电梯时要有成人陪伴；不把幼儿单独留在家里或汽车里等。

（2）结合生活实际对幼儿进行安全教育。如：外出时，提醒幼儿要紧跟成人，不远离成人的视线，不跟陌生人走，不吃陌生人给的东西；不在河边和马路边玩耍；要遵守交通规则等。帮助幼儿了解周围环境中不安全的事物，不做危险的事。如不动热水壶，不玩火柴或打火机，不摸电源插座，不攀爬窗户或阳台等。帮助幼儿认识常见的安全标识，如小心触电、小心有毒、禁止下河游泳、紧急出口等。告诉幼儿不允许别人触摸自己的隐私部位。

（3）教给幼儿简单的自救和求救的方法。如：记住自己家庭的住址、电话号码、父母的姓名和单位，一旦走失时知道向成人求助，并能提供必要信息。遇到火灾或其他紧急情况时，知道要拨打110、120、119等求救电话。可利用图书、音像等材料对幼儿进行逃生和求救方面的教育，并运用游戏方式模拟练习。幼儿园应定期进行火灾、地震等自然灾害的逃生演习。

《3—6岁儿童学习与发展指南》案例式解读（第二版）

● 名著启示

1980 年以来，关于游戏的研究渐成学界热点。如今，玩耍有益已是证据确凿的命题，越来越多的学术研究将缺乏玩耍和成人后的焦虑、抑郁联系在一起。虽然结论做不到板上钉钉，但也言之成理。一篇对此类文献的评论文章这样指出：

研究已经表明，焦虑的孩子可能诱使他人如父母或看护者做出过度保护的行为，而这又会加重孩子对威胁的负面感受，减弱他们对危险控制的感知程度。由此，过度保护就可能导致过度焦虑。政府管控儿童游戏的场地就构成过度保护，连同对游戏场地事故的过分担忧都会助长社会焦虑之蔓延。我们必须为孩童们提供更有刺激的环境，而不是妨碍他们的发育。

根据这类研究，以及我们在第 7 章中所讨论的，青少年日益严重的焦虑、抑郁程度和高自杀率，使我们应该反思教育体制和父母育儿的方式，我们应当给孩子提供更多的自由玩耍时间。但事实却恰恰相反。

……

彼得·格雷是游戏研究的权威专家，他将"自由玩耍"定义为"这样一种活动，由参与者自由选择并自由导演，且纯粹是为玩而玩，而非有意去追求可以同活动本身区分开来的目标"。钢琴课和足球训练不能算作是自由玩耍，但随意地弹弄钢琴，或者临时起意来踢一场足球比赛，却属于自由玩耍。格雷和其他研究者都注意到，并非所有的游戏都相同。同伙伴们一起，在户外追逐打闹，这种让身体动起来的自由玩耍，就是一种关键的游戏方式，是我们进化而成的大脑所"期待"的活动。而且据孩子们讲，这也正好是他们最喜欢的玩耍方式。（研究已经充分证明了假想或者装扮游戏的意义，相关的证据不仅存在于相对安静的室内游戏中，在室外自由玩耍的打闹推搡中也多有体现。）

格雷指出，在户外自由玩耍时，孩童们总是会搞出一些危险举动或有风险的行为，比如他们会上墙、爬树，或者从楼梯和栏杆上滑到地面：

他们似乎给自己配置了一定剂量的适度恐惧，好像是在有意识地学习，在自身行为致身陷某种危险处境后，要如何应对身体和情绪上的挑战……所有此类活动都充满乐趣，原因在于它们有着恰到好处的惊险。如果引发的恐惧微不足道，那么活动就会显得沉闷无聊；反之，若是引发的恐惧过多，它就不再是游戏，而成为恐怖事件了。只有孩子自己才知道，多少剂量的恐惧才是恰当的。

——《娇惯的心灵："钢铁"是怎么没有炼成的？》

第二章

解读《指南》"语言"领域

（一）倾听与表达

（二）阅读与书写准备

语言是交流和思维的工具。幼儿期是语言发展，特别是口语发展的重要时期。幼儿语言的发展贯穿于各个领域，也对其他领域的学习与发展有着重要的影响：幼儿在运用语言进行交流的同时，也在发展着人际交往能力、理解他人和判断交往情境的能力、组织自己思想的能力。幼儿通过语言获取信息，使得自身的学习逐步超越了个体的直接感知。

幼儿的语言能力是在交流和运用的过程中发展起来的。应为幼儿创设自由、宽松的语言交往环境，鼓励和支持幼儿与成人、同伴交流，让幼儿想说、敢说、喜欢说并能得到积极回应。为幼儿提供丰富、适宜的低幼读物，经常和幼儿一起看图书、讲故事，丰富其语言表达能力，培养阅读兴趣和良好的阅读习惯，进一步拓展学习经验。

幼儿的语言学习需要相应的社会经验支持。应通过多种活动扩展幼儿的生活经验，丰富语言的内容，增强理解和表达能力。应在生活情境和阅读活动中引导幼儿自然而然地产生对文字的兴趣，用机械记忆和强化训练的方式让幼儿过早识字不符合其学习特点和接受能力。

（一）倾听与表达

目标 1　认真听并能听懂常用语言

3~4 岁	4~5 岁	5~6 岁
1. 别人对自己说话时能注意听并做出回应。 2. 能听懂日常会话。	1. 在群体中能有意识地听与自己有关的信息。 2. 能结合情境感受到不同语气、语调所表达的不同意思。 3. 方言地区和少数民族幼儿能基本听懂普通话。	1. 在集体中能注意听老师或其他人讲话。 2. 听不懂或有疑问时能主动提问。 3. 能结合情境理解一些表示因果、假设等相对复杂的句子。

视野拓展

中国香港《儿童发展范畴表现指标》

聆听能力：能运用听觉辨别声音的意思，愿意与人沟通；能理解声音的含义，并做出相应的反应；能理解聆听的内容，做出适当的回应；有恰当的聆听习惯，态度专注、留心、有礼貌；能理解被人语调变化的含义，并做出适当的反应。

英国《EYFS 早期学习与发展目标》

交流、语言和文字：持续专心听讲，对听到的内容做出回应，提出问题和观点。

日本《幼儿园教育要领》

语言：能认真听别人讲话，自己说的话也能让对方听明白；对老师和小朋友的言语或对话具有兴趣，能亲切地去听或说。

法国《对母育学校的方向指导》

口头表达和书面表达活动：语音练习、儿歌和听力游戏，可以帮助幼儿获取新概念，丰富词汇量，理解词语，掌握句法，发展口语表达能力。

案例、评析及建议

【案　例】

老师怀孕了

韦老师怀孕了，肚子一天天变大，大班孩子们对于"生命从哪里来"这个话题充满了强烈的探究欲望，老师就请他们通过自己的方法来找寻答案。

萱萱带来了机器人"天猫精灵"，请它回答"什么是怀孕、生宝宝"。"天猫精灵"反应迅速，立刻解答。当安安听到"数以万计的精子向卵子游去"时，他激动地嚷着："我知道，我知道，生宝宝是 X 染色体和 Y 染色体相结合，又叫繁衍后代。""天猫精灵"听到他的语音，停止了自己的解答。一旁的萱萱拉拉他的衣角小声道："不能插嘴，一听到你说话它就不说了。"没过一会儿，安安又说："人类是妈妈生宝宝，而海马是爸爸生宝宝。"萱萱有点儿急了："你不要再说了，我们都听不到了。"老师指了指"天猫精灵"对安安说："我们先听它说完再听你说，好吗？"安安挠挠头："可我等它说完，就不记得自己想说什么了。"老师笑着建议他用小纸片简单记录自己的想法，过一会儿再发言。

第二天上午，韦老师去医院产检来迟了，孩子们问她什么是产检，为什么要做产检。韦老师解释产检就是定期到医院去给医生看看宝宝在肚子里是不是健康地长大。安安很好奇："难道医生能看到宝宝在肚子里的样子？"韦老师把 B 超单放在一体机上给孩子们看，活动室里沸腾了！"哇！原来小宝宝在妈妈肚子里是这样的啊！"安安发现 B 超单下面有很多字，他很想知道这些字写的是什么，便请老师读一读。老师清清嗓子，逐字逐句地读了起来。活动室里安静极了，大家生怕漏掉什么重要信息。当老师读到"双顶径"和"股骨长"的时候，萱萱问这是什么意思。老师停下来解释："双顶径是指小宝宝头部左右两侧之间最宽的长度，股骨长是指小宝宝大腿骨头的长度。医生测量这些数据，帮助我们了解小宝宝的生长发育情况。"

韦老师怀孕的日子越长，孩子们的期待与紧张也越发强烈。萱萱问："老师，你就快要生宝宝了，你的东西都准备好了吗？我妈妈之前生我弟弟时专门准备了一个包，里面都是生宝宝需要的东西。""我知道，那叫待产包。"安安补充道。待产需要准备哪些东西？萱萱和安安回家采访了爸爸妈妈，回到班级一起讨论罗列"待产清单"并逐一向老师介绍。老师非常认真地倾听：这一列是宝宝睡觉要用到的，这一列是宝宝洗澡要用的，妈妈待产要带上红牛饮料……听完孩子们的介绍，韦老师竖起了大拇指，夸奖他们考虑得非常周到。

韦老师回家待产了，萱萱和安安有些紧张。萱萱问安安："你说老师生宝宝会顺利吗？我妈妈生弟弟就不是很顺利，好像是血压偏低吧。我怕老师的宝宝也不能顺利地出来。"安安听了眨眨眼睛，不知道该怎么回答，就安慰她说："没关系，有医生的。"萱萱突然想到什么："我知道为什么只能女生生宝宝了，因为男生忍受不了生宝宝的疼痛，男生的吼声也比较大，他们叫起来会吵到医生，医生就没有办法安静工作了。"安安反驳道："男生才不会怕疼呢。"萱萱不服气地说："我问你，你妈妈是不是忍着疼才把你生下来的？"安安听完，回忆了一下："她忍着疼是因为我是用脑袋顶出来的。"萱萱听了很惊讶："你是什么产？""我是顺产。顺产就是不用开刀，直接生出来了。"萱萱点点头："我是剖腹产。你有没有听辰辰说他是从妈妈肚子里爬出来的？""不是吧，他也应该是用头顶出来的吧？我顶出来我自己脑袋也疼呀。"萱萱疑惑了："那你这种情况不应该是剖腹产吗？你怎么说是顺产呢？你是顶出来的呀。"安安愣住了："我不知道呀，我妈妈说我是顺产。"就在这时，好消息传来了：韦老师顺产生下了一个小妹妹。萱萱和安安终于放下了担忧，大家期待着早点见到老师和小妹妹。

【评　析】

倾听是感知语言的行为表现，也是理解语言的重要途径。只有懂得倾听、乐于倾听并且善于倾听的人，才能真正理解语言的内容。《指南》指出，幼儿认真并能听懂常用语言，在别人对自己说话的时候能够注意听并做出回应，能听懂日常会话；在群体中能有意识地听与自己有关的信息，能结合情境感受不同语气、语调所表达的不同意思；能注意倾听老师或他人讲话，当听不懂或有疑问时能主动提问，能结合情境理解一些表示因果、假设等相对复杂的句子。这要求孩子在语言学习与发展中学会有意识地倾听别人所说的话，分析性地倾听交流的信息，同时形成理解性的语言倾听能力。

1. 理解孩子在倾听中表现出的身心发展特点

孩子年龄小，注意力容易分散，缺乏倾听别人说话的耐心，在听的过程中可能会做小动作、东张西望或急于表达自己的想法而打断其他人的发言等，这其实是因为孩子的生理发育水平相比成人尚未成熟，大脑皮层兴奋和抑制过程不平衡，导致注意力易分散，自制力弱，缺乏耐心。案例中的安安对"怀孕生宝宝"的话题很感兴趣，但却总是打断"天猫精灵"的解答，同伴提出意见时自己解释：现在不说，一会儿就忘记了。孩子离开具体情境，便会忘记自己本来打算说的话，成人应悦纳孩子的这一特点，理解孩子倾听时的"插嘴"行为。

2. 师幼及同伴的积极互动是倾听能力发展的途径

倾听是相互的，要让孩子学会倾听，老师自己首先要学会倾听，发挥表率作用，营造倾听氛围，让孩子感受到尊重和重视。案例中，孩子们邀请老师听听自己罗列的待产包清单，老师认真倾听他们的介绍，并给予积极的反馈，表扬他们考虑得非常周到。同伴的影响是不可估量的，老师要引导孩子在积极的同伴互动中相互学习、互相评价。当安安打断"天猫精灵"说话、萱萱提出了意见时，老师给予了引导，让其了解说话的时机，明白发言要轮流。

3. 与孩子经验紧密相关的话题是培养倾听习惯的基础

倾听是一种习惯，当交流的话题来源于孩子的日常生活，交流的内容建立在孩子的经验基础之上，老师鼓励孩子及时发问，并给予积极的反馈，倾听便不再是一件难事。案例中，孩子们带着内隐性的、对生命诞生的深度思考在倾听和交流，让人动容的是老师回家待产后两位孩子的对话，他们提出了自己的疑惑和担忧，倾诉了自己内心的困扰，主动倾听对方，感受出不同语气、语调所表达的不同意思并作出积极流畅的回应，展现了他们的倾听、理解能力。

【建 议】

给教师的建议

1. 在宽松的环境中营造倾听氛围

为孩子创设宽容、平等的心理氛围，引导孩子自主管理，建立信任、接纳、尊重、关爱的班级氛围，保障一日生活的空间留白、时间留白，支持孩子就自己的疑虑充分表达，让孩子的每一次表达都有反馈，每一个疑问、求助都能落实。孩子在享有安全感、自信心的前提下就会善于倾听、乐于倾听。

2. 在交流中培养倾听习惯

培养孩子的倾听习惯，老师首先要倾听孩子，主动与孩子交流，蹲下身子，用温和、鼓励的目光注视孩子，认真倾听对方的表达，站在孩子的角度思考他为什么这么说并表示共情。渐渐地，孩子也学会了安静地倾听。在与孩子交谈时，尽可能做到语言生动、表情丰富。说话时放慢速度，使他们听清每个字的正确发音，特别是针对孩子难以发出的音或发不准确的音，在说话时口型稍微夸张些，这样不仅使孩子能听清准确的发音，而且能看清发音的口型，便于孩子模仿。

3. 在一日生活中提升倾听能力

老师应在一日生活的各个环节提供倾听的机会，如在入园离园的时间，在饭前饭后的空余时间，在收拾整理的时间，都可为孩子播放一些优美动听的故事、儿歌；也可以通过由老师或孩子讲故事等方式，让孩子享受倾听的快乐。户外活动时，引导孩子倾听大自然的声音，鼓励孩子模仿、表达，发挥想象力和创造力。

给家长的建议

1. 在生活中给予孩子正面的倾听示范

家长是孩子的第一任老师，培养孩子的倾听能力，家长要给予正面示范。当家长和别人聊天时，如果孩子在场，家长要尽量注意自己的言行举止，面带微笑，看着说话人的眼睛，耐心地听他人把话说完。孩子在一旁看着，自然而然地会受到熏陶。

2. 在游戏和故事中培养孩子的倾听习惯

家长可以多和孩子玩一玩有关倾听的小游戏，如"传话游戏""猜猜我是谁""找宝藏"等，培养孩子仔细倾听的习惯；还可以和孩子一起阅读绘本，在家中开展故事会，家长和孩子轮流讲故事，学习做一名优秀的听众。

3. 在日常生活中提升孩子的倾听能力

多多陪伴孩子参与各种活动，在生活中引导孩子倾听。带孩子到大自然中聆听美妙的声音，到大社会中倾听丰富的声音，在外出参观或旅游中拓宽知识获取的渠道，如在夏天听蝉鸣、蛙叫声，在广场听热闹的车水马龙声，在图书馆里体验鸦雀无声的寂静，多种途径提升孩子的倾听能力。

（南京市鼓楼幼儿园　朱水莲）

教育偏差

和孩子聊天，我们教师和家长习惯于教导，是"对"孩子说话，而不是"和"孩子说话。在这种氛围中长大，有的孩子到成年后都不知道如何倾听他人的心声。"'聆听'这一被动行为是沟通的最大要件。用心地观察客体，格物致知、洗耳恭听，是'学习'的出发点。"

"教育是一个逐步发现自己无知的过程"（杜兰特），《指南》提出的"教育建议"，以及《孩子：挑战》《学习的快乐——走向对话》中的论述能给我们的反思带来一些启发。

教育建议：

（1）多给幼儿提供倾听和交谈的机会。如：经常和幼儿一起谈论他感兴趣的话题，或一起看图书、讲故事。

（2）引导幼儿学会认真倾听。如：成人要耐心倾听别人（包括幼儿）的讲话，等别人讲完再表达自己的观点。与幼儿交谈时，要用幼儿能听得懂的语言。对幼儿提要求和布置任务时要求他注意听，鼓励他主动提问。

（3）对幼儿讲话时，注意结合情境使用丰富的语言，以便于幼儿理解。如：说话时注意语气、语调，让幼儿感受语气、语调的作用。如对幼儿的不合理要求以比较坚定的语气表示不同意；讲故事时，尽量把故事人物高兴、悲伤的心情用不同的语气、语调表现出来。根据幼儿的理解水平有意识地使用一些反映因果、假设、条件等关系的句子。

名著启示

我们和孩子的讨论结果，可以成为我们改善行为的基础。如果我们想通过说教、道德标准去纠正孩子的行为，那我们通常就会得不到有效信息，讨论只会越来越无效。如果我们给孩子留下一个印象，他很差很坏，孩子就会关闭心门，不和我们沟通。当孩子表达了一个我们很反对的想法，在那一刻，我们仍然要练习接纳："你说的可能有道理，但是我不知道如果每个人都这样做会发生什么。"当孩子因为我们没有完全赞同他的想法而表现出不想继续讨论时，不要强迫孩子，先把问题放在一边。大家都好好想想，过几天再聊。那时候，我们都会有新的想法。

"对"孩子说话，是在告诉他，我们要他怎样，是在让他顺从，是我们在思考。

而"和"孩子说话，是我们和他一起思考，找寻解决问题或改善情况的方法。

——《孩子：挑战》

"学习"是"构筑世界""构筑伙伴""构筑自身"的三位一体的实践。不过，我要强调的一点是，现实的学习活动，与其说是能动性，不如说是基于被动性的活动。日本的教师们往往要求课堂生动活泼，然而，"学习"所需要的是"静谧安详的生活""彼此倾听的关系"。教师们往往以"自主性""主体性"的口号标榜能动性，但实际上却把"学习"视为置于"聆听""接纳"这一被动性之上的行为。强调"学习活动性"的杜威也主张，"聆听"这一被动行为是沟通的最大要件。用心地观察客体，格物致知、洗耳恭听，是"学习"的出发点。"学习"是一种以被动式能动性为本质的活动。

——《学习的快乐——走向对话》

目标 2　愿意讲话并能清楚地表达

3~4 岁	4~5 岁	5~6 岁
1. 愿意在熟悉的人面前说话，能大方地与人打招呼。 2. 基本会说本民族或本地区的语言。 3. 愿意表达自己的需要和想法，必要时能配以手势动作。 4. 能口齿清楚地说儿歌、童谣或复述简短的故事。	1. 愿意与他人交谈，喜欢谈论自己感兴趣的话题。 2. 会说本民族或本地区的语言，基本会说普通话。少数民族聚居地区幼儿会用普通话进行日常会话。 3. 能基本完整地讲述自己的所见所闻和经历的事情。 4. 讲述比较连贯。	1. 愿意与他人讨论问题，敢在众人面前说话。 2. 会说本民族或本地区的语言和普通话，发音正确清晰。少数民族聚居地区幼儿基本会说普通话。 3. 能有序、连贯、清楚地讲述一件事情。 4. 讲述时能使用常见的形容词、同义词等，语言比较生动。

视野拓展

中国香港《儿童发展范畴表现指标》

说话能力：说话时，发音清晰；能运用语言描述事物，表达日常生活经验、感受和意见，表现有自信心；乐于主动与人沟通，表达自己。

英国《EYFS 早期学习与发展目标》

交流、语言和文字：清晰地说话，自信地表达、很好地交流。

澳大利亚《幼年学习大纲》

儿童成为成功的交流者。能够就一系列目的用语言和非语言方式与他人互动交流，能够处理一些文字材料并了解这些材料所要表达的意思，能够表达自己的意思以及使用一些媒体，开始理解符号和图形系统是如何起作用的，能够运用信息与通信技术来获取信息、调查观点以及表现自己的想法。

日本《幼儿园教育要领》

语言：对做过的、见到的、听到的或感受到的事情等能用自己的语言去表达；能用语言去表达自己想做的事或想让别人帮助做的事并对不明白的事能够去询问；理解并使用生活中所需的语言。

韩国《全国幼儿园课程》

语言之说：发音正确，说单词和句子，讲述个人的经历、思想、感情；讲话要符合场合，培养对说的良好态度。

法国《对母育学校的方向指导》

口头表达和书面表达活动：让幼儿懂得语言和音乐、表演、图片等表达方式之间的联系；使幼儿能恰当地表达自己的思想、情感和需要，积极地与教师、同伴相互交流。

案例、评析及建议

【案　例】

能干的"导购员"

游戏开始了，中班的冉冉和乐乐结伴来到"苏果超市"。"冉冉，我们赶快来理货吧，一会儿超市要开门了。"乐乐催促道。"好的，我来整理荤菜区，你来整理蔬菜区。"

舟舟拿起荤菜分类标记牌，插在货架的第一层，又从"冰箱"中拿出"鸡""排骨"等，边放边说："鸡是荤菜，应该放这里；排骨也是荤菜，也应该放这里。"很快，荤菜区整理好了。乐乐则拿起"青菜""萝卜""鸡蛋"等往货架的第二层蔬菜区里放。舟舟发现了摆放在蔬菜区的"鸡蛋"："乐乐，你放错了，鸡蛋是荤菜，应该放在荤菜区。""没错呀，你看鸡、排骨、牛肉都是荤菜吧，因为它们都有肉，可是鸡蛋里面只有蛋白和蛋清，没有肉呀，所以鸡蛋就是蔬菜。"乐乐立即反驳。"我上次和妈妈去菜场买鸡，我看见鸡肚子里就有鸡蛋的呀，鸡是荤菜，鸡蛋就是荤菜。"舟舟据理力争后又指着蔬菜区的菜说："乐乐你看，青菜里没肉吧？大白菜里也没肉吧？"乐乐嘟嚷道："反正我觉得鸡蛋就是蔬菜。"

听到两名"导购员"的争执，老师微笑着走过来："我也很好奇，用什么办法才能找到答案呢？"孩子们决定上网查查，他们打开机器询问"小度"，"小度"回答："因为鸡蛋是母鸡产的卵，鸡蛋是在母鸡体内发育而成的，含有蛋白质，所以鸡蛋也是荤菜哦。""原来是这样呀。"两人赶快将"鸡蛋"转移到了荤菜区。

"我们还需要清单货物的数量，乐乐，你先数一下茄子。"乐乐开始点数起来："一个、二个、三个——舟舟，茄子有六个。""是六根茄子，不是六个。""为什么呢？"乐乐不解地问。"这个嘛，我也不知道，反正我和妈妈去买菜时，妈妈就对买菜的老板说买三根茄子。"她们一起去问老师，老师回答道："长得比较细长的菜我们可以说一根。"乐乐恍然大悟："茄子是细长的，黄瓜也是细长的，都可以说一根。""那青菜呢，也是一根？"舟舟疑惑地问道。老师微笑着说道："青菜、大白菜等有叶子的蔬菜，一般我们说一棵一棵的。""哦。"孩子们点了点头。"舟舟，青菜有五棵，大白菜有七棵，对吧？"乐乐飞快地点数后对舟舟说。舟舟回答道："对的，对的。"

舟舟在"超市"门口挂起画着太阳的"正在营业"标记牌。"超市开门了，请大家排队进来。"舟舟认真地提醒道。顾客来了，乐乐立即热情地迎上去："欢迎光临，我们有新鲜的茄子、黄瓜，请问你要买几根？我可以帮

　　　　　《3—6岁儿童学习与发展指南》案例式解读（第二版）

你拿。"冉冉拎起一只"鸡"："这是新鲜的鸡，请问要不要买一只？"……

　　游戏回顾时，老师请冉冉、乐乐向大家介绍一下今天在超市工作时遇到的问题。冉冉眉飞色舞地和小伙伴们分享了她与乐乐之间发生的关于鸡蛋是荤菜还是蔬菜的争论，并把"小度"的答案告诉了大家。小朋友们津津有味地听着乐乐的讲述，连连点头。"冉冉和乐乐两名导购员在理货时还学会了一样新本领。"老师边说边拿出一根"茄子"、一棵"青菜"。乐乐自信满满地说："数茄子和黄瓜时要说一根、两根，因为它们长得细细长长的。"冉冉指着青菜说："青菜要说一棵一棵，有叶子的大白菜也要说一棵。"老师给他们竖起了大拇指："你们真是能干的导购员，不仅认识菜，数得清，说得准，还会有礼貌地向顾客推荐。"

【评　析】

　　语言表达是以一定的语言内容、语言形式，以及语言运用方式进行交流的行为。只有懂得语言的表达作用，愿意向别人表达自己的见解，并且能够清楚表达的人，才能真正与人进行语言交流。游戏为孩子们创设了宽松有趣的语言表达环境，丰富了语言表达的内容。案例中的冉冉和乐乐在超市游戏中扮演了导购员的角色，他们在理货过程中与伙伴自然交流，根据自己的生活经验积极表达自己的观点，在游戏中促进了语言学习。

　　1. 对话是孩子语言发展的重要基础

　　《指南》指出：幼儿的语言能力是在交流和运用的过程中发展起来的，鼓励和支持幼儿与成人、同伴交流，让幼儿想说、敢说、喜欢说并能得到积极回应。学习语言最重要的是让孩子参与到对话中来，在对话中告知他人自己的想法，表达自己的经验和意见，通过与他人的交谈，发展自身的理解和认知能力。案例中的冉冉、乐乐在理货时的交谈以及游戏回顾时的分享都是在不断提升语言表达能力。

　　2. 游戏是孩子语言表达的有效通道

　　游戏是孩子喜爱的形式之一，也是幼儿教育实施的主要路径，游戏的开展使孩子的语言表达环境变得更加自然。案例中的超市游戏，是孩子喜欢的情境，也是利于孩子语言发展的环境。在游戏回顾环节，老师有意识地为冉冉和乐乐创造了在集体面前表达的机会，鼓励冉冉和乐乐围绕超市游戏中有意思的事情在同伴面前大胆表达，增强了表达的兴趣和信心。

3. 多途径提升语言的准确性

宽松的语言环境是愉快的、积极互动的，也是富含语言学习机会的，所以教师不仅要关注孩子说话的兴趣，还应关注孩子语言使用的准确性。准确地使用量词在语言表达过程中有特殊的作用，中班孩子在使用量词中较多出现的高频词是"个""只"等，还不能准确使用量词。案例中，老师巧借超市理货情节，有意识帮助孩子学习正确使用量词。在日常生活中，老师也应有意识关注量词的学习，如"请搬一把小椅子""请拿一筐玩具"等，给予孩子潜移默化的影响，不断提升语言的准确性。

【建　议】

给教师的建议

1. 创设宽松的交流环境，让孩子自由表达

宽松的交流氛围对于孩子的表达起到积极的支持作用，所以在日常生活中，老师不仅要为孩子创设丰富的游戏情境，让孩子身心放松，愿意自由表达，还要在班级中构建和谐平等的对话关系。老师要注意养成说话温和、礼貌，以及真诚倾听的习惯，让孩子敢于在老师面前、同伴面前表达自己的所思所想。还可以在小组交流中提出开放性问题，鼓励孩子大胆说出自己的想法，支持孩子说出多种答案。

2. 利用身边的资源，让孩子有话可说

老师应注重与家长沟通，请家长帮助孩子收集新闻、收集好书，鼓励孩子在晨谈活动中，大胆围绕新近发生的新闻事件或推荐的好书等在集体中分享交流。老师还可以利用园内的自然资源，有目的地带孩子观察各种花草树木，在自由宽松的户外环境中自由交谈。如秋天来临，引导孩子围绕园内各种果树的变化展开谈话；春天来了，观察比较樱花、海棠、桃花等花卉的异同并交流互动。

3. 尊重孩子的个体差异，让每一个人都想说

《指南》指出要尊重幼儿发展的个体差异，支持和引导每个幼儿从原有水平向更高水平发展。所以，在日常生活中，老师应尤为重点关注不爱说话、性格胆小的孩子，多多鼓励他们开口表达。如在小组讨论中鼓励胆小的孩子回答简单的问题，逐步建立说的自信。在日常生活中，老师可以经常以个别聊天的方式亲近孩子，让孩子愿意向老师表达自己的喜好与需求；还可以在游戏环节，鼓励爱表达的孩子与不爱开口的孩子一起玩游戏，让同伴示范说、带动说。

给家长的建议

1. 在家庭中创设丰富和谐的语言环境

孩子语言能力的提升不是一朝一夕形成的，不仅需要老师在幼儿园一日生活中的多维度渗透和引导。孩子的家庭生活、与孩子亲密的家人也是支持孩子进行语言学习与发展的重要因素。每天孩子回家后，家长要主动和孩子聊聊幼儿园生活，或借助生日、节日等特殊日子与孩子交流相关话题。在交谈的过程中，鼓励孩子将话说清楚，准确表达自己的所思所想。

2. 家长要发挥语言榜样的作用

家长与孩子不仅是亲人，也是学习伙伴。家长在家庭中经常对孩子使用"请你……""谢谢"等礼貌用语，能促进孩子养成使用文明用语的习惯。家长说话要清晰，要鼓励孩子把话说完整。表扬孩子时要说具体，如"你今天自己收拾了小书柜，把它整理得非常有序，太棒了！"描述话题要细致，如"你今天和爸爸一起出去玩，看到了什么或发现了什么，能和妈妈仔细地说说吗？"

3. 借助生活情境，有目的地说

生活中处处都是孩子语言学习的真实场景，如去超市可以引导孩子学习使用常见的数量词，如一串葡萄、一块排骨等。去小区散步可以引导孩子观察树木花草的四季变化，如"春天来了，小河边的柳树枝条细细长长的，像什么呢？风儿吹来，柳树又会怎么样呢？"家长从孩子的生活入手，捕捉他

们的兴趣点，让孩子想说、敢说、喜欢说，并有话可说。

（南京市东部战区空军小百灵幼儿园　赵雅岚）

● 教育偏差

"一切为孩子着想""严格要求孩子"，这总是对的吧？万事万物，世间道理再正确，也需有度。"方方面面都被父母安排妥当的行为，减少了孩子提出问题、交流的需求。""过于严厉的挑剔甚至批评，影响了在儿童时期表达的自由度"，使得孩子不会表达，不愿表达。"在安全的环境里，有了恰当的鼓励，孩子们也会享受谈话的过程，他们会学到倾听和发言的技巧。"

"教育是一个逐步发现自己无知的过程"（杜兰特），《指南》提出的"教育建议"，以及《儿童教育心理学》《批判性课程：学校应该教授哪些知识》中的论述能给我们的反思带来一些启发。

教育建议：

（1）为幼儿创造说话的机会并体验语言交往的乐趣。每天有足够的时间与幼儿交谈。如谈论他感兴趣的话题，询问和听取他对自己事情的意见等。尊重和接纳幼儿的说话方式，无论幼儿的表达水平如何，都应认真地倾听并给予积极的回应。鼓励和支持幼儿与同伴一起玩耍、交谈，相互讲述见闻、趣事或看过的图书、动画片等。方言和少数民族地区应积极为幼儿创设用普通话交流的语言环境。

（2）引导幼儿清楚地表达。如：和幼儿讲话时，成人自身的语言要清楚、简洁。当幼儿因为急于表达而说不清楚的时候，提醒他不要着急，慢慢说；同时要耐心倾听，给予必要的补充，帮助他理清思路并清晰地说出来。

● 名著启示

人类语言的发展历程说明人与人之间离不开交流，而群居也是产生语言的必要元素。假如语言没有诞生，原始人类以个体的方式独处，那就不会对语言

《3—6岁儿童学习与发展指南》案例式解读（第二版）

产生需要和兴趣。同样的，孩子如果相对独处，缺乏对生活和社会的参与，那么最后不只是生活环境的相对封闭，在心理上也会造成封闭，语言能力绝对比正常人薄弱，发展相对迟缓。只有回到集体中才能恢复正常。

每个孩子的性格不同，有的孩子不善于表达，不爱好发言，严重者我们会认为孩子没有语言上的天赋。其实这些语言上有障碍的儿童往往是缺乏社会情感所致。

有一部分孩子出现这种问题的原因是被溺爱。方方面面都被父母安排妥当的行为，减少了孩子提出问题、交流的需求。或者简单一个音甚至一个动作就能满足自己想要表达的意愿，孩子就没有交流的必要。父母间接地削减了孩子接触事物的机会，使孩子的社会能力渐渐变得薄弱。

另一部分孩子是在成长过程中逐渐丧失了自信。过于严厉的挑剔甚至批评，影响了在儿童时期表达的自由度。无法畅所欲言，久而久之这些孩子养成的是过于慎重的思考和表达，表现为语言迟疑，丧失了表达自信，害怕一开口就会被嘲笑。"与其一开口就出错，被人取笑，还不如选择沉默。"最终造成了这些人心理的缺陷，在未来的生活和工作上十分被动。

——《儿童教育心理学》

与孩子共读是一个展开对话的绝妙途径，能够给予孩子引导和尊重。父母有责任引导孩子的道德成长，借助替代性的经验，我们在这方面大有可为。比起直接谈论自己的问题，有时候针对书中人物的困境与决策展开敏感的道德讨论要容易一些。阅读和讨论书中人物的处境，能够为对话中的相互关系打开窗户。让孩子推测其中人物接下来要做什么或者为何最终会那样做，孩子常常会更多展现出他们自己的思维。在鼓励和尊重这种思维的同时，父母也可以为孩子建议一些在伦理上或者实践上更为合理的可供选择的做法。

进餐时间也是展开对话的一个大有希望的场合。每个人都应有机会说说自己的这一天。如果父母定下基调，谈谈他们自己一天中的起伏和悲喜，孩子们也会畅所欲言。从长期的经验中我们知道，如果我们硬要孩子坐下来，问他"今天在学校做了些什么？"我们很可能听到非常封闭的答案，"什么也没做！"

不过，在安全的环境里，有了恰当的鼓励，孩子们也会享受谈话的过程，他们会学到倾听和发言的技巧。

……

我们试图探寻如何保持常规谈话的充满爱意的随意性，同时也确保这样的谈话在日程繁忙的家庭事务中确实能够发生。较有希望的一个策略是每周安排家庭会议。在这些会议上（必须参加），家人共同决定用餐时间、工作清单和基本家庭规则，可以在会上宣布即将来临的约定和预定事件，也可以提出各种抱怨。

——《批判性课程：学校应该教授哪些知识》

目标3　具有文明的语言习惯

3~4 岁	4~5 岁	5~6 岁
1. 与别人讲话时知道眼睛要看着对方。 2. 说话自然，声音大小适中。 3. 能在成人的提醒下使用恰当的礼貌用语。	1. 别人对自己讲话时能回应。 2. 能根据场合调节自己说话声音的大小。 3. 能主动使用礼貌用语，不说脏话、粗话。	1. 别人讲话时能积极主动地回应。 2. 能根据谈话对象和需要，调整说话的语气。 3. 懂得按次序轮流讲话，不随意打断别人。 4. 能依据所处情境使用恰当的语言。如在别人难过时会用恰当的语言表示安慰。

视野拓展

中国香港《儿童发展范畴表现指标》

说话能力：懂得运用说话或身体语言与别人沟通，并懂得说话的礼仪；说话时，懂得控制音调、声量和速度，说话有条理；与人谈话时，能运用恰当自然的语调和说话态度表达感受，提出意见，参与讨论。

英国《EYFS 早期学习与发展目标》

交流、语言和文字：喜欢倾听、口语表达及书面表达，并在学习和游戏中自然地使用语言的表达；能够与别人互动、协商计划和活动，并形成双向交流。

日本《幼儿园教育要领》

语言：能亲切地进行日常寒暄。

● 案例、评析及建议

【案　例】

星星受伤以后

一天清晨，中班孩子们从户外锻炼回来，只见大闯在活动室里四处张望，嘴里嘀咕着"怎么还没来……"；他又到门口的签到台仔细看了看签到本"也没签到……"；最后，他郁闷地来到老师跟前问："老师，星星为什么还没有来？我今天早上设计的'超级闯关'游戏都没来得及和她一起玩。"老师刚想表扬他关心小伙伴，班里的电话铃响了。"老师，我给星星请假。早上她在床上蹦跳时不小心摔下来了，小腿撞到了凳子上，医生诊断为腿部骨折，正在医院打石膏……"电话那头，星星妈妈焦虑的声音传了过来。老师赶紧安慰星星妈妈，并通过电话安抚了星星的情绪，让她在家好好休养。

好几个孩子听到电话都围了过来。大闯着急地问："老师，星星的腿骨折了？我奶奶也骨折过，她说伤筋动骨一百天，那我不是好久都见不到她了？"坤坤歪着脑袋自顾自地说："星星腿骨折了，骨折就是骨头断掉不能走路了，以后要成'小瘸子'了。"大闯听后很生气："'小瘸子'是不好听的话，是骂人的话，你不讲礼貌！星星是我的好朋友，不许你这样说。"坤坤反驳道："'小瘸子'说的就是走路一瘸一拐的人，怎么就是骂人了？"听了他们的对话，老师认为孩子们的是非观还不明确，在生活中通过各种渠道学到一些词语，但并不清楚它们的用法，也不知道怎么说话，才能让别人觉得"好听"，便决定引导孩子们用礼貌、文明的语言来安慰受伤的小伙伴。

晨谈时，老师把星星骨折的事情告诉了全班孩子，还说电话里星星哭得很伤心……孩子们听到这个消息一下子炸开了锅，纷纷打开话匣子：

"骨折可疼了！我小时候就曾经骨折过，胳膊动都不能动，我妈妈说我哭的声音整个医院都能听得见！"

"我也知道，我姥姥骨折过，医生给她包上了厚厚的石膏用来固定，一个月都不能拆，她胳膊上捂出好多红疹子，还大块大块脱皮……"

"星星太可怜了，我要是星星，一定会把嗓子都哭哑了，我好想安慰安慰她！"

"我有个好主意，每次打针时把脸转过去不看医生就不那么疼了，可以让星星试一试。"

"光眼睛不看医生有什么用？要抱一抱、哄一哄，像哄娃娃那样才有用。"

"我的手擦破皮那次，老师和妙妙陪着我去保健室，有她们帮助我，我就没哭。"

听了孩子们的话，老师语重心长地说："当我们受伤时，小伙伴关心的话语、温暖的行为都让人十分感动，可我们不在星星身边怎么办呢？""我们可以给星星打电话呀！"大闯立刻提议。"还可以用腾讯会议视频，这样可以看见星星！"坤坤也急忙出主意。"那我们跟星星打电话或视频，说什么话安慰她呢？"小伙伴们认真思考了起来……孩子们在晨谈记录板上画下可以安慰星星的话，让所有小伙伴学会表达。

几天后，星星恢复了一些精神，晚上与全班小朋友视频连线，她的小脸上写满了委屈与伤心。这时，小伙伴们一声声稚嫩的安慰与鼓励传到了星星的耳畔：

"星星，你好一些没有？还疼吗？你每次疼得想哭时，吃块糖，可以变得很开心！"

"我以前脑袋上摔了一个大包，先冷敷，再热敷，好得快！你也试试看？"

"星星，你不要害怕，要勇敢！我问奶奶了，奶奶说只要多喝骨头汤，骨头就会重新长好。"

"我给你画了一幅画，你看！等你好一些了，我们一起去草地上玩娃娃家！你当宝宝，我们照顾你。"

"你需要拿什么玩具，告诉我，我帮你拿，我可以扶着你慢慢地走。"

"我很能干，妈妈生病时我还照顾过她呢，我能帮你擦汗、倒水、洗手、脱衣服……你别担心，我什么都能帮你做！"

星星在小伙伴温暖的话语中露出了久违的笑容，她感觉自己浑身都是劲儿，并对大家说："我一定要早点好起来，回幼儿园和大家一起玩！"

【评　析】

幼儿期是语言发展的关键期，也是语言发展最为迅速的时期。文明的语言习惯可以引导孩子逐渐克服自我中心，从"被人爱"成长为"爱别人"和"创造爱"，不断完善自我意识，提高人际交往能力。引导孩子正确的思维与情感发展，使其具备良好的语言沟通能力与文明素养，能有效助推孩子逐渐融入社会。案例中，由一个孩子的受伤事件引发了大家的讨论、表达，教师借助安慰同伴的契机，引导孩子相互学习文明用语，在有思考、有准备的情况下使用恰当的语言给予同伴安慰。

1. 创设使用礼貌用语的氛围

文明的语言习惯不仅通过日常生活自然习得，也要依托成人的引导与示范。在日常生活中，教师要有意识地为孩子创设文明语言习惯养成环境。案例中小伙伴受伤后，老师认真倾听孩子的真实想法，为孩子创设了良好文明语言的表达氛围，逐步引导孩子思考哪些话语更适合用来安慰与鼓励同伴，让孩子自主、积极、主动地参与表达。

2. 引导孩子说好听的话

《幼儿园工作规程》中明确提出：幼儿园教育活动是有目的、有计划引导幼儿主动活动的过程。孩子必须通过自身积极主动的活动，才能获得深刻的体验。老师要善于利用各种机会，让孩子在实践中去参与、去体验、去创造，用他们自己的方式体悟表达。老师在活动中细心观察孩子的文明用语表达情况，及时给予肯定和引导，以期帮助孩子养成文明用语的习惯。案例中，坤坤最初听到星星受伤后给她取了"外号"，在老师的引导下主动思考如何连线不在身边的星星，并学会说让星星听起来感到安慰的话。

3. 学习文明用语的正确表达

文明用语包括生活用语、工作用语、基本用语、礼貌用语等，在见面时、致谢时、打扰时、道歉时都有一些常用的语言。案例中老师引导孩子在生活中关心受伤的小伙伴，大家互相交流学习文明的表达方式，用图文并茂的方式记录在晨谈板上，帮助孩子学习慰问用语的正确表达方式，丰富了儿童的语言经验。

【建 议】

给教师的建议

1. 注重自身文明语言习惯的影响

老师与孩子之间的言语交流有着特殊作用，不仅传递信息和知识，更能提升孩子与环境中人事物相互作用的质量。老师要以身作则，不断提高语言文明修养，时刻留心自身的言行会对孩子产生的影响。以稳定的情绪陪伴孩子，用积极、文明、恰当的语言与他们交流，鼓励孩子互相学习，引导孩子寻找身边使用文明用语的小伙伴，积极向榜样学习，也争做他人的榜样。

2. 引导孩子感受文明语言的益处

孩子的是非观不完善，受外界影响，偶尔会说不文明的语言，老师应该多与孩子交流解释，让他们理解什么样的语言是文明的。如在讲故事时，有意识地选择关于文明用语的故事内容，并富有情感地讲给孩子听。在和孩子交流时，多运用鼓励与肯定的词汇等，运用多种方式引导孩子感受与体验文明语言给生活带来的益处。

3. 渗透文明语言的使用方法

以孩子的一日生活为主线，灵活地将文明的语言习惯的培养渗透于每一个活动瞬间。引导孩子"说话时知道眼睛要看着对方""根据场合和需要调节自己说话声音的大小和语气""懂得按秩序轮流讲话，不随意打断别人"等。同时，老师还可以通过幼儿园、社区等组织的多种丰富多彩的志愿者活动，鼓励孩子们向家人、朋友宣传使用文明用语的良好习惯，将文明用语的礼仪内化为孩子的个人素养和活动行为。

给家长的建议

1. 重视家庭影响，树立文明榜样

家庭是孩子最早开始接触文明、礼貌等社会性行为的地方，家长要充分认识幼儿阶段"具有文明语言习惯"的重要性。在日常的言语表达中，要做到用语文明，牢记自己的行为习惯、言行举止、是非标准、价值判断和善恶观念等都会潜移默化地影响孩子，避免孩子模仿，形成不良的语言习惯。

2. 关注亲子阅读，学习文明语言

图画书可以帮助孩子认识世界，启发心灵。市面上有很多关于文明用语的图画书，家长可以选择一些让孩子阅读学习。创设轻松的阅读氛围，在亲子阅读中，通过观察、模仿、强化等行为共同了解生活中的文明用语，助力孩子文明语言习惯的形成。

3. 利用生活契机，活用文明语言

生活是语言运用的舞台，家长应利用各种生活契机，引导孩子活用文明语言。如：春节期间，走亲访友拜年学说吉祥话；参加喜宴、生日宴会学说祝福语，与家人、小伙伴闹矛盾后愿意说道歉的话，拜托别人、感谢别人会说感谢语等，教育孩子尊师敬长、友爱同伴、关心集体，通过文明语言和文明行为积极融入社会。

（南京市鼓楼幼儿园　王珊珊）

教育偏差

"文明的语言习惯"在形式，更在内容。"在一次真实的对话中，参加者在对话的开始并不知道对话的结果。作为父母或者教师，我们不能先做出了决定，然后才来与孩子们对话。"

"教育是一个逐步发现自己无知的过程"（杜兰特），《指南》提出的"教育建议"、《学会关心：教育的另一种模式》中的论述能给我们的反思带来一些启发。

教育建议：

（1）成人注意语言文明，为幼儿做出表率。如：与他人交谈时，认真倾听，使用礼貌用语。在公共场合不大声说话，不说脏话、粗话。幼儿表达意见时，成人可蹲下来，眼睛平视幼儿，耐心听他把话说完。

（2）帮助幼儿养成良好的语言行为习惯。如：结合情境提醒幼儿一些必要的交流礼节。如对长辈说话要有礼貌，客人来访时要打招呼，得到帮助时要说"谢谢"等。提醒幼儿遵守集体生活的语言规则，如轮流发言，不随意打断别人讲话等。提醒幼儿注意公共场所的语言文明，如不大声喧哗。

● 名著启示 ▪▪▪

对话是道德教育的第二个重要组成部分。我这里对"对话"一词的使用与保罗·弗莱雷的用法相似。对话不仅仅是双方在一起随意聊天，当然也不是一方长篇大论，另一方洗耳恭听。对话是无固定答案的，是开放性的。在一次真实的对话中，参加者在对话的开始并不知道对话的结果。作为父母或者教师，我们不能先做出了决定，然后才来与孩子们对话。例如，一个表现得极其通情达理的成年人来和年轻人对话，可是这个人对什么都不肯让步，他说："我们将要这样做，我来告诉你这样做的原因。"不要说年轻人，就是成人也会觉得这样的所谓对话不可接受。有时候我们确实这样说话，但是切不可认为这就是对话。对话是双方共同追求理解、同情和欣赏的过程。对话可以是轻松的，也可以是严肃的；可以富于逻辑性，也可以充满想象力；可以偏重结果，也可以着重过程。但是对话永远应该是一个真正的探寻，人们一起探寻一个在开始时不存在的答案。

对话允许我们表达各自的心声。它给学习者问"为什么"的机会，也帮助双方互相探索，最后达成某种意见和决定。尽管不是所有错误行为都源于无知，但是，很多道德偏差确实是决策失误造成的。这种情况在年轻人身上尤其常见。

所以，我认为对话不仅能够帮助决策者深思熟虑，充分论证，也帮助人们养成一种习惯，那就是作出任何决定之前，必须充分占有信息。

对话在道德教育过程中还发挥另一种功能。它把人们联系在一起，从而使我们有可能建立一种充满关心的人际关系。对话使我们得以相互了解，这是关心的一个基础。关心他人既需要知识和技巧，也需要一定的个性态度等非智力因素。当我们深刻地了解对方的需要及其来龙去脉，我们才有可能成为一个好的关心者。

——《学会关心：教育的另一种模式》

（二）阅读与书写准备

目标 1　喜欢听故事，看图书

3~4 岁	4~5 岁	5~6 岁
1. 主动要求成人讲故事、读图书。 2. 喜欢跟读韵律感强的儿歌、童谣。 3. 爱护图书，不乱撕、乱扔。	1. 反复看自己喜欢的图书。 2. 喜欢把听过的故事或看过的图书讲给别人听。 3. 对生活中常见的标识、符号感兴趣，知道它们表示一定的意义。	1. 专注地阅读图书。 2. 喜欢与他人一起谈论图书和故事的有关内容。 3. 对图书和生活情境中的文字符号感兴趣，知道文字表示一定的意义。

视野拓展

中国香港《儿童发展范畴表现指标》

阅读能力：能掌握阅读的方法；对阅读有兴趣，喜欢选择书籍自行阅读；有良好的阅读习惯。

英国《EYFS 早期学习与发展目标》

交流、语言和文字：有兴趣地听讲，对故事、歌曲、音乐、节奏和诗歌感兴趣，并自编故事、歌曲、节奏和诗歌；扩充词汇量，探究新词汇的发音和意义；用语言来想象并重新创造角色和体验。

日本《幼儿园教育要领》

语言：对小人书和童话有亲切感，带着兴趣去体味遐想的乐趣。

韩国《全国幼儿园课程》

语言之对阅读和写作的兴趣：理解口语和书面语的关系，对文字和词语感兴趣，对书本感兴趣，懂得别人大声朗读的意思。

法国《对母育学校的方向指导》

口头表达和书面表达活动：应当从小班开始经常接触图书馆、资料中心和课堂里的书籍，养成利用这些资料的习惯。

案例、评析及建议

【案 例】

100层的房子

入园时，多米拿着一本绘本说："老师，这是姐姐送我的《海底100层的房子》，我想带给小朋友们一起看。"老师看看封面，说："我看了也喜欢，小朋友们也一定很喜欢。"多米身边立刻围了一圈小伙伴，他们都被好看的封面吸引了。"这书上有好多水草，还有海马。""这里还有海豚。""这个章鱼喷出了黑色的墨。"越来越多的孩子被吸引了过来，他们围着多米都想看一看。

乐乐指着封面上的字问多米："这本书叫什么名字？""海底100层的房子。这本书可好看了！"多米解释道。

"多米，你愿意把这本有趣的书分享给小朋友们听吗？"老师问。

"好呀！"多米打开书，边说边用手指着图画，"小女孩的洋娃娃掉入了大海，被海浪卷到了海底，这个房子每十层住着一种动物。……这十层住的是海豚，有的海豚在套圈，有的海豚在玩滑板，有的海豚在包装礼物盒……"多米越往后翻书，孩子们的兴趣越浓厚。当多米告诉大家这本书会放在阅读区给大家自由阅读时，孩子们欢呼起来。

老师问大家："你们有没有发现，这本书和我们平时看到的书有些不一样？"

"这本书是向上翻的。"豆丁说。

"是啊，为什么要向上翻呢？"老师假装一脸疑惑。

"因为这是海底的 100 层房子呀。"

"因为海洋动物们生活在海底，我们要往下找。"孩子们纷纷猜测。

"原来是这样呀，这本绘本的作者是日本人，叫岩井俊雄，他在故事里藏了许多有趣的秘密，小朋友们阅读的时候可以仔细地找一找哦！"老师说。

这本书成了阅读区的"明星绘本"。有的孩子发现，海底 100 层房子里住着 10 种不同的海洋动物：海獭、海豚、海星、章鱼、海马、海鳝、水母、螃蟹、鮟鱇、寄居蟹；还有的孩子发现每一层都有数字表示不同的楼层，每个楼层都是一个小故事。他们每翻一页能阅读很久，每次阅读都有不同的收获。

"11 层有个红色海豚信箱，海獭和海龟来送信啦！"

"45 层也有信箱，是海马信箱。"

"哇，100 层是个巨大的寄居蟹呀！"

游戏回顾环节，几个孩子主动分享在书中观察到的、感兴趣的楼层画面，老师又追问："12 层的小海豚在包装礼物盒，他们要干什么呢？""80 层的小海豚帮谁送信呢？"

为了延续孩子们的阅读兴趣，拓展阅读经验，老师借此机会开展了"阅读笔记"活动，给孩子们提供了阅读记录本，鼓励他们将自己感兴趣的楼层海洋动物的故事用符号、图案的方式记录在阅读记录本上，和同伴一起分享。

孩子们不仅在幼儿园里谈论着《海底 100 层的房子》的故事，回家也会和爸爸妈妈讨论。老师把这本书推荐到家长群里，供他们进行亲子阅读。豆丁妈妈在家长微信群里发了一段豆丁讲"章鱼故事"的录音；多多爸爸是一位电台主持人，他把自己讲述《海底 100 层的房子》故事的录音插入 Flash 动画分享到微信群里。微信群里变得格外热闹，"海底接龙故事"开始啦！家长和孩子们踊跃发送在家创作的各种形式的故事录音，大家一起分享倾听。

大约 10 天后，豆丁又带来惊喜。他拿着两本书，说："我昨天去书店看见了《天空 100 层的房子》，还有这本，《地下 100 层的房子》，你们看。"他一手拿着一本书高高地举起来。

"原来'100层的房子'还有系列绘本呀！"老师欣喜地和孩子们分享。

"我们又可以讲'100层房子'的故事啦！"小朋友们阅读的兴趣再次被激发。

【评　析】

孩子的语言能力是在听、说、读、写的实践活动中发展起来的，优质的文学作品为他们的语言学习提供了丰富而鲜活的素材。案例中，多米带来了一本叫《海底100层的房子》的绘本，绘本中丰富有趣的画面一下吸引了同伴们的目光。书中的内容激发了孩子们的好奇心，同时也调动了他们的阅读兴趣，大班孩子们在班级中营造了自主看绘本、讲故事的阅读氛围。通过阅读，他们发现每一层都有很多有趣的细节，每一页都有不同的惊喜，每一次阅读都会有新的发现。这不仅让孩子们在快乐阅读中拓展了知识，还激发了他们与同伴一起讨论、分享，进一步拓展了他们阅读文学语言、图画语言的经验。

1. 在有效的对话情境中，激发自主阅读的兴趣

良好的对话式互动能引发孩子自主阅读的意愿，激发孩子对阅读绘本图书的兴趣，让孩子更好地理解绘本内容。案例中，多米带来绘本与小伙伴分享阅读，幼幼间的自由交流互动既引发了阅读兴趣和阅读话题，又让同伴间相互分享了阅读经验。师幼间的启发式互动，有效地引发了孩子深入观察绘本画面，让孩子始终在故事情境中发现和探寻，在反复阅读中发挥想象力，收获阅读的惊喜。对话式互动不仅激发了孩子的阅读兴趣，同时也让他们获得了更多的信息，提高了交流能力。

2. 在宽松的阅读氛围中，培养良好的阅读习惯

良好的阅读习惯，不仅能促进孩子的观察力、想象力、知识迁移能力、表达能力的发展，更重要的是能培养孩子良好的非智力品质。案例中，当老师发现一名孩子带来了《海底100层的房子》，而其他孩子都十分感兴趣时，老师及时进行了分享阅读，创设适当的问题情境，引导孩子发现绘本在翻阅

功能上的特别之处，通过循序渐进地深入式阅读，观察画面的丰富和有趣。当孩子被故事中各种海底动物和每一层的故事深深吸引时，阅读兴趣再一次得到激发。在"阅读笔记"活动中，孩子与同伴分享阅读的快乐，在得到认同的同时，也增强了自身的成就感。

3. 在积极的家园互动中，拓展多元化的阅读经验

多元化的阅读形式，能够进一步触发孩子的阅读兴趣，让孩子的阅读经验持续提升。案例中，老师不仅引导孩子在班级中开展自主阅读的活动，同时也将近期开展的阅读活动在家长群中进行分享，鼓励家长开展"亲子阅读"，与孩子一起看图书、讲故事。家长们被孩子们的阅读热情影响着、感染着，也积极参与其中，在家中也开展多种形式的阅读活动，逐渐培养孩子的阅读习惯。一些家长还发挥自己的爱好、特长，利用多媒体技术，如录音、微信平台等帮孩子记录"讲故事"，分享亲子阅读的乐趣。

【建　议】

给教师的建议

1. 创设温馨的阅读环境，为孩子提供丰富的阅读材料

老师要根据孩子的年龄特点，选择丰富的、高质量的早期阅读材料，创设多元的阅读形式，如手偶、自制小书、读书笔记、小剧场、故事盒、故事桌等；让孩子自主选择阅读的图书，支持孩子通过多样的活动，促进同伴间的交流，增强他们阅读的兴趣；让孩子接触不同体裁的幼儿文学作品，如诗歌、童谣、故事、绕口令等，初步感知不同类型文学作品的特点，体会文学作品所表达的不同情感，培养文学欣赏能力。

2. 给予高质量的阅读陪伴，让孩子感受阅读的有用和有趣

老师要经常与孩子一起看书、讲故事，通过讲述经典的故事、文学作品的方式，用高质量的文学语汇来帮助孩子积累语词语汇，提升孩子阅读的兴趣和效率。当孩子遇到感兴趣的事物或问题时，老师要和孩子一起查阅图书资料，在查阅的过程中，让孩子感受图书的作用，体会通过阅读获取信息的乐趣。

3. 引导孩子认识常见的标识与文字符号，知道其用途和含义

老师要有意识地带领孩子熟悉和了解身边的标识，如各种生活标识、交通标识、消防标识、医院标识、汽车标识、音乐符号、数字符号等，让他们知道标识可以代表具体事物。结合生活实际，帮助孩子体会文字的用途，如新发放的玩具，老师可以把说明书上的文字念给孩子听，了解玩具的玩法。

给家长的建议

1. 布置温馨的阅读空间

创设轻松、愉悦的阅读环境，如提供书架、舒适小沙发、趣味帐篷等，给孩子营造一个相对安静的读书环境。孩子在自由、宽松的环境中，与父母一起看图书，讲故事，在享受共同阅读的美好时光的同时，也促进了亲子间的交流。

2. 养成良好的阅读习惯

每天的亲子阅读时间可以相对固定，比如餐后、睡前等，时间为15~30分钟。父母同时还要培养孩子学会翻阅图书，读懂图书内容，以及爱护图书、看完图书后归还原处等良好习惯。

3. 提供适宜的"技术"支持

家长可以给孩子提供"技术"支持，如用录音设备（手机、录音笔等）记录孩子的语言、孩子讲述的故事、念的儿歌等，然后和孩子一起倾听。有能力的家长还可以将录音和图画编辑结合，以此激发孩子愿意表达、主动讲述的积极性。

（南京市太平巷幼儿园　汪惟嫣）

教育偏差

现代社会，人们可以从各种渠道获得信息，孩子对阅读的兴趣相对难以培养。不少家长常抱怨自己的孩子不爱看书。对于孩子不爱读书的现状，他们要么听之任之，要么强行逼迫孩子去读。培养孩子喜欢听故事、爱看书的

方式有多种，但都应该指向创造环境和条件激发孩子的兴趣，调动孩子的知识储备，让孩子"突然意识到文字是多么的神奇啊，可以带他进入另一个世界"，让他"真正学会了阅读"。

"教育是一个逐步发现自己无知的过程"（杜兰特），《指南》提出的"教育建议"、《自由学习》中的论述能给我们的反思带来一些启发。

教育建议：

（1）为幼儿提供良好的阅读环境和条件。如：提供一定数量、符合幼儿年龄特点、富有童趣的图画书。提供相对安静的地方，尽量减少干扰，保证幼儿自主阅读。

（2）激发幼儿的阅读兴趣，培养阅读习惯。如：经常抽时间与幼儿一起看图书、讲故事。提供童谣、故事和诗歌等不同体裁的儿童文学作品，让幼儿自主选择和阅读。当幼儿遇到感兴趣的事物或问题时，和他一起查阅图书资料，让他感受图书的作用，体会通过阅读获取信息的乐趣。

（3）引导幼儿体会标识、文字符号的用途。如：向幼儿介绍医院、公用电话等生活中的常见标识，让他知道标识可以代表具体事物。结合生活实际，帮助幼儿体会文字的用途。如买来新玩具时，把说明书上的文字念给幼儿听，了解玩具的玩法。

名著启示

我认为学习可以大致分为处于同一个连续体上的两种类型。该连续体的一端是无意义的音节学习，心理学家有时会为被试设置这类任务，诸如记住 baz、ent、nep、arl、lud 之类的音节。此类任务比较难，因为这些音节没有任何意义，要记住它们并不容易，即使记住了也有可能很快忘记。我们通常意识不到，学生在课堂上学习的很多材料就像这些无意义音节一样复杂而无趣。对于那些缺乏理解学习材料所需的背景知识，未受到良好抚育的儿童而言尤其如此。几乎每一个学生都发现，课堂上所学的大部分内容没有意义。因此，教育变成了徒劳的活动，学生所学的知识对自己而言毫无意义。这样的学习只涉及脑：它发生在"脖子以上"，没有任何情感卷入，也没有任何个人意义，它与整体的人没有任何关系。与之相反，还有一种重要的、有意义的经验学习。蹒跚学步的孩子碰到热暖气片，便意识到了"热"的含义，知道以后要当心所有与之类似的暖气片，通过亲身体验学到的知识是不容易忘记的。同样，那个记住了"二加二等于四"的孩子，也许会在某一天玩积木或弹珠的时候突然意识到："二加二确实等于四！"在思维和情感都参与的学习中，他发现了对自己有重要意义的东西。某个辛辛苦苦掌握了"阅读技能"的孩子，有一天被某本笑话书或历险记迷住了，他突然意识到文字是多么的神奇啊，可以带他进入另一个世界。他现在真正学会了阅读。马歇尔·麦克卢汉给出了另一个例子：一个刚移民到国外的五岁小孩，如果她可以自由地和新伙伴们玩耍，即使没有任何语言指导，她也会在几个月内习得这种新语言，并且发音很准确。她的这种学习是重要的、有个人意义的学习，并且学得很快。但是，如果某个人按照老师所认为的有意义的单元来学习新语言，她很可能会学得非常慢，甚至会停滞不前。这类情况很常见，值得我们深思。

——《自由学习》

目标 2　具有初步的阅读理解能力

3~4 岁	4~5 岁	5~6 岁
1. 能听懂短小的儿歌或故事。 2. 会看画面，能根据画面说出图中有什么，发生了什么事等。 3. 能理解图书上的文字是和画面对应的，是用来表达画面意义的。	1. 能大体讲出所听故事的主要内容。 2. 能根据连续画面提供的信息，大致说出故事的情节。 3. 能随着作品的展开产生喜悦、担忧等相应的情绪反应，体会作品所表达的情绪情感。	1. 能说出所阅读的幼儿文学作品的主要内容。 2. 能根据故事的部分情节或图书画面的线索猜想故事情节的发展，或续编、创编故事。 3. 对看过的图书、听过的故事能说出自己的看法。 4. 能初步感受文学语言的美。

中国香港《儿童发展范畴表现指标》

阅读能力：能理解图画、符号或文字表达出来的意念；懂得从书本中寻找资料，以解答问题。

英国《EYFS 早期学习与发展目标》

交流、语言和文字：用语言组织、排序和阐明思想、观念、感觉和事件；根据词汇中音节出现的顺序听和说；能够在字母、名称、音节和其发音之间建立联系；尝试探究声音、单词和段落；按正确的顺序复述叙事，并根据故事内容画出图片；常见单词和简单句子的独立认读；理解印刷的英文是含有意思的，要从左到右或从上到下阅读；显示对故事要素的了解，例如主要人物、事件发生顺序和开始；知道怎样在非小说类的文字中查询资料，并回答哪里、谁、为什么和怎样等问题。

日本《幼儿园教育要领》

语言：感受到生活中的语言美及其乐趣；通过各种体验去丰富自己的形象和语言。

法国《对母育学校的方向指导》

口头表达和书面表达活动：让幼儿在"掌握阅读"中获得阅读方面的知识。

■ 案例、评析及建议 ▪▪▪▪

【案　例】

"我"心中的大红狗

大三班故事时间，好书推荐人萌萌拿来了自己推荐的书——《大红狗去医院》。

"你能说说为什么想推荐这本书给大家吗？"老师启发她说一说自己的想法。

"这本书讲的是大红狗小时候的故事，它第一次去医院，不是自己生病，而是偷偷地钻进装食物的篮子里，跟它的主人一起去看主人的外婆……结果医院不让宠物进去。它被发现后，躲在婴儿车里，可搞笑了。"萌萌滔滔不绝地说起来，想把整本书的内容都告诉小伙伴们。

"老师，你快讲吧。"孩子们迫不及待。

随着故事发展的节奏，老师声情并茂地讲述着故事内容。当读到"医院是不允许狗狗进来的，怎么办？"时，老师故意停了下来，说："你们有好办法吗？"

"把它继续放回篮子里藏起来。"

"把它放在床底下。"

"把它塞进被子里。"

"哈哈，那不把克里弗闷死啦。"

孩子们的想法层出不穷。

老师继续讲述故事内容，孩子们时而好奇倾听，时而捧腹大笑。

"这本书太好玩了，我还想看大红狗长大后的故事。"阳阳说。

"你怎么知道还有长大的故事？"老师好奇地问。

"刚刚第一页不就是它长大的样子嘛，跟后面的不一样。"阳阳说。

"是的，你观察得真仔细。你们还在哪里发现，可能还会有大红狗长大后的故事呢？"老师一边说一边把书从前到后又翻了一遍。

"在书的背面。你们看，还有好几本呢。"大力走到老师面前，指着背面的图案说。

第二天，萌萌又从家里带来了整套"大红狗克里弗"系列丛书，孩子们开心极了。游戏时间，闹闹、心心和贝贝三人一起阅读起《大红狗是冠军》来。"我们问问小度，让它讲这个故事吧。"贝贝说。果然，小度播放器里传来了故事，他们边听边翻看图书。

"你们觉得克里弗和圈帕谁更厉害？"游戏回顾时间，老师问。

"我觉得圈帕厉害，它都得第一名了。"

"我觉得圈帕很厉害，但克里弗也厉害，是因为它身体太大了，那些运动器械都不适合它，它才会输的。"

"我也觉得它们都厉害，你看克里弗跟它就差1分，要是到适合它的运动场地，肯定其他狗狗都比不过它。"

"嗯，是的，你们的想法都很特别。"老师说。

从那以后，大红狗的故事在班级掀起了一阵热潮，孩子们在阅读、分享、讨论的同时，感受着大红狗传递的成长正能量。

一天，老师询问孩子们："大红狗发生了这么多事，你最喜欢哪个故事呢？为什么喜欢它呢？"

"我喜欢《大红狗爱助人》，它每次帮助别人的时候都很努力，而且都成功了。"

"我喜欢《大红狗小的时候》，它一夜变大的样子简直太刺激了。"

"我喜欢《大红狗当消防员》，因为我长大了也想当消防员。"

……

"大红狗还会发生哪些故事，你们想不想自己编一本关于大红狗的故事书呢？"老师说。

"想，想……"孩子们连连叫好。

游戏计划时间，宝马说："我今天要编一本故事书，名字我都想好啦，叫'大红狗学轮滑'。"萱萱说："我也要编一本大红狗的书。"……几个孩子来到美工区，挑选了需要的材料，开始画起来。回顾时间，我邀请他们将自己编的故事分享给大家，小作者们兴奋不已，为自己的创作感到无比自豪。这时，宝马说："我觉得一个人画太慢了，我还想编很长很长的故事，可是来不及画了。"

"有什么办法呢？"老师问。

"可以明天接着画。"

"可以带回家画。"

"还可以组队合作。"皮皮摆出一个握手的动作，信心满满地说。

之后的几天，阅读区里经常可以看到自由组队创编故事的孩子们。他们先为故事取名，再商量故事内容。然后，每人编一段，直到故事结束，谁编的就谁来画，最后组合起来。在分工合作的过程中，阅读区多了一本又一本的自制绘本，大红狗的故事不断地产生续集。

在邀请孩子们分享自己创编的故事的同时，老师还将他们讲的故事录成音频，汇编成"大三班孩子讲故事"音频集发送到家长群里，供爸爸妈妈晚间睡前播放给孩子们听。阅读区一下子火爆了起来，来看书的孩子多了，来编故事的孩子多了，来录音频的孩子也多了，每个人心中都有一个属于自己的大红狗故事。

【评　析】

阅读是一个融观察、记忆、思维、表达等多种认知于一体的综合过程，孩子们通过阅读各种书籍，可获得社会、科学、艺术、人文、自然等方面的基本知识和技能。幼儿园阅读活动渗透于一日生活的各个环节，在区域游戏、集体活动、自主进餐前后等时间都可以进行。阅读活动的开展形式也多种多样，正如案例中的"好书推荐"活动，大大地激发了孩子们的阅读兴趣。从一本大红狗的书，延伸到整套的系列丛书，在阅读活动中，他们想读，敢说，爱创造，通过阅读、分享、讨论、创编，学习到大红狗身上勇敢、自信、助人、冒险、自立等优秀的品质。

1. 尊重个体的理解方式，给予积极、有效的回应

每个孩子的经验、能力都存在着差异，他们对于某一问题会提出不同的看法。如案例中，当老师问"你们觉得克里弗和圈帕谁更厉害"时，孩子们对人物特征有着自己的见解，有的孩子还在说明原因后加以证明。对于孩子们的表达，老师用关注的眼神、肯定的点头和互动的语言全面接纳了孩子们的观点，给予了他们积极有效的回应。

2. 引导孩子观察画面的细节，寻找故事发展的线索

幼儿读物都是图文并茂的，孩子们在阅读过程中通过画面内容、人物表情猜测故事发展的情节以及前后关系。案例中的阳阳在阅读过程中，发现了大红狗形象上的前后差异，从而判断还有"长大后的故事"。此时，老师及时抓住这一发现，追问"还在哪里发现"引导孩子关注画面细节，通过重点

观察、反复观察、对比观察等方法，阅读更多的信息，培养良好的阅读习惯。

3. 利用图文关系进行推测，想象、创编故事情节

随着年龄的增长，孩子们的想象力也逐渐发展起来。老师在阅读故事时，可以根据故事情节，适当设置悬念。如案例中的老师讲到一半时故意停下来，给孩子充分想象和表达的空间，猜测故事的后续进展，激发了他们的好奇心和求知欲。随着大红狗故事引发了阅读热潮，老师鼓励孩子创编故事。从独立创编到合作创编，老师始终做到细心观察、耐心倾听，采用积极对话、讨论的方法，引导孩子发表意见、分享回应，尊重每一个孩子的奇思妙想，鼓励他们发挥想象力和创造力，展示和分享他们的作品，不断提升他们的创编能力。

【建　议】

给教师的建议

1. 创设自主、宽松的阅读空间，投放合适的阅读材料

老师要根据孩子的能力特点、关注话题和兴趣需要等投放适宜的读物。可以在区域中增添点读笔、录音笔、天猫精灵等语音播放器，一起讨论使用方法和规则，跟随音频阅读书中的内容，鼓励孩子将自己的想法以及创编的故事用录音笔或绘画的方式记录下来；还可以开展丰富的阅读活动，如：好书推荐、图书漂流、举办"班级出版社"等，让孩子在宽松的氛围中，充分动手、动口、动脑，与书籍建立联系。

2. 关注故事内容的同时，引导孩子体会人物的情绪情感

幼儿文学作品往往具有虚构的情节和强烈的情感体验。在阅读过程中，除了要引导孩子对故事内容、情节发展进行回忆，还要引导他们设身处地地感受人物的情感。让孩子说一说角色在某种状态下会是怎样的感受，在语言的帮助下，细致品味角色当时的心情、状态等。根据故事的前后关系，分析人物产生这些情绪的原因，联结自己的情感体验，产生同理心。

3. 加强对图画、符号及文字的研究，促进孩子多维度发展

在儿童读物中，作为与文字同样重要的图画、符号表征系统，丰富的美

术语言、文学语言给予幼儿直观的表象，同时也给予孩子充分的想象与表达空间。老师要经常给孩子读童诗、唱童谣、讲故事，增强孩子与图文间的互动性，逐渐建立"从图画到声音，从声音到文字"的联系。充分挖掘书中图画与文字之间的联系，有意识地引导孩子欣赏和模仿文学作品的语言节奏和韵律，促进孩子在阅读过程中获得多维度的发展。

给家长的建议

1. 提升亲子阅读质量

给孩子讲故事时注意语音语调的变化，通过表情、动作和抑扬顿挫的声音，向孩子传达书中的情绪情感。家长可以先不告诉孩子故事名字，听完后让孩子取名，并说一说原因；可以和孩子一起讨论故事里的人物，说一说喜欢故事里的谁，或者喜欢哪部分的内容；也可以主动分享自己读书的感受，告诉孩子自己为什么想看这本书，这本书有什么吸引自己的地方，为孩子分享自己的阅读感受，为孩子做示范。

2. 拓展亲子阅读内容

和孩子玩编故事、演故事游戏。可以选择孩子喜欢的故事内容，分配角色进行表演；也可以选定人物角色，边创编边表演，如：妈妈先一边说一边演，然后再请孩子继续编一段，妈妈再接着往下编。可以根据家庭成员情况，提前分配好角色轮流进行。

3. 利用社会阅读资源

收集孩子日常的问题，利用休息日带孩子去书店或图书馆，通过阅读书籍，寻找问题的答案。如：当孩子问什么是北极星时，家长可以寻找一本关于天文知识的书，和孩子一起阅读，激发他们的阅读兴趣。

（南京市鼓楼幼儿园　蔡轶平）

教育偏差

培养孩子的阅读理解能力，固然是必要的，但也不能不注意时间、地点和方式、方法。"不要强迫他学习，也不要因此责备他；你要尽你可能地诱导他去阅读，但是不可将此作为他的一种任务。""要想帮助学生们提升阅读能力，需要的不仅仅是学科专业知识。"

"教育是一个逐步发现自己无知的过程"（杜兰特），《指南》提出的"教育建议"，以及《教育漫话》《做更好的教师：教育怎样发挥作用》中的论述能给我们的反思带来一些启发。

教育建议：

（1）经常和幼儿一起阅读，引导他以自己的经验为基础理解图书的内容。如：引导幼儿仔细观察画面，结合画面讨论故事内容，学习建立画面与故事内容的联系。和幼儿一起讨论或回忆书中的故事情节，引导他有条理地说出故事的大致内容。在给幼儿读书或讲故事时，可先不告诉名字，让幼儿听完后自己命名，并说出这样命名的理由。鼓励幼儿自主阅读，并与他人讨论自己在阅读中的发现、体会和想法。

（2）在阅读中发展幼儿的想象和创造能力。如：鼓励幼儿依据画面线索讲述故事，大胆推测、想象故事情节的发展，改编故事部分情节或续编故事结尾。鼓励幼儿用故事表演、绘画等不同的方式表达自己对图书和故事的理解。鼓励和支持幼儿自编故事，并为自编的故事配上图画，制成图画书。

（3）引导幼儿感受文学作品的美。如：有意识地引导幼儿欣赏或模仿文学作品的语言节奏和韵律。给幼儿读书时，通过表情、动作和抑扬顿挫的声音传达书中的情绪情感，让幼儿体会作品的感染力和表现力。

名著启示

关于学习阅读，我说的已经很多，就是不要强迫他学习，也不要因此责备他；你要尽你可能地诱导他去阅读，但是不可将此作为他的一种任务。在儿童可以阅读之前，你宁可让他迟一年学会读书，不可使他因此对学习产生憎恶心理。如果你要与他辩驳，应局限于那些急切的、关系真理与善良的事情上面；

但是不能把 ABC 当作任务强加于他。应该利用你的技巧，使其意志变柔顺，服从理智。你应教他爱好信用与赞誉；害怕被别人误解或小觑，尤其怕被你和他的母亲看不起，然后，其余一切都可轻而易举地发生作用了。不过，我觉得，如果你打算那样做，你就不可在无关紧要的事情上面定下许多规则，对他加以束缚，也不可为他的每一个微不足道的过错，或可能别人以为是大的过失，就去责备他；但是关于这一问题，我已说得够多了。

——《教育漫话》

卡罗尔发现要想帮助学生们提升阅读能力，需要的不仅仅是学科专业知识。她在反思该项目的著述《文化、文学与学习》中写道："这个教学框架要同时满足学生们的发展和认知需求。""发展"一词指的是人们经历的如下三种过程：（1）培养且维持幸福感和效能感的过程；（2）培养人际关系的过程，该过程始于家庭环境，逐步推展到更广泛的社会交往当中；（3）跨越阻碍的过程。

——《做更好的教师：教育怎样发挥作用》

目标 3　具有书面表达的愿望和初步技能

3~4 岁	4~5 岁	5~6 岁
1. 喜欢用涂涂画画表达一定的意思。	1. 愿意用图画和符号表达自己的愿望和想法。 2. 在成人提醒下，写写画画时姿势正确。	1. 愿意用图画和符号表现事物或故事。 2. 会正确书写自己的名字。 3. 写画时姿势正确。

视野拓展

中国香港《儿童发展范畴表现指标》

书写能力：喜欢自由操控书写工具，对图画有兴趣；能把认识的事物或心中的意念，利用图画、符号或文字表达出来，与人沟通；能掌握正确的写字姿势、执笔方法，能用正确笔画书写；能书写一些笔画简单、与日常生活有关的字词和简单的句子；有兴趣以简单文字表达自己的意念。

英国《EYFS 早期学习与发展目标》

交流、语言和文字：用所具备的音标知识写出简单的有规则的单词，用语音上正确的方式尝试拼写复杂的单词；尝试不同目的、不同形式的写作，包括单子、故事或说明书等；书写姓名、标签或标题，开始搭建简单的句子和使用标点符号；正确握笔并写出可辨认的字母。

日本《幼儿园教育要领》

语言：关心日常生活中所需的简单标记和文字等。

环境：在日常生活中对简单的标志、文字等产生关注或兴趣。

法国《对母育学校的方向指导》

口头表达和书面表达活动：还可以让幼儿经常接触历史性内容丰富的故事以及各种诗的语言和诗歌，使他们不仅能获得知识，还可以增强想象力和发展再现表象能力。

案例、评析及建议

【案　例】

我想给爸爸写封信

大班孩子坤坤是个建筑迷，不过今天在幼儿园选游戏时，却选择了平时不太去的美工区。他到美工区快速地找来一张 A3 大小的牛皮纸，在纸的右上角用蓝色油画棒画了一个"丫杈加螺旋"，在下面又画了一个粉色的爱心并涂满了颜色。接着，他把画好的部分剪下来，将剩下的牛皮纸对折，用双面胶将两边贴好，变成一个扁扁的空纸袋，最后把纸片装进袋子里。做完后他笑眯眯地用两只小手在纸袋上从中间向两边抚平。老师好奇地上前询问："坤坤，你刚才做的是什么？可以给我欣赏一下吗？"坤坤一边拿出纸片一边说："老师，我给爸爸写了一封信，上面是爸爸的'爸'字，下面画的爱心是我爱他的意思。"老师又问:"这个'爸'字你怎么会写的呢?"坤坤说:"之前我看过《我的爸爸》这本书,还有好几本书里都有'爸'这个字,我就记住了。"

通过聊天,老师了解到坤坤的爸爸是一名警察,去支援边疆已有一个多月。前段时间,坤坤妈妈在家整理物品时,翻到一叠信件,坤坤倍感好奇,他才知道原来信件也是一种通信方式。坤坤偶尔会通过手机跟爸爸视频聊天,但在幼儿园里没有手机,在想念爸爸的时候不能及时跟他联系。于是坤坤想到可以通过写信的方式表达自己对爸爸的思念。信的内容是一个像"爸"的字和一颗涂满粉色的爱心。

老师为坤坤准备了一张可以寄出去的明信片。坤坤看到后问:"这张明信片真的可以寄给爸爸吗?"在得到肯定的答复后,他激动地握住笔,快速地思考自己在上面画些什么给爸爸。不一会儿,坤坤就在上面画了一个小人,在人的旁边写了"爸爸 I ♡ U",最后不忘署名,写了坤坤的"坤"字。

放学后,家长来接孩子时,老师跟坤坤妈妈说明了情况。坤坤妈妈带坤坤找到了路边的邮筒,坤坤小心翼翼地将明信片塞进了那个黑色的缝隙里,又问:"明信片还可以拿出来吗?邮差叔叔会根据地址递到爸爸手上吗?"妈妈点点头。

一周后,远在新疆的坤坤爸爸收到了坤坤寄给他的明信片,坤坤看到爸爸拍的照片兴奋极了,连忙通过视频聊天问爸爸:"爸爸,你知道我上面画的是谁吗?你知道我写的是什么意思吗?"

不久后,坤坤爸爸给坤坤写了一封寄到幼儿园的回信。收到信件后,坤坤拿着爸爸写的信左看右看,用手指着认识的部分念。见很多字都不认识,他把信交到老师的手上,请老师念给他听。信中爸爸描述自己收到坤坤寄的明信片后的惊喜以及对坤坤的思念。爸爸对坤坤会写字感到非常惊喜,并鼓励坤坤可以正确握笔,可以写出更多信寄给爸爸。

从此,坤坤爱上了写信。到了特殊的日子,坤坤总会为身边的人写上一封信,表达自己的感情!

【评　析】

生活中，我们经常能看到孩子通过涂鸦、图画、像字而非字的符号、接近正确的字等形式表达信息、传递信息，与同伴和成人交流、分享其想法、情感和经验。《指南》和《幼儿园入学准备教育指导要点》等都对幼儿前书写能力提出了要求，指出"3—6岁幼儿应具有书面表达的愿望和初步技能""保护幼儿的前书写兴趣、做好必要的前书写准备"，可以看出早期的前书写经验和前书写能力的发展是孩子能力发展的重要组成部分，对其语言发展和其他能力发展都有积极的促进作用。

1. 孩子月符号和文字传递信息、表达感情

心理学研究表明，孩子有着和成人一样的情感深度，坤坤和支援边疆的爸爸阔别许久，他非常想念爸爸。当得知除了视频聊天，写信也是一种通信方式时，他便想用图画和符号表达自己的思念之情。当他在幼儿园美工区看到随时取放的纸、笔等材料时，给爸爸写信的愿望更加强烈了。从坤坤写信的内容可以看出，他有意识地关注绘本中的文字，并记住了字的形态特征，从像字而非字的"爸"字和"♡"符号可以看出，他对前书写产生了兴趣，意识到文字符号在日常生活中的意义。

2. 纸笔互动经验让孩子了解文字符号的功能和特点

老师通过对坤坤的观察，及时与坤坤妈妈取得联系，鼓励坤坤通过绘画和书写的方式写了一张可以寄出去的明信片，再次为坤坤创设了与纸笔互动的机会。在得知爸爸收到坤坤的明信片时，坤坤希望爸爸立刻看明白自己书写的内容，明白他想表达的意思。坤坤收到爸爸的回信后，他发现爸爸的表现方式与自己不同，信上是满满的、自己看不懂的文字，而老师读信时就像爸爸在面前说话一样，更清晰地表达了对坤坤的思念与想法，这让坤坤了解到文字符号的功能和特点。

3. 有效的支持与回应让孩子建立了书面表达的兴趣和信心

在坤坤第一次写信后，老师与家长都给予孩子积极的支持与回应，并鼓励坤坤多次写信，初步建立了他的书写兴趣与信心。在此之后，坤坤也会主

动给幼儿园的老师们、亲人写信，在好朋友过生日时，也会精心挑选精美的信封，将自己想要表达的祝福写在信里，满足了孩子从口头表达到书面表达的愿望。

【建 议】

给教师的建议

1. 创设适宜的环境，为孩子提供书面表达的机会

创设一个适宜的写画环境，对孩子前书写的发展意义重大。《指南》指出，为幼儿提供随时取放的纸、笔等材料，也可以利用沙地、树枝等自然材料，满足幼儿自由涂画的需要。老师可以在室内外不同区域，如自然角、科学区、沙池、空地等，为孩子提供随时取放的不同的书画材料和工具，便于孩子记录自己的所见所闻。

2. 结合游戏和生活，激发孩子书面表达的愿望

老师要珍视游戏和生活的独特价值，创设丰富的教育环境，激发孩子书面表达的愿望。教师可以与孩子共同制订各类计划，如生活计划、游戏计划、出游计划、购物计划等，用文字和符号记录规划的时间、地点、物品及注意事项等；鼓励孩子观察自然角，记录动植物的生长变化和天气情况，感受文字符号在日常生活中的功能和意义；引导孩子用图画、符号、文字等方式设计并制作标识，帮助孩子建立有序的生活状态。

3. 巧用多种策略，培养孩子前书写初步技能

《幼儿园入学准备教育指导要点》学习准备中指出，教师可通过培养孩子自主扣纽扣、系鞋带的习惯，锻炼其手部精细动作，促进手眼协调。在绘画拼图等活动中认识上下、左右等方位，通过"跳房子""给小动物找家"等游戏，帮助孩子认识田字格的结构。孩子有自发书写行为时，示范正确的书写姿势，阅读相关绘本，依托有趣的故事提醒孩子保持正确的书写习惯，多种策略帮助孩子掌握初步的前书写技能。

给家长的建议

1. 创设写画区域，激发孩子书面表达的愿望

创设写画区域是从物质环境方面给予孩子支持与关爱的一种方式。3~4岁的孩子处于写画敏感期，喜欢拿着笔在墙面、家具上涂涂画画，家长可以为孩子创设自由、温馨、便于擦洗的写画区域，给孩子充足的写画时间，激发孩子写画的兴趣。写画区域需注意采光度，提供适宜孩子身高的桌椅、多种多样的书写材料等，吸引孩子参与到涂鸦、写画中。

2. 培养自理能力，帮助孩子做好前书写准备

握笔写画是基于小肌肉的发展，通过手眼协调完成。为了促进孩子手部动作的灵活协调，锻炼手部肌肉，家长可抓住日常生活中的点点滴滴，给孩子锻炼的机会。在家中，家长不能包办代替，要把吃饭、扣扣子、做手工等精细动作相关活动的机会还给孩子，给孩子足够的时间尝试，鼓励孩子自己完成。

3. 进行亲子互动，给予孩子积极回应与反馈

亲子互动能给予孩子支持与关爱。在亲子阅读中，当家长讲述完故事后，除了让孩子讲述对故事的理解外，家长可以引导孩子运用文字、符号、图画等形式对该故事进行创编、续编，还可以鼓励孩子每天画一画印象最深刻的事情、最喜欢玩的游戏、周末游记等，支持孩子养成使用文字、图示、符号等方法记录日记的习惯，提高孩子的语言和文字表达的能力。

（南京市仙林实验幼儿园　陆玉娇）

教育偏差

孩子书面表达的愿望和初步技能的形成，家庭和幼儿园要共同担负起责任。家长不能仅依赖于幼儿园，在与孩子日常的互动中要有意识培养。"儿童的数学和语言能力早在学龄前就已经打下了基础，其更多地取决于同包括父母在内的成年人之间的非正式互动，而不是正式的训练。"

"教育是一个逐步发现自己无知的过程"（杜兰特），《指南》提出的"教育建议"、《我们的孩子》中的论述能给我们的反思带来一些启发。

教育建议：

（1）让幼儿在写写画画的过程中体验文字符号的功能，培养书写兴趣。如：准备供幼儿随时取放的纸、笔等材料，也可利用沙地、树枝等自然材料，满足幼儿自由涂画的需要。鼓励幼儿将自己感兴趣的事情或故事画下来并讲给别人听，让幼儿体会写写画画的方式可以表达自己的想法和情感。把幼儿讲过的事情用文字记录下来，并念给他听，使幼儿知道说的话可以用文字记录下来，从中体会文字的用途。

（2）在绘画和游戏中做必要的书写准备，如：通过把虚线画出的图形轮廓连成实线等游戏，促进手眼协调，同时帮助幼儿学习由上至下、由左至右的运笔技能。鼓励幼儿学习书写自己的名字。提醒幼儿写画时保持正确姿势。

名著启示

但研究者近期还是发现，儿童的数学和语言能力早在学龄前就已经打下了基础，其更多地取决于同包括父母在内的成年人之间的非正式互动，而不是正式的训练。让我们的头脑中闪现出这幅画面：父母正在为孩子读书，一边讲着书内图画中的故事，一边鼓励孩子做出回应，这正是互动学习的经典场景。

来自父母的认知刺激，是孩子们最有效的学习手段。如果父母一直都倾听孩子的声音，经常同他们交流，就好像西蒙娜和卡尔的为人父母之道，那么孩子们成长在这种环境中，就会发展出更高级的语言技巧；相形之下，父母若是很少同孩子们进行语言交流，比如斯特芬妮便是如此，她曾经解释过，"我们没时间做这种事，大家一起聊聊每日的见闻什么的"，那么这种环境中长大的孩子，语言能力就要相形见绌。简言之，儿童的大脑并不是一台可孤立运转的计算机，而是一种社会性的器官和机制。

神经科学家和发展心理学家在新近的研究中已经发现，我们大脑有一系列尤其重要的技能，他们称之为"执行功能"，比如注意力集中、冲动控制、心理韧性、短期记忆等。这些功能由我们现在所说的大脑前额皮层所控制。电话一响，你就知道放下这本书去接电话；你在心里默记在孩子踢完球后要去接他们；下次翻开这本书时，你可以从上次未看完的页码开始读。如果大脑的执行功能存在缺失，那么就会表现出学习障碍或少儿多动症这类问题。

在正常情况下，只要照料者尽到自己的责任，那么孩子的大脑执行能力在其3—5岁之间就会有特别迅速的发展。但是，如果孩子在此期间受到虐待，长时间面临高度的精神压力，那么他们的大脑执行功能就有可能受到损伤。我们可以想想，伊利亚在这个阶段和毫无关爱之心的爷爷住在一起，时时要直面新奥尔良贫民区内的暴力和鲜血，而面对着一上学就号啕大哭的米歌尔，斯特芬妮也是束手无策，她能想到的唯一办法就是"抽打"。而一旦大脑的执行能力有所欠缺，那么这样的孩子也就没有能力解决问题，应对逆境，组织好他们的生活。

这项研究也给出了一个非常重要的结论：孩童在其成长初期所获得的能力是基础性的，这些能力越发达，他们今后的学习就越是高效。正是因此，孩童时代的成长经验是至关重要的。随着孩子年龄渐长，他们的大脑也越来越定型，要改变也就越来越难。这一事实就告诉我们，与其等到青少年时代再严加管束，不如在学龄前就介入，这时的教育可以说是事半功倍。

——《我们的孩子》

第三章

解读《指南》"社会"领域

（一）人际交往

（二）社会适应

幼儿社会领域的学习与发展过程是幼儿社会性不断完善并奠定健全人格基础的过程。人际交往和社会适应是幼儿社会学习的主要内容，也是其社会性发展的基本途径。幼儿在与成人和同伴交往的过程中，不仅在学习如何与人友好相处，也在学习如何看待自己、对待他人，不断发展适应社会生活的能力。良好的社会性发展对幼儿身心健康和其他各方面的发展都具有重要影响。

家庭、幼儿园和社会应共同努力，为幼儿创设温暖、关爱、平等的家庭和集体生活氛围，建立良好的亲子关系、师生关系和同伴关系，让幼儿在积极健康的人际关系中获得安全感和信任感，发展自信和自尊，在良好的社会环境及文化的熏陶中学会遵守规则，形成基本的认同感和归属感。

幼儿的社会性主要是在日常生活和游戏中通过观察和模仿潜移默化地发展起来的。成人应注重自己言行的榜样作用，避免简单生硬的说教。

（一）人际交往

目标 1　愿意与人交往

3~4 岁	4~5 岁	5~6 岁
1. 愿意和小朋友一起游戏。 2. 愿意与熟悉的长辈一起活动。	1. 喜欢和小朋友一起游戏，有经常一起玩的小伙伴。 2. 喜欢和长辈交谈，有事愿意告诉长辈。	1. 有自己的好朋友，也喜欢结交新朋友。 2. 有问题愿意向别人请教。 3. 有高兴的或有趣的事愿意与大家分享。

视野拓展

中国香港《儿童发展范畴表现指标》

社交能力：能适应群体生活；懂得与别人分享，与人相处，建立良好关系。

英国《EYFS 早期学习与发展目标》

个体、社交和情感：参与小组和班级活动，分享和轮流，懂得一个团队包括成人和其他儿童，需要有共同的价值观和行为规则，才能和谐在一起学习。

日本《幼儿园教育要领》

人际关系：体验和老师、小朋友在一起共同生活的愉快。

【案　例】

手牵手　交朋友

案例一：我喜欢做自己的事

镜头 1：属于小禾的第二个幼儿园学期生活开始了，从开学到现在的两周时间里，班里的老师几乎每天都是单独陪伴着小禾一起游戏、学习的，原因是小禾不太愿意参与集体活动，总是一个人出其不意地跑开去做其他事情：比如，晨间自主活动时，小禾会在群体里游戏，但始终是一个人做着自己喜欢的事；当大家准备集体早操时，他就开始躲藏或跑开。老师也想有意引导他一起参与集体活动，但小禾的反应就是还没等老师接近就远远跑开。有一次，小禾跑了一阵便找到一个木箱躲在里面不肯出来，嘴里不停喊着："我不要，我不喜欢早操，我就喜欢待在这里！"

镜头 2：户外活动结束了，大家开始分批有序如厕盥洗，然后准备集体团讨。只见小禾早已一个人率先冲进了教室里直奔建构区，拿起玩具准备玩。老师跟随进去引导："小禾，洗手、喝点儿水吧，我们要一起讨论喽，区域活动待会儿玩吧！"小禾没有搭理老师，继续玩着手中的积木材料。老师走过去继续引导，顺势想牵他的手。小禾一把甩开手里的积木，又飞快地跑开了，嘴里喊着："我不要，我不要，你不要过来。"此时，班级里的其他孩子基本已经坐下来准备开始团讨了，小禾却还一个人在外面。

案例二：我要在自己的小世界

一天下午走廊上传来一阵哭声，听起来是小禾的声音。走过去一看果然是小家伙坐在走廊上号啕着，旁边保育老师已经一副很疲惫的模样，说道："刚刚林老师在班里带小朋友活动，小禾要去拿小朋友手里正在用的剪刀，这样太危险了。林老师让他坐下来跟小朋友一起活动，给他一把剪刀操作，他又不肯，然后就跑出来了。总是这样一个人也不好，我就追了他好几圈，想让他去班里参加集体活动，但他怎么都不肯去，就在这里哭。"听了保育老师的一番话，我走到还在一个劲儿哭着的小禾面前没有说任何话，而是怀抱住他。不一会儿，小家伙不哭了，我牵起他的手，走到旁边安静的感统室里坐下来跟他聊天："小禾，刚刚为什么哭得那么难过呀？""我就是不想跟大家一起玩，我想自己一个人玩，我喜欢一个人玩！""所以，刚刚贾老师（保育老师）让你回班里时，你不愿意就哭了，是吗？""对呀，我只想一个人！小米有自己的小世界，我也想要在自己的小世界里！"我回应道："但是，有很多人的大世界多好啊，你可以跟小伙伴聊很多有趣的事情！"小禾说："对，小世界里学不到知识！"我说："那你想不想去大世界里和小伙伴们一起活动？"小禾回答道："好的，但是我要等一会儿再去！"我说："好的，我陪你，过一会儿我们就过去好吗？"小禾说："好的！"

【评　析】

现象分析

　　根据长期对小禾的跟踪观察，我们发现小禾有这样的表现：

　　（1）说话时眼神不会主动与人交会，也不主动与人交往。

　　（2）常态性一个人做自己喜欢的事情，很多时候老师们一接近，他就会"反弹式"地跑开。

　　（3）知道很多"道理"而且会主动说，但是实际行动跟不上。比如，知道爬高、跳跃、打人等行为很危险、不合适，然而行动上依旧控制不住。

　　（4）危险性动作过多，容易无意间伤到自己和他人。

　　根据长期与家长的沟通来看，我们发现家长有这样一些表现：

　　（1）前期，小禾妈妈始终抱着"好孩子是夸出来的"这样一种教育观。当老师与家长反映孩子一段时间内的现象和问题时，家长始终坚持"孩子需要表扬和肯定"这样一种观点，却忽视了孩子自身行为状态实质性的问题。同时，对于老师的沟通交流，容易理解为"老师又是来跟我告状的""我给老师提出的教育建议，老师不实施"。长期积累，家长的教育观点得不到他人的认可，家长也不太愿意接受老师的沟通表达，慢慢便与老师之间产生了不信任感。

（2）家长会将自己的一些认知和情绪带给孩子，比如会对孩子说："你不要跟小米一起玩，他有他自己的小世界，他打人你不要学，跟他离得远一点。""管人是老师的事情，这个事情对你来说太复杂了……"在孩子面前，家长有时候会带着这样的一种成人口吻、一定的情绪去跟孩子"交代"一些事情。

（3）前段时间，家长发现小禾脱离集体、不与人交往的情况越来越严重，而且危险性行为动作频繁，开始逐渐意识到问题的严重性。小禾爸爸归结的原因是：老师没有强行纠正小禾一些不该有的行为，致使小禾一个人想做什么就做什么，脱离集体越来越严重。

（4）从与家长的不断沟通交流中，我们发现小禾妈妈比较感性，更多想发现孩子的进步，比如她看到孩子脱了鞋子爬到教室桌子上的时候，表扬道："嗯，你知道要把鞋子脱了爬上去，真棒！"但这却忽视了爬上桌子这个行为本身就不合适。小禾爸爸比较直截了当，发现孩子有什么问题会及时进行教育指正，有时甚至直接拉起来打一顿。

综上所述，我们可以发现，家庭中父母的教育行为完全是两种不一样的方式，这样的方式没有互补式地解决孩子的根本性问题。同时，家长对于孩子问题的产生总是归结于外部他人或周围环境的因素，没有静下来真正看看自己的孩子怎么了，发生了什么。此外，家长对教师和他人缺乏一定的信任度，致使大家力气没往一处使，孩子的行为表现也让人更难以摸到规律。

教育策略

在跟随小禾的这段日子里，我们每天都在不断观察和尝试各种方式方法，也整理出这样一些方法，可供尝试：

1. 看见需求，形成积极关系链

像小禾这样的情况，很多时候他都会避开老师和伙伴，不愿与他人交往，遇到不顺心的事还经常会说"我不喜欢你"。这样的情况下，不要说引导小禾，就连跟他对话都很困难。那么，如何能够顺利跟他进行对话呢？这就需要看到他的需求，依托于需求，他会跟你产生联结，会愿意跟你交流。比如，像上述案例中小禾大哭的那一次，如果我们一味关心地劝说，让他发泄，他可能就会一直不停地大哭下去。但是没有言语的一个拥抱却让他在短时间内停止了哭泣，而且愿意跟着老师去感统室聊天。或许这时候的"拥抱"就是一种对他内心深度的理解，这是他的需求。再比如，我们看见小禾跑开了，如果一味地追他，让他别跑，他就会越跑越快。但是如果看到了他的需求，换一种方式说："小禾，我们来玩跑步游戏，该轮到你追我了。"他立即会说："好的！"这样一种关系就建立起来了，等到玩累了，休息时跟小禾聊聊天，他也非常乐意跟你说话并表达自己内心的想法。

2. 兴趣着手，协助建立朋友圈

我们尝试着从小禾最感兴趣的下棋入手，下棋是需要伙伴的。刚开始是保育老师陪他一起游戏。渐渐地，其他小朋友也开始融入，和小禾一起下棋。因为喜欢，小家伙很专注，于是跟伙伴间的互动也显得非常积极主动。在这样的一种氛围中，我们发现小禾并没有像平时那样非常抵触跟人交往，反而需要一些小伙伴的加入和互动。就这样，我们也尝试着为小禾定期开展感兴趣的活动，帮他建立朋友圈，让小禾渐渐从一个人游戏转变到愿意和一群人游戏。

3. 逆向融入，铺设人际交往路

"山不向我走来，我便向山走去"，小禾不愿意和大伙儿交往、游戏，我们就鼓励班级当中的孩子主动去跟小禾做游戏。一些交往能力特别强的孩子就会去跟小禾互动，带着他在一些适宜的场合和活动中进行合作游戏。有时遇到困难，也会有小朋友主动帮助他。这样的一种逆向融入，也让小禾渐渐走入到小伙伴当中，不拒绝与他人一起游戏。

4. 家园合力，共同助力是关键

其实针对小禾这样的情况，家园间紧密联系与合力才是最关键和重要的。在这期间，不管家长有什么样的意见，我们始终带着一颗真诚的心去跟家长不断沟通交流，让他们能够更加冷静客观地看到自己孩子的真实情况，与老师一起努力推动。在不断的沟通中，我们也看到家长的一些转变，小禾爸爸变得更加冷静克制，小禾妈妈也会对小禾不适宜的行为进行及时制止和提醒，配合着老师进行各项活动。我们也渐渐感受到，两位家长在不断寻求一致的教育目标。在爸爸妈妈近期的引导、陪伴中，虽然一些常态性的行为还时有发生，但是我们能够看到小禾主动参与集体早操，愿意和小伙伴们坐在一起听老师组织活动等，集体活动的参与度有所提高。

【建　议】

给教师的建议

1. 帮助孩子转变并建立内心的积极情绪

在遇到这类孩子的时候，其实我们老师首先需要具备的是足够的耐心和积极性，很多情况下，我们情绪的第一反应可能就是：好累，没有办法了！如果带着这样的一种情绪状态去面对孩子，我们就没有足够的动力去探寻并尝试各种方法来对幼儿做推进。同时，消极的状态也更容易让家长误认为"老师对我家孩子有意见"，不利于家园关系的建立和进一步沟通。调整好心态，客观地评价孩子，积极尝试并跟家长表达我们日常如何做引导，会让家长更加体会到我们工作的用心，也更有利于家长信任和支持老师的工作。

2. 探寻并发现孩子真正的需求

在我们与孩子互动的过程中，多关注孩子日常的行为和活动状态，做好记录与分析。比如，一天中，孩子常有的状态是什么，经常会做的事情是什么，喜欢去哪些场地等。这样的分析梳理有助于我们发现孩子的一些需求，不过这些需求可能是外在的，通过我们的观察可以获得的。还有一些需求是隐藏的，在幼儿园内没有表现出来，但是在家里爸爸妈妈会比较了解，我们也可以多跟家长交谈，发掘孩子的隐藏需求。发现需求，才能与孩子建立对话、交流的关系，并有进一步引导的机会。

给家长的建议

1. 停止内耗，看到孩子

家长需要减少对自我的猜测和疑虑，诸如：我的孩子今天是不是又被小朋友排挤了；老师今天这样说是不是又对我们家孩子有意见；孩子今天受伤了，是不是又是哪个小朋友干的，老师怎么都没有发现……家长的这种种猜测、疑虑，各种从孩子口中的验证会加剧消极情绪的产生，也会形成一定的精神内耗。与其从孩子口中绞尽脑汁地验证自己心中认定的那个答案，倒不如冷静下来想想他人给予的一些反馈，正视并坦诚面对孩子的问题，看到孩子的真实状态。接受与认识是助推孩子改变、成长的第一步。

2.给予信任，真实支持

孩子的成长离不开家园的合力推动，只有家长与教师之间产生足够的信任，看到对方的努力付出，懂得感激，才能够真正建立情感共鸣，成为推动孩子的重要伙伴。而给予信任的氛围也能够让我们的支持更加真实有效。

（杭州市西湖区政苑幼儿园　金珍珍）

教育偏差

孩子与人交往的能力，不是与生俱来的。当孩子不知如何与人交往时，家长更多责怪孩子不大方，而不去寻找问题的原因。"如果父母没有教育好自己的孩子如何与他人相处，那么，孩子在入学的时候就会感到孤立无援。"

"教育是一个逐步发现自己无知的过程"（杜兰特），《指南》提出的"教育建议"、《儿童的人格教育》中的论述能给我们的反思带来一些启发。

教育建议：

（1）主动亲近和关心幼儿，经常和他一起游戏或活动，让幼儿感受到与成人交往的快乐，建立亲密的亲子关系和师生关系。

（2）创造交往的机会，让幼儿体会交往的乐趣。如：利用走亲戚、到朋友家做客或有客人来访的时机，鼓励幼儿与他人接触和交谈。鼓励幼儿参加小朋友的游戏，邀请小朋友到家里玩，感受有朋友一起玩的快乐。幼儿园应多为幼儿提供自由交往和游戏的机会，鼓励他们自主选择、自由结伴开展活动。

名著启示

　　人们普遍缺乏帮助孩子做好入学准备的知识，因而，许多成年人在回想他们的学校生活时，总觉得那简直是一场噩梦。如果教育得法，学校自然也能弥补儿童早期教育的欠缺和缺失。理想的学校可以成为家庭和现实世界之间的中介；学校不仅仅是一个传授书本知识的地方，它还应该是传授生活知识和生活艺术的场所。不过，在等待理想学校出现以弥补家庭教育缺陷的同时，我们也应该关注父母家庭教育的弊端。

　　对于家庭教育的弊端，学校只能起着显示器的作用，这恰恰是因为学校还不是一个十全十美的环境。如果父母没有教育好自己的孩子如何与他人相处，那么，孩子在入学的时候就会感到孤立无援。他们会因此被视为古怪、孤僻的孩子。这反过来又会强化孩子初始的孤僻倾向。他们的成长由此受到伤害，并发展成为问题儿童。人们常把这种情况的出现归咎于学校，殊不知学校只不过引发了家庭教育的潜在问题而已。

　　……

　　家庭的环境对于儿童的成长自然也非常重要，因为它让孩子看到家庭对社会生活的参与程度。换句话说，家庭环境给予了孩子关于合作的最初印象。那些生长在封闭的、不与人交往的家庭中的孩子，通常会在家人和外人之间划上明显的界限。他们感到似乎有一条鸿沟把他们的家庭和外部世界割裂开来，也自然会用充满敌意的眼光来看外部世界。这种家庭不会增进与外部世界的社会关系，只会使孩子疑心很重，并只从自己的利益出发来看待外部世界。这当然会阻碍儿童社会情感的发展。

　　孩子到了 3 岁时，就应该鼓励他们和其他的孩子一起做游戏，应该训练他们不害怕陌生人。否则，这些孩子以后与人交往时会脸红、胆怯，并对他人怀有敌意。这通常会发生在被宠坏的孩子身上。这种孩子总想"排斥"他人。

——《儿童的人格教育》

目标2　能与同伴友好相处

3~4岁	4~5岁	5~6岁
1. 想加入同伴的游戏时，能友好地提出请求。 2. 在成人指导下，不争抢、不独霸玩具。 3. 与同伴发生冲突时，能听从成人的劝解。	1. 会运用介绍自己、交换玩具等简单技巧加入同伴游戏。 2. 对大家都喜欢的东西能轮流分享。 3. 与同伴发生冲突时，能在他人帮助下和平解决。 4. 活动时愿意接受同伴的意见和建议。 5. 不欺负弱小。	1. 能想办法吸引同伴和自己一起游戏。 2. 活动时能与同伴分工合作，遇到困难能一起克服。 3. 与同伴发生冲突时能自己协商解决。 4. 知道别人的想法有时和自己不一样，能倾听和接受别人的意见，不能接受时会说明理由。 5. 不欺负别人，也不允许别人欺负自己。

视野拓展

中国香港《儿童发展范畴表现指标》

社交能力：能接受别人的提示和意见；接受群体生活的规范；被同伴接纳，建立朋友关系；待人有礼貌，懂得爱护同伴。

英国《EYFS 早期学习与发展目标》

个体、社交和情感：和成人及同龄人建立友好的关系。

日本《幼儿园教育要领》

人际关系：在与小朋友的积极交往中去共同体味喜悦和悲哀。

案例、评析及建议

【案 例】

好朋友一起玩

某天，中二班的贝贝来幼儿园后对同组的小朋友说："你们知道吗？昨天我妈妈带我去公园玩，我们带了个帐篷，可好玩了！我们在里面野餐，还在里面睡觉呢。""要是我们班里也可以玩帐篷游戏，那就好了。"明明羡慕地说。楠楠说："我们去跟老师说，我们要玩帐篷游戏。""好啊！好啊！"大家异口同声地表示赞同。大家一起找到陈老师，跟她说出了想要玩帐篷游戏的想法。陈老师说："帐篷游戏，可以啊！不过我们班里没有帐篷，可怎么办呢？"贝贝马上说："我家里有帐篷，我明天带来。"乐乐也说："我家里也有帐篷，我明天也带来。""太好了，还有哪位小朋友家里有帐篷？明天愿意带来跟小朋友们一起玩吗？"陈老师向全班小朋友询问。思思说："我舅舅家好像有一个，我去问问。"

第二天，好几位小朋友带来了帐篷。在老师的帮助下，一个个帐篷支起来了。帐篷的小主人开心地邀请自己的好朋友"住"进帐篷。陈老师也加入到孩子们的帐篷游戏里来，她走到帐篷旁边假装敲敲门，问："请问，我可以到帐篷里参观一下吗？""欢迎欢迎！"乐乐和好朋友快乐地招呼陈老师进帐篷。可是，过了一会儿，就听见贝贝她们几个小姑娘在喊："陈老师，陈老师，我们的帐篷里已经'住'了四个人了，强强他还要硬挤进来。"陈老师走过去看看。强强说："我也好想'住'到帐篷里去，可是她们就是不肯。"贝贝说："我们的帐篷已经住满了，你不能再进来了。"陈老师说："贝贝，你的帐篷真好，看得出强强很喜欢，他很想进去玩一下的，你们有什么好办法可以帮助他吗？"楠楠说："要么让强强进来吧，我们一起玩。"贝贝却说："不行不行，帐篷会挤破的。"陈老师看着依依不舍、不愿意离开的强强，说："强强真的很想进去玩一下啊，可是帐篷最多只能'住'四个小朋友，那该怎么办呢？你们快帮帮强强，不然他要伤心啦。"诺诺说："我们轮流'住'吧，这样强强就能'住'进来了。"陈老师说："诺诺这个办法真好！来，给你一个小包，你背着去'上班'，等'下班'了再回帐篷里休息！"诺诺快乐地背上小包和大家说"再见"就去'上班'了，强强快乐地"住"进了帐篷。过了一会儿，诺诺"下班"回来了。贝贝开心地说："我也要'上班'，快把小包给我。"诺诺把包递给贝贝，贝贝背上小包，开心地说："我去'上班'啦！你们在家要乖乖地哦！"大家就这样开心地玩起了"上班"的游戏。

当天下午，陈老师和小朋友们一起回顾了今天快乐的帐篷游戏，表扬了一起友好玩耍的小朋友，同时让大家感谢带帐篷来幼儿园分享的小朋友。这时，果果说："陈老师，我家里有很多好玩的玩具，可以拿到幼儿园来玩吗？"陈老师说："当然可以啊，希望你把玩具带到幼儿园和大家一起玩，而不是自己一个人玩。如果还是一个人玩，那跟自己在家里玩玩具有什么区别啊！"其他小朋友一听，都七嘴八舌地说起来："我家里也有玩具，我也要带！""我也要带！"面对小朋友叽叽喳喳的声音，陈老师说："好吧，那我们明天就在班里举办一个'玩具节'，大家把自己最喜欢的一个玩具带来幼儿园，怎么样？"孩子们一听老师的提议都开心地欢呼起来。

中二班的"玩具节"开启了。每个小朋友都带了心爱的玩具来幼儿园。陈老师请他们把自己的玩具介绍给其他小朋友。向同伴介绍宝贝时，孩子们如数家珍，有的直接演示操作起来，就连平时很害羞的小朋友都大方、自信地向伙伴们展示着自己带来的玩具。一下子看到了这么多好玩的玩具，孩子们玩心大动，兴奋不已。有的一起玩芭比娃娃，给娃娃梳辫子；有的一起玩赛车游戏；还有的聚在一起玩钓鱼的游戏……天天的变形金刚玩具受到了一群男孩子的围观。看着天天熟练地给玩具变形，围观的小朋友好美慕啊！强强说："天天，你能给我玩一会儿吗？"天天说："不行！"强强的请求遭到了天天"无情"的拒绝。强强没有办法，只好在边上一直看着天天玩。天天走到哪儿，强强就跟着走到哪儿，眼睛一直盯着天天手里的变形金刚，又时不时地请求天天给他玩一会儿。天天终于说："好吧，给你玩一会儿，但是你明天也要带一个好玩的玩具给我玩哦"。"好的，好的。"强强一边开心地答应着，一边急忙接过了玩具玩起来。看着强强笨手笨脚地给变形金刚变形，天天忍不住说："不对，不对，不是这样的，应该是这样的。"他边说边教起强强来。很快，两个小伙伴头碰头，一起投入地玩起变形金刚来。

到了放学的时候，小朋友们纷纷跟陈老师表示明天还要带玩具来幼儿园。陈老师答应了大家，决定把"玩具节"的时间延长。大家一起交换玩具玩，就能一下子玩到很多种玩具，和朋友在一起玩，多棒啊！

【评　析】

幼儿的社会性发展是在幼儿的生活中潜移默化培养起来的。进入幼儿园，处于集体中的孩子能否与同伴友好相处需要教师有意识地关注和培养。

1. 幼儿与同伴的相处需要媒介

在日常生活中，孩子与同伴间的相处就是在游戏过程中不断发生的。案例中，中班孩子社会性交往的需求进一步增加，对老师提出了"帐篷游戏"、自带玩具来幼儿园的愿望，老师都答应并支持了孩子们的想法，同时也提醒小朋友："希望你把玩具带到幼儿园和大家一起玩，而不是自己一个人玩。如果还是一个人玩，那跟自己在家里玩玩具有什么区别啊！"老师敏锐地抓住这个促进幼儿与同伴友好相处的时机，借助"帐篷""玩具"分享这样的媒介，让孩子之间产生频繁密集的交往行为，与同伴的社交互动自然而然就发生了。

2. 幼儿与同伴发生冲突是培养幼儿社交能力的契机

案例中，幼儿在与同伴一起玩帐篷游戏和分享玩具的过程中发生了一些冲突。比如，强强小朋友想要进入帐篷玩，但是因为帐篷的容纳量有限，遭到了帐篷小主人的拒绝，这时老师请孩子们想想办法可以怎样解决这个问题。有小朋友想出来轮流玩的方法，老师及时提供小包的游戏材料加入"上班"的游戏情节，既满足了强强想要加入帐篷游戏的需求，又进一步拓展和丰富了小朋友帐篷游戏的内容。再如，当强强很想要玩天天的玩具，他的请求一直遭到拒绝，但是最后天天想出来"交换玩具"的办法把自己的玩具借给了强强；面对强强不会玩变形金刚的状况，天天主动去教强强怎么玩，这个过程中，小朋友的社会交往能力自然得到了锻炼。

3. 及时支持和肯定幼儿与同伴相处的友好行为

案例中，幼儿与同伴一起玩帐篷游戏，教师在当天离园之前和小朋友一起回顾当天快乐的帐篷游戏，表扬了一起友好玩耍的小朋友，同时让大家感谢带帐篷来幼儿园分享的小朋友。在玩具分享的过程中，老师及时发现孩子们在共同分享玩具过程中发生的一些友好相处行为：如有借玩具的商量、交换玩具的互动；因为玩具而起冲突但又能想办法和解等。与小伙伴们在一起玩着心爱的玩具、时不时冒出一个新奇的想法与同伴分享并展开行动、与好朋友一起分享心情和游戏经验，孩子们不断学习着各种交往技能，调整着恰当的交往方式！

【建　议】

给教师的建议

（1）多创造幼儿与同伴交往的机会，比如设立"玩具节"、每日安排幼儿自由游戏时间等，增加孩子之间交往的机会。

（2）结合具体情境指导幼儿学习交往的基本规则和技能。如在幼儿游戏时关注孩子之间的交往情况，必要的时候教师加入游戏，以友好的交往方式给幼儿做示范，对幼儿与别人分享的行为及时给予肯定。

（3）对于孩子间发生的冲突行为，可以把问题抛给孩子，鼓励孩子来讨论友好的解决方式；同时教师把这些好方法进行提炼和梳理，形成孩子能明白和掌握的交往技巧或班级公约。

给家长的建议

（1）利用相关图书、故事等和孩子讨论怎样的行为受大家欢迎，如果要得到别人的接纳或玩具分享，自己应该怎么做。和幼儿一起谈谈他的好朋友，说说喜欢这个朋友的原因，引导他多发现同伴的优点、长处。

（2）家长要理性看待孩子之间发生的冲突，不急于包办代替孩子解决冲突问题，而是把这个冲突看作孩子提升交往能力的好机会，鼓励和支持孩子自己想办法解决自己和同伴之间的冲突。

（杭州市西湖区留下幼儿园　郑秀凤）

教育偏差

孩子对陌生人恐惧，不知如何和同伴相处，不少家长不把这看成是什么问题，但这极可能造成孩子身体和心理的不健康。孩子日常交往中释放的信息，我们教师与家长必须充分捕捉，"较早发现并矫正孩子的这些缺点"，要让孩子学会合作，喜欢合作。

"教育是一个逐步发现自己无知的过程"（杜兰特），《指南》提出的"教育建议"，以及《儿童教育心理学》《自卑与超越》中的论述能给我们的反思带来一些启发。

教育建议：

（1）结合具体情境，指导幼儿学习交往的基本规则和技能。如：当幼儿不知怎样加入同伴游戏，或提出请求不被接受时，建议他拿出玩具邀请大家一起玩；或者扮成某个角色加入同伴的游戏。对幼儿与别人分享玩具、图书等行为给予肯定，让他对自己的表现感到高兴和满足。当幼儿与同伴发生矛盾或冲突时，指导他尝试用协商、交换、轮流玩、合作等方式解决冲突。利用相关的图书、故事，结合幼儿的交往经验，和他讨论什么样的行为受大家欢迎，想要得到别人的接纳应该怎样做。幼儿园应多为幼儿提供需要大家齐心协力才能完成的活动，让幼儿在具体活动中体会合作的重要性，学习分工合作。

（2）结合具体情境，引导幼儿换位思考，学习理解别人。如：幼儿有争抢玩具等不友好行为时，引导他们想想"假如你是那个小朋友，你有什么感受？"让幼儿学习理解别人的想法和感受。

（3）和幼儿一起谈谈他的好朋友，说说喜欢这个朋友的原因，引导他多发现同伴的优点、长处。

名著启示

家庭环境对孩子的成长非常重要，因为孩子能够由此看到家庭在社会生活中的参与程度。换句话说，家庭环境给予孩子关于人与人之间合作的最初印象。那些在封闭的家庭环境中成长起来的孩子，通常会严格地将家人和外人做出区分。在他们心中，有一条难以逾越的鸿沟将他们的家庭与社会隔绝开了。这类孩子总是对外界充满敌意。这种家庭不会增进与外部世界的社会关系，这会使孩子的疑心变得更重，还会造成孩子在社会交往中总是以自己的利益为主。如此也就无从发展孩子的社会情感了。

当孩子3岁时，家长就应该鼓励他们与其他小朋友一起玩耍，使他们逐渐消除对陌生人的恐惧。不然，孩子长大些再与陌生人接触就会变得局促不安、脸红胆怯，甚至对其他人抱有敌意。这种情况通常出现在那些被溺爱的孩子身上，他们总是想着"排挤"别人。

父母如果能够较早发现并矫正孩子的这些缺点，那么，孩子长大后就能免去很多麻烦。如果一个孩子在3~4岁间受到良好的养育，家长总是积极鼓励他和其他孩子一起游戏，他自然而然就会形成集体意识，那么，孩子在今后的交往中不仅不会局促不安和以自我为中心，身体和心理也能得到健康发展。而那些生活封闭、不愿意与人交往的孩子，很可能患上神经功能症或神经错乱症。

在讨论训练儿童的合作能力这一话题时，我们不得不提到的是，家庭经济变化对孩子的成长造成的不利影响。如果是原本富裕的家庭遭遇经济变故，家道中落，尤其是在孩子年幼的时候，这种变故会让孩子更加难以接受，因为他们已经习惯了原来优渥的生活。而现在失去了那种优越的待遇，他们会十分怀念原来的生活。

如果原本经济困顿的家庭一夜之间富足起来，也同样会对孩子的成长产生不利影响。这时父母可能不懂得怎样合理地运用金钱，尤其在对待孩子上他们可能会犯错。他们觉得不必在金钱上对孩子吝啬了，他们会尽可能地给孩子提供优越的生活。这也是在暴富家庭中常常会出现问题孩子的原因。

如果能够恰当地训练孩子的合作精神和能力，那么上述的问题完全可以避免。在上述的所有情形中，孩子总是能找到逃避锻炼他们合作精神和能力的训练，我们对此要特别留意。

——《儿童教育心理学》

在当今体制下，我们常常发现，孩子来上学不是来合作的，而是准备竞争。整个教育过程都是在教如何赢。这对儿童来说是灾难。无论他奋力向前冲打败别人，还是落在后面放弃努力，都是灾难。两种情况中，他都只关心自己，他不再以奉献、帮助为目标，而是尽力获取。正如家庭应当是一个人人平等的整体，班级也应当是这样一个单元。如果受到了这样的教育，他们会真正彼此关心，喜欢合作。我遇到过很多"难管"的孩子，因为喜欢同学并学会了合作完全改变了态度。我想特别提其中一个。他觉得家里所有人都针对自己，所以认为学校所有人也都对他心怀敌意。他在学校的表现很糟糕，父母听说后就在家里打他。这种事再平常不过了：孩子成绩不好，先在学校受到一顿冷落，回家后再被罚一遍。有一次惩罚就够伤心了，挨两回罚真是太可怕了。难怪他一直落后，是班里的捣乱分子。最后他遇到一个老师，这个老师能够理解他的处境，向其他孩子说明了他为什么觉得别人都针对他。老师请大家帮忙，让他相信大家都可以是他的朋友，结果这个男孩的整体学业和行为都有了惊人的改善。

——《自卑与超越》

目标3　具有自尊、自信、自主的表现

3~4 岁	4~5 岁	5~6 岁
1. 能根据自己的兴趣选择游戏或其他活动。 2. 为自己的好行为或活动成果感到高兴。 3. 自己能做的事情愿意自己做。 4. 喜欢承担一些小任务。	1. 能按自己的想法进行游戏或其他活动。 2. 知道自己的一些优点和长处，并对此感到满意。 3. 自己的事情尽量自己做，不愿意依赖别人。 4. 敢于尝试有一定难度的活动和任务。	1. 能主动发起活动或在活动中出主意、想办法。 2. 做了好事或取得了成功后还想做得更好。 3. 自己的事情自己做，不会的愿意学。 4. 主动承担任务，遇到困难能够坚持而不轻易求助。 5. 与别人的看法不同时，敢于坚持自己的意见并说出理由。

英国《EYFS 早期学习与发展目标》

个体、社交和情感：尝试新事物，主动思考，在班级的群体里保持自信；对重大经历有着不同的情绪和反应；独立穿脱衣服，管理自己的卫生；独立选择活动和使用资源。

澳大利亚《幼年学习大纲》

儿童成为一名自信的参与式学习者。形成诸如好奇、合作、自信、创造性、投入、热忱、有毅力、有想象力以及反思性等学习倾向，发展出诸如问题解决、探究、实验、假设、调查及研究等一系列技能与程序，对所学的东西进行举一反三与改编，通过与其他人、其他地方、技术，以及自然与人工材料的联系来获取自己学习的资源。

儿童有强烈的身份感。儿童感到安全、受保护和受支持，获得初步的自主意识、力量感与适应性，形成自信的自我认同感，学会在与他人互动时表现出关心、同情与尊重。

南非《早期儿童发展服务纲要指南》

儿童情感的发展：早期儿童处于情感发展的开端时期，孩子们学习自己的名字及其符号性的代表意义。

儿童需要能够说"我能"，这意味着他们可以做的事情；"我有"意味着他们知道那些可以提供帮助的人；"我是"意味着自己有哪些特点。

日本《幼儿园教育要领》

人际关系：独立思考，独立活动；自己能做的事自己去做；和同伴一起做事时，有决心做到底。

韩国《全国幼儿园课程》

社会交往之个人生活：对自己有积极的思考，学会自我控制，自己计划和完成任务。

【案　例】

我 能 行　我 试 试

餐前水果环节，小班生活老师早早地将橘子摆放在果盘中。很快，孩子们纷纷将水果拿到座位边……有的孩子拿到橘子就开始剥皮，狼吞虎咽地大吃了起来；有的孩子剥皮的动作略显笨拙，果肉也都掐出了水，但他们还是愿意模仿同组同伴的动作，最终吃到了橘子；还有几个孩子则显得手足无措，不停地呼喊老师帮忙："老师我不会，老师你帮我一下……"

秋秋就是拿着橘子不知道该怎么剥皮的孩子中的一个。只见他涨红了小脸，手指在橘子皮上抠出了一个小洞。一旁吃完橘子的小雨刚好走过来收拾果皮，看到秋秋这么费力，忍不住上前说："你这样不对，要往外用力扒开皮。"说着拿过秋秋手里的橘子，边说边示范了起来，很有小老师的范儿。秋秋呢，则紧紧盯着小雨手上的动作，仔细看着她是怎么给橘子剥皮的。观察了一阵子，秋秋扫视了一圈，小心翼翼地对小雨说："要不让我自己来试试吧？"虽然语气里有些犹豫，但眼神里却闪着想试一试的光芒。

小雨很爽快地把橘子递到秋秋手里，说："你来吧，我看着你剥。不会的话，我教你好了。"在小雨的鼓励下，秋秋虽然还有点儿表情紧绷，但坚定地接过橘子开始学着小雨的动作剥起来。小雨在一旁提醒："动作轻一点，把橘子皮和果肉分开……"终于，秋秋剥下一片不那么完整的橘子皮。虽然还是有汁水不停地流下来，可秋秋的表情却显得异常满足。"我已经有点儿会了！"秋秋大声和小雨说，眼神里满是兴奋。

在初次尝试剥橘子皮就获得了很大成功之后，秋秋和班里的孩子们对剥皮这个生活小技能萌发了特别强烈的学习意愿。为了满足孩子们主动尝试的意愿，教师设计了一系列富有趣味性的情境小游戏，让孩子们在真实的生活情境中做持续的体验与尝试。

结合秋天水果主题开展，教师在水果享用环节中组织了剥果皮大赛，鼓励孩子们挑战速度、探索方法；同时在班级美食屋投放了各种水果，邀请孩子们参与不同的水果的剥皮与处理。第一个报名美食屋小厨师的秋秋在处理果皮的过程中还探索了葡萄（皮薄）、香蕉（皮厚）等不同水果的剥皮方法。现在他可成了班里剥皮最灵巧的孩子之一。秋秋的妈妈跟老师反馈："我们秋秋最近特别喜欢帮全家人剥果皮，还经常要和我比赛谁剥得快，是我们家的剥果皮大王呢！这孩子的动手能力一下子提高了很多！"

在剥橘皮的活动之后，秋秋对动手的活动表现出浓厚而持续的兴趣：这天午睡起床音乐响起，孩子们陆续起床穿衣，秋秋坐在床上反复观察、摆弄一件毛衣外套，正面看看、反面看看、两个袖子拉一拉、试着小脑袋套进去试一试……大约两分钟左右，还没有成功，可秋秋并没有表现出明显的焦躁，而是继续尝试……旁边的辰辰提醒道："你的袖子反了。"他边说边试着帮秋秋把一个折进去的袖子拉出来，而旁边的秋秋也是眼睛一亮，一边和辰辰一起拉袖子，一边发出"哈哈"的笑声，果然在几次尝试后顺利完成了自主穿衣。取得成功的秋秋转身又去热心地帮助还没穿好衣服的小伙伴。（紫萱、蒋佳雯）

【评　析】

幼儿时期是一个人个性形成的关键时期，也是建立自我认知的重要时期，社会学习具有潜移默化的特点。幼儿主要是通过在实际的生活和活动中积累相关的经验和体验。教师可以通过环境影响、同伴互助、游戏情境等策略提高幼儿的自尊、自信。同时教师在活动中对幼儿表现出来的关爱、肯定、信任、尊重的态度，都有利于提高幼儿的自尊、自信。

案例中，秋秋是一个动手能力相对比较弱的孩子，有点儿胆怯，因为不会剥橘子而感到着急。作为教师和家长，不能因为孩子不会剥果皮就直接包办代替，剥夺了幼儿自我服务的机会。教师应结合幼儿个体差异，进行有针对性的指导与鼓励，创设条件和机会鼓励幼儿在模仿中学习。该案例中教师采取了一系列符合小班幼儿年龄特点的支持策略，帮助幼儿建立自尊、自信。

首先，教师创设机会，通过同伴互助、示范模仿引导的方式让秋秋对剥橘子产生跃跃欲试的想法，在模仿学习中尝试探究剥橘子，在反复尝试中感受到了独立动手参与的乐趣，体验到了挑战成功的喜悦，初步建立起了"我能行"的自信心。其次，教师在幼儿尝试体验挑战成功的基础上，结合家长给予的反馈，针对秋秋萌发继续坚持剥橘皮的强烈意愿和耐心，结合幼儿园当下主题的秋季水果，创设了水果屋游戏，在角色游戏美食屋投放了各种水果。幼儿通过角色扮演美食屋小厨师，尝试探索其他水果的剥皮方法，在游戏中巩固和提升相应的剥果皮经验，大大提升了幼儿参与活动的兴趣，进一步建立自信。最后，教师通过链接生活，迁移幼儿自我服务的生活经验，在自我穿衣的生活服务和与同伴互助穿衣的过程中得以迁移运用，让幼儿感受到帮助同伴后的自我满足感和自尊感。

【建 议】

给教师的建议

（1）教师应关注幼儿个体差异性，采取有针对性的支持策略帮助幼儿建立自尊、自信。不在其他幼儿面前进行横向比较。

（2）鼓励幼儿尝试做力所能及的事情，承担一些小任务，通过创设游戏情境、同伴互助、生活迁移运用等策略，感受、体验到"我能行"，建立积极的自我认知。

给家长的建议

（1）不包办代替，以正向、积极的态度鼓励幼儿大胆尝试，富有耐心，接受幼儿循序渐进的发展。

（2）在家里、公共场所等地方，鼓励幼儿做力所能及的事，并给予肯定与鼓励，让幼儿感受到做事成功带来的愉悦情感。如在生活中鼓励孩子自己吃饭、穿衣、穿鞋、整理玩具等，及时肯定，让孩子自信地去尝试。

（3）鼓励孩子尝试有一定难度的任务，并根据孩子的能力随时进行调整，让孩子感受到经过努力获得的喜悦。如拼图游戏，先拼 50 片，再

《3—6 岁儿童学习与发展指南》案例式解读（第二版）

拼 80 片、100 片，慢慢往高难度挑战，让孩子有信心，看到自己的不断成长。

（杭州市西湖区学前教育指导中心　葛彩霞）

教育偏差

当孩子出现问题时，"其实他们给予的很多批评确实对孩子没有帮助，而仅仅是在批评孩子"，很容易造成孩子的自卑与无助。批评应该是建设性的，既要保护孩子的自尊心，又要有利于孩子的进步与发展。"良好的教育关系既不是产生于漠不关心和疏远，也不是产生于刺探和没有耐心"，要让孩子"很自然地信任自己的父母和教师"。

"教育是一个逐步发现自己无知的过程"（杜兰特），《指南》提出的"教育建议"，以及《终身成长》《儿童的秘密——秘密、隐私和自我的重新认识》中的论述能给我们的反思带来一些启发。

教育建议：

（1）关注幼儿的感受，保护其自尊心和自信心。如：能以平等的态度对待幼儿，使幼儿切实感受到自己被尊重。对幼儿好的行为表现多给予具体、有针对性的肯定和表扬，让他对自己优点和长处有所认识并感到满足和自豪。不要拿幼儿的不足与其他幼儿的优点作比较。

（2）鼓励幼儿自主决定，独立做事，增强其自尊心和自信心。如：与幼儿有关的事情要征求他的意见，即使他的意见与成人不同，也要认真倾听，接受他的合理要求。在保证安全的情况下，支持幼儿按自己的想法做事；或提供必要的条件，帮助他实现自己的想法。幼儿自己的事情尽量放手让他自己做，即使做得不够好，也应鼓励并给予一定的指导，让他在做事中树立自尊和自信。鼓励幼儿尝试有一定难度的任务，并注意调整难度，让他感受经过努力获得的成就感。

　　我们经常听到"建设性的批评"这个词，但难道会有父母认为自己给孩子的批评或建议没有建设性吗？如果他们认为自己的批评不会给孩子带来帮助，他们为什么要提呢？但是，其实他们给予的很多批评确实对孩子没有帮助，而仅仅是在批评孩子。"建设性"的意思是帮助孩子弥补某些事情，创建一种更好的情形，或老更好地完成工作。

　　比利匆匆忙忙地做完了自己的作业，跳过了很多问题，其他问题也回答得简单敷衍。他的父亲勃然大怒。"这就是你的作业？你就不能认真做一次吗？你要么笨，要么就是不负责任。你说，你是哪一种？"父亲的反馈在同一时间质疑了儿子的智力和个性，并暗示这种缺陷是永久性的。

　　这位父亲如何才能在表达自己的生气和失望的同时不对孩子的特质进行攻击呢？下面是一些可行的说法。

　　"儿子，你不认真完成作业真的让我很生气。你什么时候才能认真做作业呢？"

　　"儿子，这个作业中你有什么不懂的？你愿意让我和你一起探讨吗？"

　　"儿子，看到你错过了这个学习的机会，我感到很伤心。你能不能想想，还有什么办法能帮你学到更多？"

　　"儿子，这个作业看起来是很无聊。我很同情你。但是你能不能想一个方法，让这个作业变得有趣些？"或者"让我们想一个方法，让你能在保证完成质量的前提下不太痛苦地做完这个作业，你有什么好主意吗？"

　　"儿子，记不记得我告诉过你，乏味的事情能帮助人们学习集中精神？这个作业就是一次巨大的挑战，它需要你拿出你集中精神的能力。现在我们就看看你能不能集中精神完成整个作业吧！"

　　有时候，孩子们会评价自己，给自己贴标签。吉诺特讲过一个故事。菲利普是一个4岁的小男孩，他和父亲一起做手工时，不小心把钉子撒得满地都是。他内疚地看着父亲。

菲利普：天呐，我太笨手笨脚了。

父亲：我们把钉子撒了的时候，不应该说这样的话。

菲利普：那应该说什么呢？

父亲：你应该说，钉子撒了——我要把它们捡起来！

菲利普：就这样？

父亲：就这样。

菲利普：谢谢，爸爸。

——《终身成长》

  恰当的教育关心在于对孩子本身的真正兴趣。年轻人常常抱怨的是，他们没有从父母和教师那儿得到真正的关心和注意。这似乎真的是一个挑战：既要给年轻人必要的秘密和隐私的空间，又要十分关注他们的内心生活和体验。

  当然，这并不意味着教师或父母应该过分地刻意挖掘孩子的内心生活。通过挖掘暴露出来的隐私不可能有益于成人与孩子之间建立积极的关系，相反却更可能破坏亲密的关系。对于有些秘密，孩子们本应与人分享，但他们却留在了心里，这种情形也是一样的。最理想的就是大人能够知道如何给孩子提供机会去分享秘密。对孩子的个人感情刺探得太多不一定能保证成人与孩子之间的良好关系，因为与你分享一个秘密真的就像送给你一件礼物。这个秘密不只是一种关系现象，也可能被视为良好关系的雏形。强迫别人分享秘密必然蒙受损害。秘密是一种委托。不只是秘密受到委托，信任本身也受到委托，因为它是最珍贵的礼物。

  简而言之，良好的教育关系既不是产生于漠不关心和疏远，也不是产生于刺探和没有耐心。与很小的孩子们相处，常常很难有明确的语言交流，大人必须猜测孩子的感情和意图。在此，教育关爱有各种不同的形式。如果孩子很小，有爱心的父母会留心孩子，尽管孩子不一定很清楚大人在看护着他。大人在留意的过程中，孩子们可能全神贯注地玩耍。小孩子们感觉不到自己被人看着。这样的话，孩子的隐私也就不会受到侵犯。很小的孩子们很自然地信任自己的父母和教师。

然而，一旦孩子们具有保守秘密的能力，孩子与大人之间的关系就发生了极大的改变。这种不同的关系可能部分是因为自我的发展与原有的期待或愿望不同了。大人希望孩子对某些方面有兴趣，而孩子却按他或她自己的方式在发展。不管听起来多么奇怪，对孩子真正有兴趣就应该珍视孩子与我们的不同。父母与孩子关系改变的另一个原因不只是孩子不再随意告诉我们任何事情，而是孩子可能不对他或她的父母讲，却跟别人去讲。父母有时候不得不习惯于这样的事实：孩子似乎对教师的意见和信任更珍惜。

有时，成长中的儿女可能好像完全与父母疏远，尤其是当他们受到同伴的影响很深时。通常，这些都只是暂时的过程，与父母的关系永远是很特殊的。然而，同伴的深深影响可能也不会完全消失。

——《儿童的秘密——秘密、隐私和自我的重新认识》

目标4　关心尊重他人

3~4岁	4~5岁	5~6岁
1. 长辈讲话时能认真听，并能听从长辈的要求。 2. 身边的人生病或不开心时表示同情。 3. 在提醒下能做到不打扰别人。	1. 会用礼貌的方式向长辈表达自己的要求和想法。 2. 能注意到别人的情绪，并有关心、体贴的表现。 3. 知道父母的职业，能体会到父母为养育自己所付出的辛劳。	1. 能有礼貌地与人交往。 2. 能关注别人的情绪和需要，并能给予力所能及的帮助。 3. 尊重为大家提供服务的人，珍惜他们的劳动成果。 4. 接纳、尊重与自己的生活方式或习惯不同的人。

视野拓展

英国《EYFS早期学习与发展目标》

个体、社交和情感：对自身需要、想法和感情有清晰的认知，对他人的需要、想法和感情也有所了解。对建立自己和他人的文化及信仰表现出尊重。理解人们有不同的需要、观点、文化和信仰，并尊重它们。理解人们希望他们的需要、观点、文化和信仰得到尊重。

南非《早期儿童发展服务纲要指南》

儿童情感的发展：基于周围人们的言语和行为，他们开始形成自我意识与自我感受，部分儿童必须学习感受悲痛、恐惧和焦虑，以及如何应对与处理他们面临家庭成员或是周围亲近人员的死亡。

日本《幼儿园教育要领》

人际关系：把自己的想法告诉对方，并能注意到对方的想法；和同伴的交往不断加深，具有同情心。

案例、评析及建议

【案　例】

好朋友吵架了

满满和赞赞是两个大班的男孩，俩人在幼儿园几乎形影不离，吃饭、上厕所、做游戏……他们是很要好的好朋友。

有一天，正在和赞赞一起游戏的满满被旁边的乔治正在玩的"搭建军营"游戏吸引，便独自走了过去，和乔治一起玩了起来。满满离开后，赞赞大声地喊他："你赶紧过来！"满满手里仍然在拼搭，头也没回，嘴上应着："好的，我拼完这个就过来。"赞赞等了一会儿，满满还是没有过去和他一起玩。于是赞赞又着急地说："满满，你快点过来！"可是，满满依旧舍不得离开，转头和赞赞说："我先和乔治玩，过会儿再过来。"赞赞听闻，连忙说："不行！你要跟我玩的！"可是满满依旧和乔治玩得不亦乐乎。赞赞实在忍不住了，冲着满满大声喊道："满满，你要是再不过来，我就不跟你做好朋友了！我也不邀请你到我家去玩了！"听到这话，满满这才停下了游戏，回过头跟赞赞商量："不要嘛。"可谁知道，赞赞皱着眉头，很严肃地对满满说："你刚才都不跟我玩，我不要你做我的好朋友了！"听到这句话，满满在教室里号啕大哭了起来，伤心的眼泪止不住地往下掉。赞赞也噘着小嘴，涨红了脸，一副很生气的样子。

老师连忙过去"调解"，一边安抚满满的情绪，一边劝慰赞赞。慢慢地，满满停止了哭声，可是红红的眼睛里写满了委屈。赞赞虽然不那么生气，但也依然表示不允许满满做自己的好朋友，原因是"我的好朋友只能跟我玩，他跟别人玩了，我叫他好几次他都不过来"。

老师想：最近班里类似的情况时有发生，何不利用这次契机，让孩子们聊一聊朋友间的那些事儿呢？于是在班里开展了一系列的相关话题讨论。

话题一：什么样的朋友才能称为"好朋友"？

迪：永远不吵架的朋友。

萱：可以一起开心玩的朋友。

豆：不会吵架，也不会闹起来的朋友。

果：不会骂人的朋友。

CC：永远不会打架的朋友。

噗：我会带我的好朋友去旅行，能跟我一起去旅行的就是我的好朋友。

豆：永远会分享玩具的朋友。

心：会拥抱，会分享零食的朋友。

话题二：我的好朋友可以跟别人玩吗？

满：我跟其他朋友玩的时候，赞赞就说不跟我做好朋友了。

赞：可是满满是我的好朋友！

迪：小宇在跟其他人玩，没有跟我玩，我有点儿难过。

萱：我觉得好朋友也可以跟其他人玩的。我们也是别人的好朋友，也不一定每天都要跟同一个人玩的，大家都可以一起玩。而且，好朋友跟别人玩也还是我的好朋友啊！（萱充满哲理的话拓宽了大家讨论的思路）

满：我刚才跟乔治玩，但在外面玩的时候，我还是可以跟赞赞一起玩啊！

宇：好朋友也不一定要一直在一起的，就像现在我坐在这里，我的好朋友迪迪坐在那边，但我还是能看到她，她是我的好朋友。

话题三：好朋友会吵架吗？吵架了还是朋友吗？

全班 30 个孩子有 7 个回答"会"，其余幼儿都认为"不会"。

球：当然不会了！不是好朋友吗？好朋友要一起玩的呀，怎么会吵架呢？

噗：我跟天天吵过架，但后来和好了。

吉：我也跟我的好朋友吵过，但是什么原因我好像忘记了。

有两个孩子认为吵架了就不是好朋友了，其余幼儿则认为好朋友之间即使吵过架，也"还是好朋友"。

通过这些问题的讨论，孩子们对于"好朋友"又有了新的认识和思辨，大部分认为"好朋友不一定时时刻刻都在一起玩，要尊重好朋友的想法"，"其实好朋友也是会吵架的"。原来好朋友各自玩、会吵架，是一件很正常的事情，因为每个人都有自己的想法，我们应该尊重他人的想法，只要好朋友彼此还想一起玩，还关心对方，最终就都会有适合的解决方式。

那么，新的问题又摆在大家面前——有哪些适合解决吵架问题的好办法呢？孩子们有自己不同的做法，大家将自己与好朋友吵架以及和好的经历画了下来。经过整理、总结，发现大致可以归纳为冷静型、主动道歉型和示好型三种：

（1）**冷静型——过一会儿就好了**。例如豆和萱，中午睡一觉，或隔天，等过一阵子以后，也许发现也没什么值得争吵，没什么大不了的，自然就又玩在一起了。

（2）**主动道歉型——对不起！**例如乔和噗，总会有一个人主动说"对不起"，矛盾马上就化解了。

（3）**示好型——我跟你一起玩吧！**例如迪、果和豆，只要有一方发起一起游戏的信号，比如一起来分享玩具，虽然没有针对"矛盾"本身，可也是在用自己的方式向同伴示好，和好如初。

接下来的几天时间，孩子们时不时地来跟老师分享自己的经验和处理矛盾的方式，有的孩子还带来了绘本《真正的朋友》。大家在阅读时，会时不时地被里面两个男孩儿赌气的样子逗笑，似乎看到了自己与朋友吵架的样子。

另外，在与家长沟通交流的时候，有不少家长说起，感觉最近一段时间，自己的孩子常常回来说交到了更多的好朋友，更喜欢来上幼儿园了，因为幼儿园里有自己的好朋友，和他们在一起，很开心。

【评　析】

故事从形影不离的两个男孩突然吵架开始，原因和表现主要有两点：一是好朋友跟别人玩了我很生气，二是好朋友不理解我我很伤心。好朋友吵架让两个男孩都陷入了情绪的低谷：伤心、委屈、郁闷、生气、号啕大哭……孩子的情绪完全可以理解，不管哪种形式的吵架都会"伤人"甚至"两败俱伤"，大人亦是如此。

教师发现孩子的矛盾冲突和情绪表现后，做的第一件事情是试图调解。调解的第一步以情绪安抚为主，首先认同接纳孩子的情绪，然后让孩子说明发生了什么事情。孩子在叙述事件和感受的同时，其实也在做情绪上的宣泄。

教师在观察和安抚两个"当事人"的同时，还在捕捉教育契机，将个体事件链接到班级集体中。教师发现大班的小朋友这种"相对固定的好朋友小团队"现象挺普遍，且这些小团队也时有矛盾冲突发生，于是设计了三个小话题组织大家进行讨论。讨论的过程中，有小朋友进行了哲学意义上的思辨，得出了自己的结论：好朋友并不是一定要无时无刻黏在一起的，只要我眼里有他，在哪里，跟谁在一起就没关系。

头脑风暴和哲学思辨过后，更重要的是行动。在教师的引导下，孩子们唤醒了自己的已有经验，并和同伴们分享，经过教师的提升，总结了三个好办法：冷静、道歉、发出和解信号。这些方法都很实用，所以大家在后续的时间里交到了更多的好朋友，"朋友圈"的广度和浓度都得到了提升。

通过这次的"小事件"，孩子们重新审视了"朋友"的定义，好朋友要相互关心，更要相互尊重，有矛盾要想办法解决。这难道不是长大后的我们和朋友的相处模式吗？眼前的这些大班的孩子，将朋友间最真挚的感情，用最质朴的语言诠释，孩子们通透又简单的智慧中闪耀着情商和哲学的光芒。

亲爱的孩子，朋友间的争执，只是对友情的一次小小的考验，在未来的人生中，会有无数次"不能在一起"的失落与无奈，难过与伤心，只是因为我们看重友谊。孩子们，不用难过，不用伤心，因为我们彼此都在对方的心里，经历"冲突"后，才会让我们真正明白友情的真谛！

【建　议】

给教师的建议

本案例中两个男孩彼此关心，关心则乱，这样的矛盾冲突在幼儿园中大班很常见，他们知道小朋友之间要互相关心，但是不知道怎么关心。所以教师首先应给予幼儿理解和接纳，以实际行动给孩子做榜样示范，比如着重关心孩子的情绪和需要，在此基础上可以组织集体或小组进行话题讨论，体现教师的引导：小朋友之间要互相关心，尤其关心别人的情绪和需要，还要互相帮助，一起解决问题。

幼儿园的小朋友经常以自我为中心，对待、接纳别人的差异需要一个认知发展的过程，只要在理解的基础上，就能慢慢地学会接纳差异，尊重他人。教师应引导幼儿学习用平等、接纳和尊重的态度对待差异。如了解每个人都有自己的兴趣、爱好和特长，可以相互学习；利用民间游戏、传统节日等，适当向幼儿介绍我国主要民族和世界其他国家和民族的文化，帮助幼儿感知文化的多样性和差异性，理解人们之间是平等的，应该互相尊重，友好相处。

给家长的建议

首先，家长要在家庭成员中形成互相关心、互相尊重的氛围。家庭中有老人，不少家庭还有多孩，所以家长在家也应以身作则，以尊重、关心的态度对待自己的父母、长辈和其他人。如经常问候父母，主动做家务；礼貌地对待老年人，坐车时主动为老人让座；看到宝宝有困难能主动关心并给予一定的帮助。

其次，家长应引导幼儿尊重、关心长辈和身边的人，尊重他人的劳动及成果。如提醒幼儿关心身边的人，妈妈累了知道让她安静休息一会儿；或借助故事、图书等给幼儿讲讲父母抚育孩子成长的经历，让幼儿理解和体会父爱与母爱；结合实际情境，提醒幼儿注意别人的情绪，了解他们的需要，给予适当的关心和帮助；或利用生活机会和角色游戏，帮助幼儿了解与自己关系密切的社会服务机构及其工作，如商场、邮局、医院等，体会这些机构给大家提供的便利和服务，懂得尊重工作人员的劳动，珍惜劳动成果。

（浙江省级机关府苑幼儿园　徐玲琴、袁莹）

教育偏差

关心尊重他人，不仅仅是会对他人说礼貌用语，帮助他人做点儿事。如果停在浅表层面理解尊重，就很容易流于形式。关心尊重他人，还要具备"接纳、尊重与自己的生活方式或习惯不同的人"的能力。

"教育是一个逐步发现自己无知的过程"（杜兰特），《指南》提出的"教育建议"、《大脑的故事》中的论述能给我们的反思带来一些启发。

教育建议：

（1）成人以身作则，以尊重、关心的态度对待自己的父母、长辈和其他人。如：经常问候父母，主动做家务。礼貌地对待老年人，如坐车时主动为老人让座。看到别人有困难能主动关心并给予一定的帮助。

（2）引导幼儿尊重、关心长辈和身边的人，尊重他人劳动及成果。如：提醒幼儿关心身边的人，如妈妈累了，知道让她安静休息一会儿。借助故事、图书等给幼儿讲讲父母抚育孩子成长的经历，让幼儿理解和体会父爱与母爱。结合实际情境，提醒幼儿注意别人的情绪，了解他们的需要，给予适当的关心和帮助。利用生活机会和角色游戏，帮助幼儿了解与自己关系密切的社会服务机构及其工作，如商场、邮局、医院等，体会这些机构给大家提供的便利和服务，懂得尊重工作人员的劳动，珍惜劳动成果。

（3）引导幼儿学习用平等、接纳和尊重的态度对待差异。如：了解每个人都有自己的兴趣、爱好和特长，可以相互学习。利用民间游戏、传统节日

《3—6岁儿童学习与发展指南》案例式解读（第二版）

等，适当向幼儿介绍我国主要民族和世界其他国家和民族的文化，帮助幼儿感知文化的多样性和差异性，理解人们之间是平等的，应该互相尊重，友好相处。

名著启示

那是 1968 年，马丁·路德·金遭暗杀后的第二天。艾奥瓦州一座小镇上的老师简·埃利奥特决定在课堂上展示偏见是怎么一回事。简问自己班上的学生是否明白因为肤色就遭人评判是什么感受。同学们大多觉得自己明白。但她拿不准，所以就发起了一场日后注定要名垂青史的实验。她宣布，在这间教室里，蓝眼睛的学生是"更优秀的人"。

简·埃利奥特：棕眼睛的人不能使用饮水机。你们必须用纸杯。棕眼睛的人不能跟蓝眼睛的人一起在操场上玩，因为你们没他们那么优秀。教室里棕眼睛的人要戴项圈，这样我们就可以从远处判断你们的眼睛是什么颜色。打开教科书 127 页……大家都准备好了吗？嗯，大家都准备好了，可劳里还没准备好。准备好了吗，劳里？

学生：她是个棕眼人。

简·埃利奥特：她是个棕眼人。从今天开始，你们会注意到我们老是会花大量时间等待棕眼人。

过了一会儿，当简四处寻找她的码尺时，两个男孩开口了。雷克斯·科扎克告诉她码尺在哪儿，而雷蒙德·汉森热心地提议："嘿，埃利奥特老师，您最好把它在桌上放好，以防棕眼人控制不住自己拿走了它。"

前几年，我和雷克斯与雷蒙德这两个男孩见了一面，他们现在已经是成年人了。他们都有着蓝眼睛。我问他们还记不记得自己第一天的行为是什么样的。雷蒙德说："我对自己的朋友们很坏。为了让自己得到表扬，我刁难自己的棕眼朋友。"他回忆说，自己当时一头金发，眼睛也很蓝。"我简直就是个完美的小纳粹。我想方设法地捉弄那些几分钟、几小时之前还跟我非常亲近的朋友。"

第二天，简翻转了实验设置。她向全班宣布：

棕眼人可以摘下项圈了。你们每个人，都可以把项圈给一个蓝眼人戴上。棕眼人可以多休息 5 分钟。蓝眼人任何时候都不得接触操场上的器械。蓝眼人不得跟棕眼人玩耍。棕眼人比蓝眼人更优秀。

雷克斯这样形容翻转之后他的感受："那夺走了我的一切，我的世界前所未有地崩塌了。"被分到"下等"组之后，雷蒙德感觉到了深深的失落，他没了人格和自我，觉得自己几乎没法正常行动了。

生而为人，我们学会的最重要的一件事情就是换位思考。但孩子们通常得不到有效的锻炼，让他们能换位思考。当一个人被迫去理解站在别人的立场是什么样时，他就打开了新的认知途径。经历了埃利奥特老师的教室实验，雷克斯更加警惕地反对种族主义言论，他记得自己对父亲说："那是不对的。"雷克斯温柔地回忆起了那一刻：他感觉自己坚定不移，作为一个人，他在逐渐改变。

蓝眼睛／棕眼睛实验的天才之处在于，简·埃利奥特让两组人互换了位置。这让孩子们汲取了更深刻的教训：规则系统可以是随意设定的。孩子们了解到了世界上的真理并不固定，而且也不见得就是真理。

——《大脑的故事》

（二）社会适应

目标 1　喜欢并适应群体生活

3~4 岁	4~5 岁	5~6 岁
1. 对群体活动有兴趣。 2. 对幼儿园的生活好奇，喜欢上幼儿园。	1. 愿意并主动参加群体活动。 2. 愿意与家长一起参加社区的一些群体活动。	1. 在群体活动中积极、快乐。 2. 对小学生活有好奇和向往。

视野拓展

中国香港《儿童发展范畴表现指标》

社交能力：能适应群体生活。

英国《EYFS 早期学习与发展目标》

个体、社交和情感：保持学习的兴趣、激情和动力。

日本《幼儿园教育要领》

人际关系：注意到同伴的优点，体验到一起活动的愉快。

韩国《全国幼儿园课程》

社会交往之家庭生活：与家庭成员和睦相处，与家庭成员合作；理解和尊重他人，理解和遵守公共准则，理解社区工作和合作的重要性。

案例、评析及建议

【案　例】

适应新环境

场景一

晨间户外自主运动时，中班小朋友们自主选择喜欢的运动器械，开心地玩起来。硕硕来到运动场地后没有选择任何运动器械，只是走了一圈后站在一个地方静静地看着小朋友玩。有的小伙伴看到他站着不动时会走过去邀请他一起运动，他就换个位置继续看着其他小朋友玩。

场景二

区域活动时，硕硕总是看着大家积极快速地选择自己喜欢的区域，而他拿着自己的照片蹲在六个选择区域场地处，认真观察一会儿后，起身在小伙伴们玩的各个区域里穿梭，偶尔会在某一个区域前停留下来看看。不管老师如何鼓励，他都是摇头，不想进区域；老师和他交流的时候，他也是低着头不愿正视老师；如果老师多和他交流几句，他就会表现出委屈的表情。

场景三

班级中进行合作类体育游戏活动、美术合作创作时，班级中一些热情的小朋友会主动去邀请硕硕，但是每次邀请都是被他拒绝；还有几次孩子们正朝着他走去时，他会马上向后退，紧皱眉头还不停地摇头；有时候孩子们多次邀请时他就跑到廊道上，避免与小伙伴的相处。

【评　析】

1. 新环境中的身心安全与归属感略有缺失

硕硕是中班新来的一个插班小朋友，转入一个完全陌生的新环境后，他所经历的不仅是生活空间的转换，更是生活方式、角色身份、环境因素等多方面的变化；在幼儿园里，他表现得畏畏缩缩，缺乏自信，缺少对于集体的安全感与归属感。

2. 班集体中的社会适应与交往力略显不足

硕硕在遇到同伴、老师等邀请参与集体活动时躲避、不愿与人眼神交流，拒绝与同伴交往，从这些行为表现看出他还不适应集体生活，深层的原因是孩子自身与人交往，以及适应社会与同龄人团体活动的基本能力还存在问题。硕硕本身很好强，但是在他自认为还不能够完全安全做好这件事的时候，硕硕无法自我肯定，没有信心，对于一些活动会产生抵触心理，失去兴趣，不想参加。由于能力不足，他还担心得不到小伙伴的正面肯定与鼓励，因此游离在社会性游戏之外。

【建　议】

给教师的建议

世界上没有完全相同的两片树叶，人也是一样的，不同的孩子在性格、兴趣等方面也都存在很大的区别：有的孩子天生比较乐观、积极、善于推荐自己；有的孩子比较内向、胆小和害羞，也不善于表现自己，有时候甚至表现得很不自信。关注到硕硕对集体生活的不适应及一些行为，作为老师的我们也浅谈下自己的几点教学策略。

1. 帮助孩子找到"家"的归属与爱

幼儿的归属感往往来自于他们对集体生活直接的感受和体验。来到班级新集体中，孩子会觉得没有依靠、孤独、缺乏心理安全感，因此我们要营造一种家庭的温暖，让他在幼儿园里也能感受像家人一样的关爱、尊重、支持与鼓励，从而他在心里就逐渐会对这个班集体产生归属感，感受老师与同伴之间的爱。比如，老师经常在他面前或者集体面前直接或者间接地说"老师喜欢硕硕""老师想和硕硕做朋友"等简单的语句表达，拉近与硕硕之间的距离；还可以多给硕硕一些肢体上小小的拥抱、握握手等，让孩子感受到老师就像妈妈一样。

2. 善于发现孩子的闪光点，实现自我价值

在幼儿园的一日生活环节中，教师要做个有心人，要有一双善于捕捉与

发现的眼睛，只要发现孩子有点滴的进步，我们就要及时给予肯定与表扬，增强他的自信心，让他了解自己的优点，同时还把握机会鼓励孩子多参与集体活动，慢慢地融入到集体生活中。

3. 关注孩子的情绪，持之以恒地引导与交流

孩子的情绪需要我们老师时刻关注，这样有助于及时了解孩子的需求。要想了解孩子的所思所想，需要我们多与孩子交流，这样我们才能走进孩子的内心，让孩子慢慢地信任老师，在信任的基础上再逐步引导孩子喜欢并适应幼儿园集体生活。在这个过程中，我们不能只着眼于当下的关注，需要以一种发展的眼光看待孩子的成长，需要我们持之以恒地去关注、引导，更多地与孩子交流。

给家长的建议

1. 多鼓励孩子交朋友

家长应该多鼓励与支持孩子与同龄的孩子一起玩、一起交流，社会能力需要在实践中不断反复地练习和提升。实践过程中遇到困难，家长可以让孩子自己尝试解决。当孩子需要家长帮助的时候，家长可以引导孩子一起解决困难，这样不仅可以锻炼和提升孩子的社交能力，也可以逐渐让孩子感受和体验到集体生活带来的快乐。

2. 多创造机会让孩子展示

家长可以多为孩子创造和提供展示自己的机会。在家庭中可以采取公开表扬和私下鼓励相结合的方法，给孩子读一些关于集体生活的绘本，并在家人的情景创设中进行绘本演绎，帮助孩子理解集体生活的重要性，并告诉孩子集体生活的美好之处。

3. 多进行家园沟通

孩子进入到新的环境，一定要关注孩子的情绪，跟老师保持沟通，了解孩子的适应情况，多与孩子聊聊幼儿园的趣事，帮助孩子喜欢并适应新的群体生活。

（杭州市西湖区转塘幼儿园中心园区　徐敏）

教育偏差

在培养孩子知识和技能方面，家长很愿意付出，但常忽视群体生活以及同伴间的游戏对孩子成长的作用，造成孩子缺乏群体活动的能力。协作是21世纪关键的技能，团队协作带给孩子的是多角度、丰富的认知和成长。当前对个人素质要求中的社会素质特别强调合作与人际交往。

"教育是一个逐步发现自己无知的过程"（杜兰特），《指南》提出的"教育建议"，以及《学以致用：世界教育趋势及令人振奋的实践》《我们如何学习：全视角学习理论》中的论述能给我们的反思带来一些启发。

教育建议：

（1）经常和幼儿一起参加一些群体性的活动，让幼儿体会群体活动的乐趣。如：参加亲戚、朋友和同事间的聚会以及适合幼儿参加的社区活动等，支持幼儿和不同群体的同伴一起游戏，丰富其群体活动的经验。

（2）幼儿园组织活动时，可以经常打破班级的界限，让幼儿有更多机会参加不同群体的活动。

（3）带领大班幼儿参观小学，讲讲小学有趣的活动，唤起他们对小学生活的好奇和向往，为入学做好心理准备。

名著启示

协作是另一大关键的"21世纪技能"。卢米埃尔的课程体系围绕项目开展，以确保多元年龄团队的共同学习。早上学生可以参加选修的研习会，从电影制作到马戏训练，都是非常规的主题。下午，学生团队共同协作，跟老师一起根据自己的热情和兴趣所在设计项目。"我们讨论、达成共识，然后做计划。"一位老师解释道。为了让学生能够有效地协作，至关重要的是让他们学习相互尊重，并且做出团队的决定：跟比自己大一点或小一点的孩子在一起学习是发展这些技能和价值观的好办法。"对有些大一点的孩子来说是困难的，"乔安娜·戈尤托校长承认，"不过最终他们可以学到这一点——每个人都可以或多或少地做出贡献。甚至年龄小的孩子也能想出非常聪慧的点子。当小孩子也能灵机一动时，大孩子的反应简直棒极了。你能看到他们在思考：'哦，看来我其实并没有比他们更好。我只是知道的东西不一样，思考的角度也不一样罢了。'这对他们来说是很重要的一课，因为毕竟等他们来到现实世界，他们不会因为年龄被区分开来，他们需要与各种不同的人一起工作和学习。"

——《学以致用：世界教育趋势及令人振奋的实践》

在工作场所对其工作成员的要求内容方面，已经有了非常清晰的发展，在工作领域对专业素质的要求逐渐得到补充，并且被视作个人特性的"一般"素质的要求部分遮蔽了。今天从各种出版物中的职场广告来看，这已经是极为显著的了，而且也被人事经理们的主导态度所证实。

在一个对一般素质的研究项目中，我较为深入参与了对这些课题的分析，并且在这一工作过程中，总结了如下几类当前对个人素质的要求：

智力素质，通常涵盖了诸如理性、系统性和分析性思维，社会想象力，问题解决，在诊断、评估、规划等当中观点和技能的改变等领域，中心点在于个体的理性行为能力。

感知素质，有关精确的感官感知通常包括在观察和解释上的精确性，中心点在于那些在学术名词中作为"敏感性"来定义的能力。

自我控制素质，涵盖了诸如责任感、可靠性、可持续性、准确性、集中精力的能力、素质和服务导向等领域，中心点在于个体根据一般指令进行活动的倾向和能力。

个性素质，通常涵盖了诸如独立、自信和创造性等领域，中心点在于个体单独活动的能力，尤其是在一个无法预期的情境中。

社会素质，涵盖了诸如合作和交流能力、友善性格以及善于人际交往等领域，中心点在于个体与他人互动的能力。

动机素质，涵盖了诸如主动、活力、冲动、开放、热心学习、适应性等领域，中心点在于个体跟上和促进"发展"的潜能（经常使用的类型"灵活性"一词，常常被用作该领域的一种群描述，但它也部分包含了社会素质）。

能够表现所有这些分类特征的是，它们覆盖了所有三个学习维度，但是比重有所不同。例如，在动机素质中，动机维度是非常重要的，自我控制和个性素质方面也很重要，尽管是在一个更弱的程度上。在智力和感知素质上主要重心位于内容维度。社会素质很显然特别与互动维度相关。

至于能够深化这些个人素质发展的教学和学习，该项目得出的结论是，我们可以把在实际教育组织中的学术和一般或个性元素理解和处理为同一事物的两个方面：

简而言之，以一种目标导向的方式强化一般素质的教育，必然不会是纯粹的指导、技能学习或机学习，也不是纯粹的个体发展或治疗。相反地，其必须是以下述方式组织起来的：它运用拓展参与者发展理解、个性和身份认同动机的机会，将具体的、典型的职业或学术资质结合起来。

总而言之，社会中的素质要求开发可以被视作鼓励人们投入教育努力，以尝试通过结合专业性和个性导向方法的教学组织，来发展一个非常广阔的个人素质范围。在实践中，这通常通过问题导向和某种程度上的参与者导向的项目而展开，这些项目有着具体的专业内容，而且也纳入、提取以及联系到相应的个体功能领域。

——《我们如何学习：全视角学习理论》

目标2　遵守基本的行为规范

3~4岁	4~5岁	5~6岁
1. 在提醒下，能遵守游戏和公共场所的规则。 2. 知道不经允许不能拿别人的东西，借别人的东西要归还。 3. 在成人提醒下，爱护玩具和其他物品。	1. 感受规则的意义，并能基本遵守规则。 2. 不私自拿不属于自己的东西。 3. 知道说谎是不对的。 4. 知道接受了的任务要努力完成。 5. 在提醒下，能节约粮食、水电等。	1. 理解规则的意义，能与同伴协商制定游戏和活动规则。 2. 爱惜物品，用别人的东西时也知道爱护。 3. 做了错事敢于承认，不说谎。 4. 能认真负责地完成自己所接受的任务。 5. 爱护身边的环境，注意节约资源。

■ 视野拓展 ◢◢◢

中国香港《儿童发展范畴表现指标》

责任感和公德心：懂得保持环境清洁卫生；懂得爱护公物和珍惜食物；能遵从活动的规则，表现守纪律的行为；有保护环境的意识和行为。

英国《EYFS早期学习与发展目标》

个体、社交和情感：保持适当的注意力、思想集中和安静地聆听；懂得什么是正确的，什么是错误的，以及为什么；考虑个人言行对自己及他人会产生的后果。

日本《幼儿园教育要领》

人际关系：注意到有的是好事，有的是坏事，想一想再行动；在与同伴的愉快生活中注意到规则的重要性，并愿意遵守它；要爱惜公共玩具和用具，并共同利用。

韩国《全国幼儿园课程》

社会交往之基本生活习惯：举止良好，遵守规则，生活节俭。

案例、评析及建议

【案　例】

孩子"说谎"怎么办?

案例一：消失的奖励卡（中班）

最近班里出现了孩子们放在各自小柜子里的文明奖励卡莫名减少甚至不翼而飞的奇怪事件。在老师询问后，不少孩子纷纷表示自己的文明奖励卡也不见了……聪聪告诉老师，他经常看到鹏鹏、茜茜和安安在衣帽间里活动，有时候看到有其他小朋友进来，就会急急忙忙地整理什么东西，然后嘻嘻哈哈地跑开。

面对同伴们的质疑，茜茜第一个否认："我只是在整理自己的东西，没有拿别人的奖励卡。"鹏鹏也理直气壮地回应："我和安安在衣帽间里玩游戏呢。"而安安则有些不安，也没有说什么。在面对老师时，安安目光闪躲。

孩子们柜子里的奖励卡不会无缘无故地消失，而从茜茜、鹏鹏和安安的态度上，也能够看出他们很清楚不能随意拿别人的东西，这样的行为是不对的。但是茜茜和鹏鹏态度强硬，老师认为，也许是因为在大家面前，他们才会有这样绝对不能承认的想法。安安比较老实，性格也不强势，所以老师转变了和孩子们的沟通策略。

老师在孩子们户外活动时，默默把三个孩子分开，分别询问。老师先找了安安。安安在独自面对老师时，很快承认了自己和两个同伴的行为。而其他两个孩子在老师再次单独询问，并表示这一次会替他们保守秘密，但绝不能有下一次时，也很快承认了错误。

案例二：是他弄坏的（大班）

这天，班里正在进行一次科学实验小游戏活动——天平称物。活动分小组进行，每个小组中，孩子们自己分配操作人、记录人和汇报人的角色。在实验结束后，由CC、小宝和俊俊组成的实验小组却迟迟不见记录和汇报。当老师和小朋友们询问原因时，小宝第一个忍不住了，他指着俊俊大声说道："他把天平的绳子弄断了，所以我们没法做实验了！"俊俊一听不高兴了："老师，明明是小宝一定要跟我抢操作人的角色，所以才把绳子拉断的。"眼看着两个孩子吵闹不休，谁也不愿意承认自己的问题，老师转而询问在一边一直没有说话的CC。CC面对老师的询问时一下卡住了，不知道应该怎么回答。俊俊见了，急忙插嘴："老师，CC可以作证，我们分任务的时候，是我来操作，小宝是负责汇报的！但是他非要抢……"

"是这样吗？"老师轻声引导CC。在老师和同伴的鼓励下，CC轻轻点点头。小宝见俊俊有了"人证"，也知道是自己的不对，带了一点不服气嘟囔道："那也不是我一个人弄坏的。"

经过谈话，老师发现，小宝其实非常懂得在使用公共物品时要爱惜，弄坏了东西是不对的，但是他为了逃避责任，产生了一定的"推卸"和"诬陷"行为，以先告状的行为试图把责任分摊到俊俊身上。经过老师的沟通和教育，他认识到了自己的错误行为。

【评　析】

不私自拿不属于自己的东西是幼儿具有良好品德的重要表现。注重幼儿良好品德和行为习惯的养成，潜移默化地贯穿于一日生活和各项活动中，因此培养幼儿良好的品德至关重要，我们要关注品德启蒙，促进幼儿心理健康。

幼儿阶段说谎现象萌芽，绝大多数是为了掩盖事实，或是为了证明自己，使自己得到嘉奖或是把想象的事情作为事实表述出来。随着思维能力的不断发展和语言能力的不断增强，幼儿已经能够意识到自己说谎是不对的，是会受到惩罚或批评的。

1. 个别谈话，尊重儿童自尊心

当孩子们出现同伴之间互相指责和说谎等行为时，他们的心理表现是非常明显的，有时是因为害怕承认后反而引起别人的不友好行为，所以会不敢承认。文中两个案例我们都能够发现当孩子们出现问题时不愿意正面面对问题，因此，教师要给孩子留有自我反思的空间和时间，对孩子进行一对一的个别化谈话，能够尊重他们的自尊心，在个别交流中发现问题并与孩子共同面对，积极解决问题。

2. 积极询问，培养幼儿责任心

幼儿园如同一个小社会，爱惜物品、不私自拿不属于自己的东西等现象也是非常具有教育契机的。从文中两个案例我们能够发现，无论是中班还是大班，当教师发现这些问题的时候，都需要正面进行有意义的引导。教师要积极询问干预和帮助幼儿解决好这些问题，把诚实、责任等思想传输给幼儿，引发关注并积极正面地解决这些问题。

3. 道德启蒙，关注诚实守信

幼儿社会态度和社会情感的培养应该渗透在一日生活中。我们从以上两个案例中能够发现道德品质的良好发展是幼儿心理健康的重要基础，我们要在幼儿园渗透道德启蒙教育。当发现幼儿存在行为和心理问题时，要积极地面对，并用儿童的语言让幼儿理解生活中的诚实、守信等核心价值观，从而促进幼儿心理健康发展。

【建　议】

当在一日生活中发现幼儿不能"遵守基本的行为规范"时，作为成人需要积极干预，与幼儿共同面对，我们要以专业的知识进行分析，帮助幼儿找到这种表现的原因，然后积极地进行对话、给予建议。

给教师的建议：观察—等待—对话—反思

当教师在幼儿园发现孩子们有"行为规范"等问题时，首先应该观察，弄清楚事情的来龙去脉，了解事情的经过。当孩子们能够自己解决问题的时候，多一些等待，鼓励幼儿自主地通过反思来解决问题；当发现幼儿无法解决时要积极介入，与个别幼儿心平气和地深度谈话，了解幼儿的需求，分析幼儿的行为，在对话中鼓励幼儿反思自己的行为，并让幼儿及时调整自己的行为，做到下不为例。

　　家长是孩子的一面镜子，教育幼儿诚实守信，家长首先要在家庭中以身作则，要静下心来倾听儿童的心理需求，找到问题的症结所在，并要站在儿童立场理解他们的行为，与之产生共情，同时针对小年龄幼儿会分不清想象和现实，成人不要误会，要反思成人的行为和帮助幼儿反思自己的行为，并与幼儿达成协议，最后别忘记要长期跟进，让幼儿逐步形成诚实、守信等行为习惯，促进儿童心理健康发展。

（杭州市西湖区小和山幼儿园　薛亚妮）

● 教育偏差

　　在培养孩子的过程中，成人存在由过去的对孩子过于严格转向过分强调自由的现象，这是从一个极端走向另一个极端。不少孩子不遵守基本的行为规范，而我们教师和家长则认为孩子长大后自然会守规则。这是错误的认知，会阻碍孩子的发展。而守规则又不代表要束缚孩子，就需要我们做更多的工作，提供更多的支持。

　　"教育是一个逐步发现自己无知的过程"（杜兰特），《指南》提出的"教育建议"，以及《超越 PISA：如何建构 21 世纪学校体系》《做更好的教师：教育怎样发挥作用》中的论述能给我们的反思带来一些启发。

　　教育建议：

　　（1）成人要遵守社会行为规则，为幼儿树立良好的榜样。如：答应幼儿的事一定要做到、尊老爱幼、爱护公共环境，节约水电等。

　　（2）结合社会生活实际，帮助幼儿了解基本行为规则或其他游戏规则，体会规则的重要性，学习自觉遵守规则。如：经常和幼儿玩带有规则的游戏，遵守共同约定的游戏规则。利用实际生活情境和图书故事，向幼儿介绍一些必要的社会行为规则，以及为什么要遵守这些规则。在幼儿园的区域活动中，创设情境，让幼儿体会没有规则的不方便，鼓励他们讨论制定规则并自觉遵守。对幼儿表现出的遵守规则的行为要及时肯定，对违规行为给予纠正。如幼儿主动为老人让座时要表扬；幼儿损坏别人的物品或公共物品时要及时制止并主动赔偿。

（3）教育幼儿要诚实守信。如：对幼儿诚实守信的行为要及时肯定。允许幼儿犯错误，告诉他改了就好。不要打骂幼儿，以免他因害怕惩罚而说谎。低龄幼儿经常分不清想象和现实，成人不要误认为他是在说谎。发现幼儿说谎时，要反思是否是因自己对幼儿的要求过高过严造成的。如果是，要及时调整自己的行为，同时要严肃地告诉幼儿说谎是不对的。经常给幼儿分配一些力所能及的任务，要求他完成并及时给予表扬，培养他的责任感和认真负责的态度。

名著启示

2016 年 10 月，我遇到了来自美国弗吉尼亚州文化高级研究所的乔希·耶茨，他提出了一个学习和人类发展所需的关键禀赋的有趣框架。他谈论了真（人类知识和学习的领域）、美（创意、美学和设计领域）、善（道德领域）、公正有序（政治和公民生活领域）以及可持续发展（自然和身体健康领域）。

新加坡是我遇到的第一个将价值观明确置于课程框架中心的国家。它强调学校里的尊重、责任、坚韧、正直、关怀与和谐。这些价值观旨在塑造学生的个性品质，如自我和社会意识、关系管理、自我管理和负责任的决策。事实上，这个框架把个性品质称为"行动中的价值"。

整体而言，新加坡的课程框架旨在培养一个自信的人、一个自主的学习者、一个有关怀的公民和一个积极的贡献者。新加坡的学校利用这一框架设计主修课程和辅修课程，以帮助学生培养必要的能力。此外，人们希望每个学生都参加"行动中的价值"项目，该项目帮助学生树立一种社会责任感。尽管如此，即便是在新加坡，这些价值观中的大部分仍然是一种愿望，充其量也只能部分反映在学生的实际学习和教师的实际教学中。

——《超越 PISA：如何建构 21 世纪学校体系》

在莱斯学院，改变学校施行校规的方式绝不意味着放手不管。事实恰恰相反。就像露丝·赫顿和西尔维娅·伦奎斯特在斯巴达村学校发现的那样，让学生更加独立就意味着老师要做更多的工作，要建立更加复杂的体制，提供更多支持——老师们将此称为"脚手架"。他们依然很严格，只是改变了干预的手段。学校不再制定繁琐的条例来阻止不良行为的发生，一开始他们放宽要求，仅在学生们不可避免地越界时，老师们才逐步作出详细的回应。

——《做更好的教师：教育怎样发挥作用》

目标 3　具有初步的归属感

3~4 岁	4~5 岁	5~6 岁
1. 知道和自己一起生活的家庭成员及与自己的关系，体会到自己是家庭的一员。 2. 能感受到家庭生活的温暖，爱父母，亲近与信赖长辈。 3. 能说出自己家所在街道、小区（乡镇、村）的名称。 4. 认识国旗，知道国歌。	1. 喜欢自己所在的幼儿园和班级，积极参加集体活动。 2. 能说出自己家所在地的省、市、县（区）名称，知道当地有代表性的物产或景观。 3. 知道自己是中国人。 4. 奏国歌、升国旗时能自动站好。	1. 愿意为集体做事，为集体的成绩感到高兴。 2. 能感受到家乡的发展变化并为此感到高兴。 3. 知道自己的民族，知道中国是一个多民族的大家庭，各民族之间要互相尊重，团结友爱。 4. 知道国家一些重大成就，爱祖国，为自己是中国人感到自豪。

视野拓展

中国香港《儿童发展范畴表现指标》

责任感和公德心：能承担责任，并为群体服务。

认识及欣赏本身和其他民族的文化：知道一些与传统节日有关的故事和习俗，乐于参与节日的庆祝活动；认识及欣赏香港和内地的特色文化；认识自己和国家的关系；能尊重不同民族的生活模式，欣赏自己民族和不同民族的文化风俗。

英国《EYFS 早期学习与发展目标》

关于周围世界的知识和理解：开始了解自己和他人的文化和信仰。

澳大利亚《幼年学习大纲》

儿童有强烈的归属感。与外部世界建立联系，并有所贡献。儿童获得对群体和社区的归属感，了解自己在社区参与上的权利与义务，对多样性保持尊重，开始有公平意识和社会责任感，热爱环境。

日本《幼儿园教育要领》

人际关系：跟那些与自己生活关系密切的社区的老人和其他人有亲密的感情。

环境：通过对幼儿园内外的各种仪式活动，对国旗具有亲切感。

韩国《全国幼儿园课程》

社会交往之社会现象和环境：培养对周围环境的意识和环境保持的兴趣，培养对韩国象征物和传统的兴趣；培养对其他国家和文化的兴趣，培养对信息资源、资料的兴趣。

案例、评析及建议

【案　例】

我们的家

案例一：家的样子

在中班的最后一周，舒老师和孩子们一起讨论关于大班的生活时，说道："我们想要的家是什么样子的？"经过一番激烈讨论后，孩子们认为"我们的家应该是喜欢的，美的"，确定最喜欢的颜色是蓝色，美的样子是班级里到处有花朵。所以，"克莱因蓝与花朵"成为班级环创的主题色和主要图形，让家成为我们喜欢的、美的样子。

于是，大二班的班牌就有了，是一朵小花上有所有小朋友和老师的样子和名字；门口正对面的蓝色系班级文化墙，呈现着大二班的小朋友在接下来一学年想要成为的样子——"冰气、谦让、有知识"的人。冰气是指冷静；因为是幼儿园的大哥哥大姐姐了，所以要懂得谦让弟弟妹妹；有知识，才能成为幼儿园最能干的人。

案例二：我们的样子

开学初，一群可爱的孩子围坐在一起，讨论着一件重要的事情。高老师说："孩子们，恭喜大家升入大一班，以后这里就是我们的家了。在这个家里，我们想成为什么样子呢？"孩子们说："我们应该是蹦蹦跳跳、活泼可爱、勇敢善良的样子。"高老师问道："如果用一种动物来形容，你们觉得什么动物最符合你们想要成为的样子？"小朋友们不约而同地想到了兔子。

于是，大一班有了"小太阳公约"，兔子"小太阳"不仅成了大一班的班宠，也是孩子们想要成为的那个样子，更是孩子们和老师的约定。

我是一只轻轻说话的兔子，在安静的环境里会倾听周围的声音。

我是一只勇敢的兔子，碰到问题的时候会告诉自己：没关系，去试一试！

我是一只有耐心有毅力的兔子，做事情会像拼图一样一件一件慢慢做好！

我是一只友善的兔子，在任何时候都会保护自己和朋友。

我是一只敏捷的兔子，在朋友有需要的时候，为他做很多很多的事情。

我是一只会改正的兔子，做错事的时候我会说声：对不起。

在大一班里，生活着一群可爱、会倾听、勇敢友善、活泼好动、有错就改的兔子"小太阳"。"小太阳公约"不仅激励着小朋友不断积极向上，孩子们也用自己的行为影响、温暖着周围的人。

【评　析】

归属感是指个人自觉被别人或被团体认可与接纳时的一种感受，是心理上的安全感与落实感。李季湄、冯晓霞在《〈3—6岁儿童学习与发展指南〉

解读》中指出，归属感是"个体认同所在的群体（团体）并感觉自己也被群体认可和接纳而产生的一种隶属于这个群体、与这个群体休戚相关的感觉"。幼儿归属感主要包括家庭归属感、社区－城市归属感、集体归属感、民族归属感和国家归属感。

和孩子共同创设自己喜欢的班级环境，创设班牌、文化墙，制定班级公约，是闻裕顺幼儿园建立班级文化、增强幼儿集体归属感的有效方法之一。正如案例一中，让孩子们感受到班级是他们的家，可以按自己的想法让家变成自己喜欢的样子；案例二中教师帮助幼儿更好地认识自己，支持了孩子们用自己的方式记录下自己的样子，明确在一年中想成为的样子。这既是一份期待，也是一种约定。

当对所属团体产生了归属感之后，个体就能自觉地以所属团体的规范约束自己的行为，在团体中接受信息、经验和情感，把自己看作团体中的一名成员。案例中的教师们正是通过与孩子们这样的讨论和行动，增强孩子们对幼儿园的融入感，感觉到在自己的班级或幼儿园内是重要一员，他们的想法是可以被老师和同伴接受、尊重和支持的。

【建　议】

给教师的建议

1. 亲切地对待幼儿，关心幼儿，让他感受到幼儿园是温暖的

多和幼儿一起游戏、谈笑，尽量在班级中营造温馨的氛围；通过和幼儿一起翻阅照片、讲幼儿的故事等，让幼儿感受到幼儿园的温暖和老师的和蔼可亲。

2. 鼓励交往和互动，让幼儿尽快融入集体

通过专门的教学活动和日常生活教育，引导幼儿学会与人交往，懂得分享，变得自信与谦让，让幼儿在幼儿园成为受欢迎的小朋友，建立良好的同伴关系。

3. 吸引和鼓励幼儿参加集体活动，萌发集体意识

如幼儿园和班级里的重大事情和计划，请幼儿集体讨论决定；幼儿园应

经常组织多种形式的集体活动，使幼儿萌发集体荣誉感。

给家长的建议

1. 建立融洽的亲子交往氛围，进行有效的亲子沟通，让孩子感到长辈是可亲、可近、可信赖的

（1）少一些长篇大论和说教语言；多一些简短的同理心的句子（我知道你不想"叫人"，但我看到你用"眼睛"跟客人打招呼了）。

（2）少一些埋怨（都是你不好，你本来就不应该）；多一些用"我"开始的句子，给予鼓励和支持（我觉得你大胆尝试就很好，如果坚持一下，有点改变，可能会做得更好）。

（3）少一些"以偏概全"（你从来没有听过一次话）；多一些用描述方式直接说出事情（听到你这样说，我觉得这件事你可以这样做……，试一试，可能会成功）。

2. 培养孩子对家人和家族的归属感

（1）让孩子参与制定家庭决策，并且多和孩子一起讨论。

（2）给孩子讲家族的故事，让他了解家族的历史渊源和发展过程；也知道自己与家族间的一些关联。

（3）让孩子有机会做些力所能及的家务劳动，感受自己是家庭的一分子。

3. 尽早让孩子参与做选择，使孩子融入参与决定的过程

以下三连问，供参考：

有哪些选择？各自的结果会是什么？

你的决定是什么？为什么？

你的这个决定对自己、对他人有什么影响？

家庭中可以常常进行这样的三连问，不断地强化孩子在家庭中的存在感，使孩子对家庭产生很强的归属感。

［杭州市西湖区闻裕顺学前教育集团（总园） 何海婷］

● 教育偏差

培养孩子的归属感，不是家长和教师单方面的责任。除了家长日常生活中的引导，幼儿园和教师也要有切实的行动。"幼儿园应该与家庭和社区密切合作，协同保育，亦就是强调发挥孩子、教师、家长共育的幼儿园机能。"而作为教师，要能"欣赏并支持儿童和家庭的紧密联系，意识到应在家庭、文化和社会的综合背景下了解儿童"。

"教育是一个逐步发现自己无知的过程"（杜兰特），《指南》提出的"教育建议"，以及《幼儿教育的原点》《多元化社会中的早期教育》中的论述能给我们的反思带来一些启发。

教育建议：

（1）亲切地对待幼儿，关心幼儿，让他感到长辈是可亲、可近、可信赖的，家庭和幼儿园是温暖的。如：多和孩子一起游戏、谈笑，尽量在家庭和班级中营造温馨的氛围。通过和幼儿一起翻阅照片、讲幼儿成长的故事等，让幼儿感受到家庭和幼儿园的温暖，老师的和蔼可亲，对养育自己的人产生感激之情。

（2）吸引和鼓励幼儿参加集体活动，萌发集体意识。如：幼儿园和班级里的重大事情和计划，请幼儿集体讨论决定。幼儿园应经常组织多种形式的集体活动，萌发幼儿的集体荣誉感。

（3）运用幼儿喜闻乐见和能够理解的方式激发幼儿爱家乡、爱祖国的情感。如：和幼儿说一说或在地图上找一找自己家所在的省、市、县（区）名称。和幼儿一起外出游玩，一起看有关的电视节目或画报等；和他们一起收集有关家乡、祖国各地的风景名胜、著名的建筑、独特物产的图片等，在观看和欣赏的过程中激发幼儿的自豪感和热爱之情。利用电视节目或参加升旗等活动，向幼儿介绍国旗、国歌以及观看升旗、奏国歌的礼仪。向幼儿介绍反映中国人聪明才智的发明和创造，激发幼儿的民族自豪感。

高杉老师十分强调家庭的重要作用，她做过如下论述：

家庭是孩子初次接触的单一化的社会组织机构。它以血缘这一无条件的爱为核心，是真实的生活场。对于孩子来说，家庭比任何完备完善的教育机构都重要。人际交往的方式、父母与孩子、丈夫与妻子、男人与女人、兄弟长幼的顺序、对等的关系等等，是人际关系编织而成的社会缩影，它们之间有社会文化的传承与创造。

高杉老师还指出："人应该怎样生活，作为家长又应该给孩子传授什么样的价值观，这是必须认真思考的问题。"精心地建构温暖家庭的高杉老师认为，今后如何重构家庭的机能是一个十分重要的课题。恐怕这不仅仅是婴幼儿期家庭育儿的机能问题，而且是整个儿童期家庭育儿的机能，乃至于全社会的育儿机能的问题。

在社会与家庭育儿发生变化的当代，幼儿园与保育所应该发挥怎样的作用呢？

高杉老师指出："从目前的状况看，家庭教育与幼儿园教育有必要结成同盟联合作战"，"不仅是孩子，教师与家长也需要建立起共同学习与成长的关系"，"教与被教，教育与被教育并非单向作用而是相互作用"，这是一种"共育的关系性"。

高杉老师很早就强调幼儿园应该与家庭和社区密切合作，协同保育，就是强调发挥孩子、教师、家长共育的幼儿园机能。她还在文章的最后写道："教师与家长应该围绕共同的目标，携手共建新的社会。"

——《幼儿教育的原点》

幼儿教育协会出版了一份文件，上面概括了一系列由该职业的集体智慧所产生的共享价值和义务。道德法则源于六个核心原则，开篇都是相同的：

我们承诺意识到儿童是人类生命循环中独特的有价值的阶段，我们对孩子所做的工作应基于儿童发展的知识。

欣赏并支持儿童和家庭的紧密联系，意识到应在家庭、文化和社会的综合背景下了解儿童。

关注每一个个体（孩子、家庭成员、同学）的尊严、价值和唯一性。在信任、尊重和正面评判的关系基础上，帮助每一个孩子和成人充分发挥他们的潜能。

全国幼儿教育协会的道德法则设计的目的是为解决道德两难的问题提供职业的指导。它展示了对四个方面的责任：孩子、家庭、同学、社区和社会。

——《多元化社会中的早期教育》

第四章

解读《指南》"科学"领域

幼儿的科学学习是在探究具体事物和解决实际问题中，尝试发现事物间的异同和联系的过程。幼儿在对自然事物的探究和运用数学解决实际生活问题的过程中，不仅获得了丰富的感性经验，充分发展了形象思维，而且初步尝试了归类、排序、判断、推理，逐步发展了逻辑思维能力，为其他领域的深入学习奠定了基础。

幼儿科学学习的核心是激发探究兴趣，体验探究过程，发展初步的探究能力。成人要善于发现和保护幼儿的好奇心，充分利用自然和实际生活机会，引导幼儿通过观察、比较、操作、实验等方法，学习发现问题、分析问题和解决问题；帮助幼儿不断积累经验，并运用于新的学习活动，形成受益终身的学习态度和能力。

幼儿的思维特点是以具体形象思维为主，应注重引导幼儿通过直接感知、亲身体验和实际操作进行科学学习，不应为追求知识和技能的掌握，对幼儿进行灌输和强化训练。

（一）科学探究

目标 1　亲近自然，喜欢探究

3~4 岁	4~5 岁	5~6 岁
1. 喜欢接触大自然，对周围的很多事物和现象感兴趣。 2. 经常问各种问题，或好奇地摆弄物品。	1. 喜欢接触新事物，经常问一些与新事物有关的问题。 2. 常常动手动脑探索物体和材料，并乐在其中。	1. 对自己感兴趣的问题总是刨根问底。 2. 能经常动手动脑寻找问题的答案。 3. 探索中有所发现时感到兴奋和满足。

视野拓展

中国香港《儿童发展范畴表现指标》

数理逻辑：对周围环境和事物产生好奇心，能通过各种感官亲身探索，实践学习。

英国《EYFS 早期学习与发展目标》

关于周围世界的知识和理解：提出为什么和怎样产生的问题；观察、发现和认识儿童周围生活环境及自然环境中的特征。

南非《早期儿童发展服务纲要指南》

儿童智力的发展：儿童唱歌、跳舞、画画等各种活动都是他们积极的探索、学习和工作。

日本《幼儿园教育要领》

环境：在与自然的接触中生活，以发现其壮观、美丽和不可思议等；通过季节去发现自然与人类生活的关系。

韩国《全国幼儿园课程》

探究之科学探究：了解自己的身体，对生物产生兴趣，了解自然现象，观察物体和物质，对工具和机器产生兴趣。

法国《对母育学校的方向指导》

科学技术活动：可以通过观察风景、空间、时间、季节和气候，使幼儿对周围环境产生兴趣。

案例、评析及建议

【案 例】

幼儿园里的树朋友

一、找找我的树朋友

在拯救和保护大树的行动中，大班孩子们感叹道："我们幼儿园的树好多呀！有桃树、有枫树、有石榴树……"那实际上到底有哪些树呢？于是老师提供了很多事先拍好、打印好的大树照片，孩子们四人一组认领一个树朋友的照片，纷纷到幼儿园里进行"找树朋友"的游戏。幼儿园这么大，能找到吗？孩子们的观察力又一次得到了升华，每一棵树都被找到了，有两棵树连拍照的老师都已经忘记到底是哪一棵了，但是孩子们能通过生活经验、参照物等方法精准地找到了。回来后，我们分类统计了幼儿园大致有十种树：香樟树、石榴树、桃树、柚子树、桂花树、银杏树、枫树、李子树、紫薇树、红叶石楠树。孩子们通过游戏、比对、寻找、观察，已经能区分、认识这些树了。

二、一共有几棵树

孩子们探究幼儿园里大树的兴趣日渐深入，从拯救大树到养护大树，再到了解树的品种，对每一种树的数量也产生了好奇。于是，孩子们开始清点幼儿园里的树木。

第一次数树

孩子们自由出发去数树，数过后给出了五花八门的答案：有的说100，有的说70，有的说60，有的说45……

师：为什么会有不一样的答案呢？

幼：有些树数过了我忘记了，又数了一次。

师：有没有什么好的办法呢？

聪：做个记号，放一张纸。

昊：放一块石头。

阳：用水彩笔画一下。

凯：数过的树绑一根绳子。

最后，大家选择了绑绳子的方法，再次出发去数树。

第二次数树

孩子们又发现了新问题："我数着数着就不知道数到几了。""需要很多绳子，而且绑起来很麻烦。"

苣：用彩泥粘一下会快一点儿。

果：拿上纸和笔，数一棵就记录一下。

第三次数树

于是，第三次数树又升级了，孩子们四人一组拿着记录纸出发，每一组负责数同一种类的树，避免重复数，还能知道幼儿园里哪种树最多呢。

统计结果：枫树18棵；石榴树21棵；桃子树6棵；桂花树7棵；柚子树5棵；银杏树5棵；香樟树10棵；李子树7棵；紫薇树6棵；红叶石楠树27棵；加上大门口唯一一棵臭椿树，一共有113棵树，其中红叶石楠树最多。

三、哪棵树最高呢

孩子们在统计幼儿园树木的时候，发现幼儿园里有几棵树特别高。于是，孩子们发生了"争执"，有的说大门口的臭椿树最高，有的说黄色的银杏树最高，有的说樟树最高……孩子们开始想办法证明自己的观点。

朱朱：我们的工具包里有皮尺，我们可以量一量。

一一：皮尺这么短，不够长。

朱朱：我们把皮尺连起来。

阳阳：我还有办法，我们可以把树和房子比。

孩子们拿出教具包里的皮尺，四人一组，又在幼儿园里忙碌起来。

跟房子比一比

臭椿树比三楼还要高，而银杏树刚好到三楼，孩子们比对了之后觉得臭椿树最高。那臭椿树有几米高呢？

用皮尺量一量

孩子们先把皮尺连起来，从三楼准备往下放，下面两个小朋友接住。皮尺好长啊，一团就打结了，两个小朋友好几次把绳子拉回去调整，连续放了五次才成功，确定了长度，把多余的皮尺去掉，数一数一共用了几根皮尺。

在数皮尺的时候，孩子们遇到了一个有难度的数学问题。

师：你数出来一共用了几根皮尺了吗？

幼：6 根！

师：你数的是皮尺的什么部位？

幼：打结的地方。

师：你想想一个结有几根绳子？两根绳子打在一起有几个结？

幼：奥！我知道了，我再数一次。

这次，孩子们数出来一共用了 7 根皮尺，老师帮忙算了一下，一根是 1 米 5，那么臭椿树长 10 米 5。孩子们相当自豪地告诉了家长，还为幼儿园最高的树做了标牌。

【评　析】

看着孩子们在自然环境下自主带着任务去积极探索，每一组都合作得很好，有的记录，有的贴彩泥，有的帮忙找树，这种自发学习的氛围和主动探索的兴趣是 3—6 岁幼儿需要养成的积极品质。在活动中，孩子们都有自己的记录方法：有的画一个五角星、画个樱桃、画条竖线、画个圈圈或三角形来表示数量，有的写数字表示。经过几次的实践，孩子们不仅熟悉了幼儿园里的大树，还掌握了很多测量的方法。面对问题，去想办法解决，团队合作也很棒！孩子们在探索的过程中，还不断地产生新的问题，比如，什么树的果实可以当中药用，树的种子从哪里来的，果子是怎么长出来的，等等。

教师改变以往的做法，很好地利用幼儿园的树木自然环境，让孩子们积极观察、探索、测量、比较。一个个身影在幼儿园树林间自由穿梭，对幼儿园的大树逐渐如数家珍。在自然探索的过程中，幼儿会有各种需求，需要教师提供各种支持和帮助，创造适合幼儿探索的环境和方式，引导幼儿在探索之前进行相应的思考和了解。这就是主动探索的魅力。教师尽可能地提供材料和可行性，让孩子们去亲近自然，自主探索，主动去寻找答案。

幼儿对于世界的认识正处于起步阶段，对于大自然充满了好奇。看到一只小虫子、看到一朵漂亮的花、发现一个小洞洞……幼儿都会主动研究和探索。幼儿刚刚萌发的好奇心和探索兴趣，需要我们来保护和激发。

【建　议】

教师和家长要善于运用各种各样的方式方法去鼓励幼儿积极探索，引导幼儿培育敢于尝试、乐于尝试的科学探索精神。选择科学可行的方式进行实践，科学探索活动的价值并不仅仅是知识、过程和结果，更重要的是形成一种"亲近自然，喜欢探索"的科学态度。热爱大自然，珍视生命，树立正确的生态价值观，才是幼儿自然探索活动的核心价值。

给教师的建议

1. 尽可能地利用幼儿园和周边的自然资源，开发适合幼儿探索的内容和项目

当下各幼儿园很重视自然环境的打造，那么，作为教师，就更应该利用好幼儿园的一花一草、一树一物。这不仅便于幼儿展开观察，养成亲近自然的习惯，更能让幼儿关注身边的事物，对周围的事物产生兴趣。

2. "一日生活皆教育"，要充分利用好幼儿园生活的各个环节，引导幼儿开展科学探索活动

幼儿在自主游戏、散步、户外体育活动时，经常会有一些奇妙的发现，

这是幼儿充满好奇的天性使然，教师可以充分利用幼儿的好奇心，引发幼儿进行深入的探索。在自然环境下，幼儿的探索活动才是最真实的，最好的科学探索活动就是让幼儿在生活中发现问题，自发地走进自然，自主地引发探索，从而产生对科学探索的兴趣。

给家长的建议

1. 充分利用家、小区及周边的自然资源，多带孩子走进大自然

鼓励孩子关注家门口的动植物：春天的小草发芽了吗？什么花开了？夏天的知了在哪里？秋天捡捡落叶，发现树叶的不同形状。小蚂蚁怎么搬家了？下雨天有没有小蜗牛出来？……这些在成人看来习以为常的事物，都是孩子们好奇的点，能使孩子们萌发出积极的探索欲望。所以，家长要充分利用小区的环境、家附近的公园，休息时多带孩子走进大自然。

2. 可以尝试提问、追问、设疑、帮助孩子梳理的方式，多鼓励孩子展开探索

家长在孩子产生探索兴趣的时候，要给孩子自己探索的机会，可以多提一些问题，鼓励孩子自己去发现，千万不能急于告诉孩子，这是这么一回事，那是为什么，避免幼儿久而久之养成依赖的习惯，失去探索的兴趣和欲望。

3. 多给孩子一些支持

要想让孩子保持探索的兴趣，就需要在探索过程中让孩子有成功的体验，所以，家长可以适时地为孩子提供一些支持，比如挖泥的小铲子、看得更清楚的放大镜及网上收集的图片、视频等，让幼儿能顺利地进行探索，并能从中有进一步的发现。

（杭州市西湖区都市阳光幼儿园　叶薇）

教育偏差

我们已经习惯将孩子的时间和空间填得满满的，希望孩子各方面都能

《3—6岁儿童学习与发展指南》案例式解读（第二版）

表现优秀，这对培养孩子的科学探究精神是一种伤害。"研究一些男女名人传记是有益处的，他们在各自的职业生涯中，成年时代的生活有些美好的事情，而在学生时代却被称为是愚笨的。有时，早期错误的判断主要是由于儿童所表现出来的能力不被通用的旧的良好标准所承认。"

"教育是一个逐步发现自己无知的过程"（杜兰特），《指南》提出的"教育建议"、《我们怎样思维·经验与教育》中的论述能给我们的反思带来一些启发。

教育建议：

（1）经常带幼儿接触大自然，激发其好奇心与探究欲望。如：为幼儿提供一些有趣的探究工具，用自己的好奇心和探究积极性感染和带动幼儿。和幼儿一起发现并分享周围新奇、有趣的事物或现象，一起寻找问题的答案。通过拍照和画图等方式保留和积累有趣的探索与发现。

（2）真诚地接纳、多方面支持和鼓励幼儿的探索行为。如：认真对待幼儿的问题，引导他们猜一猜、想一想，有条件时和幼儿一起做一些简易的调查或有趣的小实验。容忍幼儿因探究而弄脏、弄乱甚至破坏物品的行为，引导他们活动后做好收拾整理。多为幼儿选择一些能操作、多变化、多功能的玩具材料或废旧材料，在保证安全的前提下，鼓励幼儿拆装或动手自制玩具。

名著启示

有时反应的迟缓是与思考的深入紧密相联的。为了把种种印象融合一起，并把它们转变为清晰的观念，就需要有时间。"机敏"也许只是昙花一现。"慢而稳"的人，不论是成人或儿童，其印象深刻并能储存起来，其思维同那些印象较浅的人相比，有着较深水平的价值。许多儿童由于缓慢，由于不能迅速作出回答而受到指责，其实，他们那时正花费时间积聚力量以便有效地处理他们面临的问题。在这种场合下，若不提供给他时间和闲暇，从而不能做出真正的判断，那就是鼓励迅速的但却仓促的浅薄的习惯。对问题和困难有深刻的感觉可决定继之而来的思维；任何习惯的训练，若只是鼓励学生为了长于叙述或显示记住的知识，对真正的问题像在薄冰上滑行一样，轻轻掠过，都违背了真正的思维训练的方法。

研究一些男女名人传记是有益处的，他们在各自的职业生涯中，成年时代的生活有些美好的事情，而在学生时代却被称为是愚笨的。有时，早期错误的判断主要是由于儿童所表现出来的能力不被通用的旧的良好标准所承认，如达尔文对虫、蛇、水蛙有兴趣这一事例就是如此。有时，早期错误的判断通常是由于这个儿童的反省思维比其他学生或比他的教师要处于更深的程度，当要求迅速回答问题时，不能表现出其优势。有时，早期错误的判断通常是由于学生的自然的模式同课本或教师的模式正相冲突，而人们采用后者的方法作为评价儿童的绝对的标准。

——《我们怎样思维·经验与教育》

目标 2　具有初步的探究能力

3~4 岁	4~5 岁	5~6 岁
1. 对感兴趣的事物能仔细观察，发现其明显特征。 2. 能用多种感官或动作去探索物体，关注动作所产生的结果。	1. 能对事物或现象进行观察比较，发现其相同与不同。 2. 能根据观察结果提出问题，并大胆猜测答案。 3. 能通过简单的调查收集信息。 4. 能用图画或其他符号进行记录。	1. 能通过观察、比较与分析，发现并描述不同种类物体的特征或某个事物前后的变化。 2. 能用一定的方法验证自己的猜测。 3. 在成人的帮助下能制定简单的调查计划并执行。 4. 能用数字、图画、图表或其他符号记录。 5. 探究中能与他人合作与交流。

中国香港《儿童发展范畴表现指标》

数理逻辑：对数学、科学学习产生兴趣，能观察日常接触事物的变化并做出简报；能以口头、数字及图像等多种形式组织及表达探究、调查的结果。

英国《EYFS早期学习与发展目标》

关于周围世界的知识和理解：用多种感官观察事物和现象；发现和认识一些生物、实物和事件；仔细观察事物的相似、不同、规律和变化。

南非《早期儿童发展服务纲要指南》

儿童智力的发展：早期儿童智力的开发是为他们终身的发展奠定基础，当孩子们探索他们的世界时，他们观察、探索人们是怎样工作的，有怎样的发现。儿童的活动、学习与发展有着显著的年龄特征，这种特征不是一成不变的阶段，并非所有儿童以同样的速度发展，会有较大的个别差异。

● 案例、评析及建议 ■ ■■

【案　例】

蝴蝶飞起来啦！

中班自主游戏时，西西从材料架上的白色框里拿出圆环形磁铁以及蓝色的类似于发射塔一样的玩具坐到座位上，试着把圆环形磁铁套进蓝色玩具的杆子上。西西在套第二块磁铁的时候，两块磁铁紧紧地吸在一起。于是西西把磁铁重新拿出来掰开，翻了一面后套进去，磁铁一块一块间隔悬浮着。五块磁铁全部套完，西西把一个蓝色尖尖的顶盖在杆子的顶端，然后用手按住第一块磁铁，压到底，手放开，磁铁往上弹起，杆子上尖尖的顶向上弹出（整个过程西西玩了一个类似于火箭发射的游戏）。

接着，西西又走到磁铁的材料筐里翻找材料，拿了一块长条形的磁铁和两只可以吸的"蝴蝶"回到座位上。西西用长条形的磁铁蓝色一端去吸蝴蝶没有成功，马上把长条形磁铁换了一头，换成红色一端去吸蝴蝶，这回成功吸住了蝴蝶。接着，西西用三个手指握住长条形磁铁的下半段在手里转来转去，嘴巴里不停地说："飞飞飞……"然后把蝴蝶从磁铁上拿下来，翻一个面，再用磁铁去吸，蝴蝶突然往后移动，于是西西继续用磁铁隔空顶着蝴蝶往前推，蝴蝶在桌面上不断往后移动。

于是，西西又去边上其他材料筐里找了一张蓝色泥工板后回到座位，把蝴蝶放在泥工板上面，把磁铁放到泥工板下面尝试吸住蝴蝶。蝴蝶顺着倾斜的泥工板滑下去，西西重新拿起蝴蝶，用磁铁又试了试，发现可以吸住。于是西西用磁铁吸住蝴蝶，手拿泥工板，尝试从蝴蝶和磁铁中间插进去，没有成功。西西把蝴蝶重新放在泥工板上，然后把泥工板掀起来，眼睛不仅看着上面的蝴蝶，而且还仔细看泥工板的下面，终于准确找到了蝴蝶的位置，吸住蝴蝶，然后手拿磁铁在泥工板下面来回不停移动，发现蝴蝶在泥工板上飞速旋转起来，就像蝴蝶在蓝色的天空飞舞。此时，西西脸上露出了笑容。

【评　析】

探究是孩子的天性，他们在探究中动手、动脑，在探究中学习与发展，在探究中认知、了解世界。此案例中一块习以为常的磁铁引发了西西无限探究的可能性。西西运用区域中现有的、生活中常见的材料进行了不同的探究游戏，并在持续的探究中领会了磁铁同极相斥、异极相吸的特性（虽然孩子没有用语言表达出磁铁的特性，但是从游戏过程来看，孩子具备探究能力，通过自己的观察、思考、探究，真真切切地发现了磁铁的特性）。同时，西西运用磁铁的特性开启"蝴蝶飞起来"的探究游戏，并在探究的过程中成功让"蝴蝶飞起来"，享受到成功带来的成就感和愉悦感。

1. 放下对知识的执念

老师们会在不经意间存在一种执念，总想让孩子在探究的时候获得某一种知识。科学区材料投放太"精准"成为一种不自知的做法，让孩子的探究变成只是为了验证那个已经存在的结果而去做的一件事情。恰恰因为如此过于"精准"的材料，反而束缚了孩子探究的可能性，使孩子失去探究的乐趣，玩一次、两次就觉得不好玩了。因此，我们要从内心真正放下"知识"这个执念，遵循幼儿的发展规律和学习特点，动手动脑。

2. 转变理念，材料赋能

材料的投放不在于满和多，而在于发挥材料的赋能作用，支持孩子在与材料的互动中引发探究、学习。案例中教师在磁铁的材料筐里投放了现成的关于磁铁的游戏材料，同时还投放了可以吸的蝴蝶、带回形针的小动物，边上的筐里还投放了泥工板、纸等材料，发挥材料的赋能作用，支持孩子的探究。

3. 为孩子游戏的多样化而规划

日常生活中，我们总能看到很多由孩子发起的游戏，这些游戏往往才是属于孩子的真游戏，因此，教师关注一日生活中科学探究的契机尤为重要。这些游戏中，存在学习与发展的无限可能，做好观察，读懂孩子，为孩子游戏中的无限可能进行有目的、有计划的规划，从而更好地支持孩子的学习与发展。

【建　议】

给教师的建议

（1）探究无处不在，除了科学区、自然角等以外，还可以在美工区、建构区、沙水区等支持孩子进行科学探究和发现活动。

（2）做个善于观察的教师，洞察、捕捉、开发、利用一日生活中的契机支持孩子探究。

（3）发挥材料赋能功能，适宜的材料为幼儿探究游戏的多样性提供保证。

给家长的建议

（1）重视探究能力培养，鼓励孩子好奇好问，常常跟孩子一起探究、一起发现，保护好孩子的探究兴趣。如一起去动物园，启发孩子观察不同动物吃的食物，一起讨论为什么。

（2）鼓励孩子在生活中探究，有意识地引导孩子观察周围事物，支持孩子大胆猜想，积极动手，勇敢地去尝试、去验证，学习运用多样化的方法进行尝试。如一起出去玩时，发现影子，启发孩子去探究：为什么影子会变大变小？为什么人在跑影子也在跑？哪里还有影子？用什么材料可以制造影子戏？……生活中到处有探究的内容，家长要为孩子的探究创造机会。

（3）允许孩子探究时出"错"、弄脏、弄坏甚至看似"破坏性"的行为，比如，孩子们喜欢踩水坑、泥坑，可能是他们在尝试探究水坑的水有多深，踩水发出的声音等。

（杭州市西湖区溪蝶幼儿园　程海霞）

教育偏差

"一个早熟的孩子懂得非常多，或者至少看上去懂得非常多。而事实上，他或她只是知道了许多问题的答案而已。""问题止于答案"，答案出现时探究精神也就消失了。"面对孩子们的提问，成年人应当尽可能地帮助他们保持活跃的思维，而不是很快给他们一个简单的答案。"

"教育是一个逐步发现自己无知的过程"（杜兰特），《指南》提出的"教育建议"、《教育的情调》中的论述能给我们的反思带来一些启发。

教育建议：

（1）有意识地引导幼儿观察周围事物，学习观察的基本方法，培养观察与分类能力。如：支持幼儿自发的观察活动，对其发现表示赞赏。通过提问等方式引导幼儿思考并对事物进行比较观察和连续观察。引导幼儿在观察和探索的基础上，尝试进行简单的分类、概括。如根据运动方式给动物分类，根据生长环境给植物分类，根据外部特征给物体分类等。

（2）支持和鼓励幼儿在探究的过程中积极动手动脑寻找答案或解决问题。如：鼓励幼儿根据观察或发现提出值得继续探究的问题，或成人提出有探究意义且能激发幼儿兴趣的问题。如皮球、轮胎、竹筒等物体滚动时都走直线吗？怎样让橡皮泥球浮在水面上？支持和鼓励幼儿大胆联想、猜测问题的答案，并设法验证。如玩风车时，鼓励幼儿猜测风车转动方向及速度快慢的原因和条件，并实际去验证。支持、引导幼儿学习用适宜的方法探究和解决问题，或为自己的想法收集证据。如想知道院子里有多少种植物，可以进行实地调查；想知道球在平地上还是在斜坡上滚得快，可以动手试一试；想证明影子的方向与太阳的位置有关，可以做个小实验进行验证等。

（3）鼓励和引导幼儿学习做简单的计划和记录，并与他人交流分享。如：和幼儿共同制定调查计划，讨论调查对象、步骤和方法等，也可以和幼儿一起设法用图画、箭头等标识呈现计划。鼓励幼儿用绘画、照相、做标本等办法记录观察和探究的过程与结果，注意要让记录有意义，通过记录帮助幼儿丰富观察经验、建立事物之间的联系和分享发现。支持幼儿与同伴合作探究与分享交流，引导他们在交流中尝试整理、概括自己探究的成果，体验合作探究和发现的乐趣。如一起讨论和分享自己的问题与发现，一起想办法收集资料和验证猜测。

（4）帮助幼儿回顾自己探究过程，讨论自己做了什么，怎么做的，结果与计划目标是否一致，分析一下原因以及下一步要怎样做等。

名著启示

当成年人过急地催促孩子了解对他们来说还为时尚早的事物时，就出现了早熟的问题，一个早熟的孩子知道了太多对他这个年龄来说本应悬而未决的或模糊的问题的答案。一个早熟的孩子懂得非常多，或者至少看上去懂得非常多。而事实上，他或她只是知道了许多问题的答案而已，而且这其中的绝大多数根本不是他们最初真正想知道的问题。早熟孩子的大部分问题是一闪而过的问题，它们的出现并非源于全神贯注，并非源于真正的兴趣。相反，这样的好奇心只是蛙跳般地四处闪动：此刻感兴趣的问题迅即被下一刻的兴趣代替。

一个不那么有好奇心的孩子可能已经从成年人那儿得到了一个错误的结论：问题止于答案。这样的孩子提问时像是在做一种游戏，一种把问题置于死地，最终能找到答案的游戏。至少在理论上每个问题都有一个答案，这种看法给我们带来一种安全感，就好像在这世界上我们体验着的事物都固定在了坚实的大地上，每个问题最起码都能在自然秩序和规律中找到答案一样。然而，这种安全感是错误的。

面对孩子们的提问，成年人应当尽可能地帮助他们保持活跃的思维，而不是很快给他们一个简单的答案。我想知道太阳为什么这么热。我想知道地球是怎么造出来的。我想知道我是从哪儿来的。我想知道为什么树叶会变色，然后从树上掉下来。每一个问题都值得去慢慢思考。真正的好奇不是问好多好多的问题。我真正感到好奇，是在所问的问题以某种方式返回我这里，或是当问题被沉寂，好奇的沉寂缠绕和包裹着的时候。

有意义的学习通常始于好奇心。但好奇能被传授吗？我们能给孩子带来好奇吗？一个人能使自己充满好奇吗？或是当我们敞开心扉时，好奇能像恩惠一样被赐给我们吗？

……

也许好奇是一种只能被间接引导的聚精会神的状态。一位善于思索的家长或一位教育有方的老师不必是个能够构造或控制孩子的每种可能体验的人。但是一位有思想的教育者应该是一个善于抓住问题并且能用浅显的方式去深化它的人。

"我和麦克讨论过好多次那些让他关心和着迷的问题。"他的幼儿园老师这样说："今天早上他问：'地球是从哪里来的？'我告诉他关于这个问题人类已经思考了很长时间，然后我给他讲了一些关于这个问题人们认为有可能是答案的故事。我希望他继续保持对这个问题的思考，而不是给他一个固定的答案。"

——《教育的情调》

目标 3 在探究中认识周围事物和现象

3~4 岁	4~5 岁	5~6 岁
1.认识常见的动植物，能注意并发现周围的动植物是多种多样的。 2.能感知和发现物体和材料的软硬、光滑和粗糙等特性。 3.能感知和体验天气对自己生活和活动的影响。 4.初步了解和体会动植物和人们生活的关系。	1.能感知和发现动植物的生长变化及其基本条件。 2.能感知和发现常见材料的溶解、传热等性质或用途。 3.能感知和发现简单物理现象，如物体形态或位置变化等。 4.能感知和发现不同季节的特点，体验季节对动植物和人的影响。 5.初步感知常用科技产品与自己生活的关系，知道科技产品有利也有弊。	1.能察觉到动植物的外形特征、习性与生存环境的适应关系。 2.能发现常见物体的结构与功能之间的关系。 3.能探索并发现常见的物理现象产生的条件或影响因素，如影子、沉浮等。 4.感知并了解季节变化的周期性，知道变化的顺序。 5.初步了解人们的生活与自然环境的密切关系，知道尊重和珍惜生命，保护环境。

视野拓展

中国香港《儿童发展范畴表现指标》

解难和创意思维：能从不同角度去认识事物；能按程序做事情，明白事情的因果关系；能自行探究，有计划地解决问题；在日常生活中能提出处理事情的方法和解决问题的方案；愿意尝试新事物，能对新事物提出问题及建议，意念丰富；能表达独特的见解和创意。

英国《EYFS 早期学习与发展目标》

关于周围世界的知识和理解：发现和认识日常生活中的技术、应用现代通讯信息和技术、游戏来支持他们的学习；发现曾经发生过和正在发生的事情，以及家庭及朋友间所发生的事件；发现他们所处的环境并指出喜欢和不喜欢的特征。

南非《早期儿童发展服务纲要指南》

儿童智力的发展：自然世界里的万事万物的形状、颜色、纹理等为儿童获得知识、进行学习活动提供了丰富的信息。

日本《幼儿园教育要领》

环境：带着对自然等身边事情的关心去进行游戏；对身边的动植物带着亲切感去接触并给予其怜恤或珍惜；珍惜和爱护身边的东西。

韩国《全国幼儿园课程》

探究之创造性研究：对周围环境感兴趣，并进行探索，以灵活的方式思考，以不同一般的创造性方式思考。

法国《对母育学校的方向指导》

科学技术活动：让幼儿观察生命的不同表现形式，了解动植物的生长、发育、繁殖、衰老和死亡的过程，使他们对卫生和健康产生兴趣。

案例、评析及建议

【案　例】

养菇之旅

案例一

自从大班的孩子们在大型玩具的木桩上发现了小蘑菇之后，我就给班里买了很多菌棒让孩子们认领。有的孩子把菌棒放到了最有可能出菇的木桩旁边，有的孩子把菌棒放到了滑梯底下的背光处，有的孩子把菌棒放到了阳光强烈的阳台植物角……大家都给菌棒找到了自己认为最合适的位置，用自己认为最好的方式开始了养菇之旅。出于对菌棒的好奇，孩子们一直保持着较高的热情，一有空就会去看看自己的菌棒，顺便喷点儿水。两天后，舟舟跑来担心地说："张老师，我的菌棒是不是生病了，怎么长出了一颗颗黑黑的小疙瘩？"其他孩子听到后都纷纷跑去看。小艾淡定地说："应该是小蘑菇长出来了吧。""蘑菇不是白白的嘛，这么黑，又是长在旁边的，很肉麻的，应该不是小蘑菇。"冉冉还是很担心。"也许不是小蘑菇，是其他菌菇呢。"小米一边说，一边转头看向我。她话音未落，小艾已经转身跑到阅读区去了，还带回了一本《蘑菇大家庭》，说："看，蘑菇也有很多颜色的，我们看看它到底是哪种蘑菇吧。"孩子们一下子围了上去，开始翻阅这本书，七嘴八舌地讨论着冉冉的蘑菇究竟是哪种……

第二天，孩子们照例一有空就去看自己的菌棒，并给菌棒喷水。冉冉端着她的菌棒桶来给我看："张老师，我的菌菇长大了应该就是香菇，跟书上是一样的。你看它也是黑黑的，还有几个小点点。"冉冉边说边比画着，"昨天它还是个小鼓包，只有那么一点点大，今天就长那么大了，已经有个大帽子了，长得可真快啊！""是啊，变化那么快，可能其他小朋友还没看到昨天的样子，它就长大了，那怎么办呢？"我问。冉冉想了想说："要不我把它画下来吧，明天再画明天的样子，后天再画后天的样子，这样小朋友就可以看了。""嗯，记下菌菇每天的样子的确是个好方法。"我同意地点点头。就这样，冉冉开始了她的菌菇日记，其他孩子也想效仿，我就帮每个孩子准备了几页纸的菌菇日记册。随着菌菇的不断生长、变化，孩子们在日记里不仅记下了菌菇不同阶段的样子，还记录了日期，浇了几次水，晒没晒太阳，等等。

案例二

一天下午起床后，安安突然跑过来，带着哭腔着急地说："张老师，怎么办，我的菌菇宝宝要死了，它还没长大就要死了，呜呜呜呜……"旁边的小艾也急着拉扯我的袖子，说："张老师，你快来看，安安的菌棒快被虫子吃光了。"小米大声地补充着："不对，不对，是烂掉了，臭死了。"于是，我跟着孩子们到楼梯下把几个装菌棒的盆暂时先搬进了教室。很多孩子好奇地围过来，又因为躲避臭味逃开了。孩子们不敢靠近，又充满好奇，于是，我用相机拍下菌棒的样子，带孩子们在电视机前仔细观察，孩子们也七嘴八舌地讨论了起来……

"安安的菌棒为什么会有那么多虫子？"有孩子一边看着放大了的菌棒照片一边提出疑问。"虫子是来吃菌菇的吗？"我问道。"不对，不对，你们看，虫子只是在旁边飞，没有停在小菌菇上。"童童大声反驳着。"那么虫子怎么会来的呢？""太臭了吧。"孩子们说着都大笑了起来。"是菌菇烂掉了吧。"小米再次大声地强调，"肯定是烂掉了，我妈妈放在塑料袋里的菜烂掉了就是这么臭的。""是吗？"我引导孩子们再仔细观察一下。突然小艾指着菌菇盆里嚷嚷起来："快看，快看，张老师，这是什么？"随着小艾手指的方向，孩子们发现了一块鸡骨头，上面还连着鸡肉。孩子们又叽叽喳喳地猜测了起来，菌棒盆里怎么会有鸡肉。这时的安安连连辩解："中午我还给它喝过鸡汤呢，鸡汤很有营养的，奶奶总是让我喝鸡汤。""是鸡汤发臭了啊，"童童担心地说，"才引来了那么多虫子，赶紧给菌菇宝宝去洗个澡吧。"在孩子们急切又担心的目光下，童童主动要求去给菌棒洗澡，于是我跟着童童和安安去盥洗室冲洗了菌棒，清洗了装菌棒的小桶。

当我们把菌棒带回活动室后，孩子们又开始了激烈的讨论：菌菇宝宝怎么才能快快长大呢？菌菇究竟能不能喝鸡汤？"菌菇又不是人，怎么能喝鸡汤呢，它只喝水就可以了。"见多识广的小艾肯定地说，"植物生长需要泥土、水和阳光就够了。"看来植树节时的种植活动让孩子印象深刻。"菌菇是植物吗？养到现在，我们都知道水肯定是菌菇宝宝喜欢的，那么它要长大究竟还需要什么呢？"

在家长的共同努力下，我们找来了很多关于蘑菇生长的书和视频资料，有《蘑菇大百科》《蘑菇，你好吗？》《第一次发现——有趣的蘑菇》《我的微生物朋友》《自然图鉴——我们的蘑菇朋友》等。图书资料都放进了阅读区，孩子们在解决怎样帮菌菇长得更大的过程中对菌菇和植物的关系产生了兴趣，因此，我们又开展了菌类和植物做朋友以及植物的降解等系列活动。

【评　析】

案例一：孩子们对植物养护有一些经验和常规操作，但养菇是第一次。教师放手让孩子们先按照自己的方式养护，以激发他们强烈的好奇心和责任心。当孩子们发现长出来的菌菇与已有经验发生冲突时，他们的质疑、探究从没停止，不断地发生认知冲突，不断地发现惊喜。教师并未给予正确的答案，而是让孩子们在养护的过程中自己观察，并利用阅读区的书，进行图片比对，寻找答案。在这个过程中，教师为孩子们的探索学习营造了宽松的学习氛围。当孩子有了观察、分析、比较的经验之后，教师及时助推，引导孩子用自己的方式记录下自己的发现，帮助孩子在记录与分享的同时梳理菌菇生长的过程以及菌菇的养护经验。

案例二：当孩子们迁移已有经验时，有时会事与愿违。在这个过程中，教师的及时引导，保护了孩子们的好奇心，激发了孩子们探究的欲望，展开了思维碰撞式的讨论，使"给菌菇喝鸡汤"的小插曲，化解为有意义的话题，让孩子们意识到了事物与事物的不同，找到了菌棒发臭的原因。教师还有意识地收集图书及影像资料帮助孩子们拓展探究思路，通过多种途径自主寻找答案，虽然没有直接介入孩子们的讨论，但是却为孩子们的继续探究做出了隐形的引导和支持。

儿童是天生的科学家，他们在不断探索世界的同时建构着自己的知识。各种生物的养护是孩子们探索生命科学的重要途径，孩子们在养护的过程中感受着世界的奇妙、生命的顽强，体验着劳动过程中所需要具备的坚持性、创造力以及热爱生活的能力。

【建　议】

给教师的建议

支持幼儿在接触自然、生活事物和现象中积累有益的直接经验和感性认识。如和幼儿一起走进大自然，多参与户外活动，近距离感知生物的多样性和独特性，并和幼儿一起进行种植和饲养活动，了解动植物的生长发育、繁殖以及死亡的过程。

支持幼儿在游戏活动中的探究，并提供丰富的材料和适宜的工具，支持幼儿感知常见材料、常见物品的结构和特性等。如沙水游戏中，为幼儿提供塑料小桶、竹筒、翻斗车、U型管道等多种运输材料，引导幼儿尝试选择适宜的运输工具进行游戏，也可以根据不同材料的结构和特性进行组合游戏。

引导幼儿在探究中思考，尝试进行简单的推理和分析，发现事物之间明显的关联。如引导 5 岁以上幼儿关注和思考生物的外部特征、习性与生活环境对其生存的意义。像蘑菇不含叶绿素，不需要光合作用合成有机物，所以蘑菇在阴暗的角落也能生长；成熟的蘑菇通过喷洒孢子进行繁殖，所以养过蘑菇的地方以后也会长出蘑菇等。

结合幼儿的生活需要，引导他们体会人与自然、动植物的依赖关系。感受季节变化的明显特征，了解常见气候与人们生活之间的关系。如欣赏雪花的美、感受打雪仗的快乐、体验制作冰花的冷、了解雪灾给人们生产、生活带来的影响等。

给家长的建议

周末和孩子一起走进大自然，一起参与一些户外活动，近距离感知生物的多样性和独特性，并在生活中观察周围事物的变化，如观察一下家里放了很多天的土豆、大蒜等发芽的样子；也可以试着把它们养在盆里，看看它们是不是真的能长大，长大以后是什么样子的，了解一下植物生长发育、开花结果的过程以及与周围环境之间的关系。

引导孩子根据常见物质、材料的特性和物体的结构特点，推测和证实它们的用途。如和孩子一起整理玩具，进行玩具分类和收纳；超市购物时和孩子一同思考如何能够一次性搬运那么多的物品，不同购物袋的材质和形状与储物、运输之间的关系等。

引导孩子关注和了解自然、科技产品与人们生活的密切关系，逐渐懂得热爱、尊重、保护自然。和孩子一起讨论常见科技产品的用途和弊端，如智能手机、汽车等高科技产品给生活带来的方便和对人体的影响以及对环境的污染等；和孩子一起进行垃圾分类、旧物改造、自制玩具等环保活动。

（浙江省级机关府苑幼儿园　张逸坚）

教育偏差

孩子喜欢问"为什么"，刚开始问的时候我们还能耐心回答，当孩子一天有十万个为什么要问时，我们教师和家长会不胜其烦，也就敷衍孩子，甚至简单粗暴地打击孩子。"儿童是问题的解决者，因好奇产生疑惑和问题：儿童试图解决他们所面临的问题，他们也寻求新的挑战。"

"教育是一个逐步发现自己无知的过程"（杜兰特），《指南》提出的"教育建议"、《人是如何学习的》中的论述能给我们的反思带来一些启发。

教育建议：

（1）支持幼儿在接触自然、生活事物和现象中积累有益的直接经验和感性认识。如：和幼儿一起通过户外活动、参观考察、种植和饲养活动，感知生物的多样性和独特性，以及生长发育、繁殖和死亡的过程。给幼儿提供丰富的材料和适宜的工具，支持幼儿在游戏过程中探索并感知常见物质、材料的特性和物体的结构特点。

（2）引导幼儿在探究中思考，尝试进行简单的推理和分析，发现事物之间明显的关联。如：引导 5 岁以上幼儿关注和思考动植物的外部特征、习性与生活环境对动植物生存的意义。如兔子的长耳朵具有自我保护的作用，植物种子的形状有助于其传播等。引导幼儿根据常见物质、材料的特性和物体的结构特点，推测和证实它们的用途。如带轮子的物体方便移动，不同用途的车辆有不同的结构等。

（3）引导幼儿关注和了解自然、科技产品与人们生活的密切关系，逐渐懂得热爱、尊重、保护自然。如：结合幼儿的生活需要，引导他们体会人与自然、动植物的依赖关系。如动植物、季节变化与人们生活的关系、常见灾害性天气给人们生产和生活带来的影响等。和幼儿一起讨论常见科技产品的用途和弊端，如汽车等交通工具给生活带来的方便和对环境的污染等。

名著启示

孩子出生时就具有了某种学习的本能。他们能够识别人的声音、区分有生命和无生命物体，他们对空间、动作、数字、因果关系具有一种本能的认识。婴儿的这些原始能力是由新生儿的周围环境造成的。当家长吸引婴儿注意他们母语的声音时，这些环境提供了信息，也提供了信息的结构。

因此，发展过程会涉及儿童的早期能力和与其所在环境之间的相互作用以及人际间的支持，这些支持有助于增强与儿童周围环境有关的能力，并削弱与儿童周围环境无关的能力。儿童的生理特征和他们的生活环境促进和调控了学习。从分子的水平上看，儿童的大脑是生理因素与生态因素相互作用的产物。心理是在这个过程中建立起来的。

　　"发展"一词是理解儿童概念形成过程中发生变化的关键。认知的改变不仅仅是信息量的增加而造成的，而且还源于概念重组的过程。来自许多领域的研究发现早期认知能力与学习相关。这些关键发现有：

　　"特惠领域"：儿童主动地了解他们的世界。在有些领域，诸如语言（最明显）、生物和物质因果关系以及数字，儿童似乎有学习的偏爱。

　　儿童是无知的，但并不愚笨：儿童缺乏知识，但他们具有利用他们理解的知识进行推理的能力。

　　儿童是问题的解决者，因好奇产生疑惑和问题：儿童试图解决他们所面临的问题，他们也寻求新的挑战。他们坚持不懈，因为成功和理解是自我激励的。

　　儿童很早就发展他们自己的学习能力——元认知。这种元认知能力使他们能够计划和监控成功的学习，以及修正错误（如有必要）。

　　儿童天生的学习能力需要加以引导：儿童的早期能力有赖于催化和调教。成人在激发儿童的好奇心和增强儿童的坚持性方面起着关键的作用，其做法是引导儿童的注意力、组织儿童的经验、支持儿童学习的努力、调整信息的复杂程度和难度。

——《人是如何学习的》

（二）数学认知

目标1　初步感知生活中数学的有用和有趣

3~4岁	4~5岁	5~6岁
1. 感知和发现周围物体的形状是多种多样的，对不同的形状感兴趣。 2. 体验和发现生活中很多地方都用到数。	1. 在指导下，感知和体会有些事物可以用形状来描述。 2. 在指导下，感知和体会有些事物可以用数来描述，对环境中各种数字的含义有进一步探究的兴趣。	1. 能发现事物简单的排列规律，并尝试创造新的排列规律。 2. 能发现生活中许多问题都可以用数学的方法来解决，体验解决问题的乐趣。

视野拓展

中国香港《儿童发展范畴表现指标》

数理逻辑：能把物件分类、比较、排列、序列；能订出简单的计划以进行研习和建构知识，并能做简单的记录和评语。

英国《EYFS 早期学习与发展目标》

分析问题、解决问题和数理知识：在熟悉的情境中使用数字。10以内日常物品的精确数数。认识数字1—9。用数学的概念和方法解决日常问题。

日本《幼儿园教育要领》

环境：在生活中注意玩具、用具的结构。

韩国《全国幼儿园课程》

探究之数理逻辑探究：分类和排序理解基本的数概念，掌握日常生活基本的测量，理解基本的时间概念，理解基本的空间和形状概念，掌握日常生活的基本统计。

案例、评析及建议

【案 例】

生活中的数学

到了大班，老师在教室门口布置了一个签到台，准备了纸笔和一只指针小闹钟，鼓励小朋友到园签到，试试写写自己的学号或名字，并尝试记录下到园时间。签到台一下子就吸引了小朋友——

"我会写自己的名字。"

"我会看时间。"

"写时间中间要加两个点。"

……

小朋友对签到跃跃欲试，老师看到有的孩子不会写名字就用自己的学号代替，有的孩子不会看钟表，有的孩子会把6、7等数字写反……于是，签到台旁又多了一张数字表和一只显示数字的小闹钟。

经过一段时间的签到体验，小朋友看时间和写数字越来越熟练了，满满的成就感——

"两个钟我都会看。"

"你的数字写得真好看！"

"我看到今天来得最早的是年糕，她7点45分就来了。明天我打算7点就起床，要比她来得更早。"

老师问："你们觉得几点算早呢？怎样才能找出那些坚持来得早的小朋友呢？"

小朋友纷纷想办法，有的说：可以看看每天来得早的前五个小朋友是几点来的，那就算早；有的说：和老师一样7点半来才算早；有的说：老师8

点带我们出去晨间锻炼，8 点之前就算早……

老师说："收集了这么多办法，我们来投票吧，看看赞成哪个办法的人最多。赞成第一种方法的请举手！哎呀，谁来帮我数一数，我都有点儿数不清了。"

"我来，我会数！"青青把手举得高高的，她数了数说："有 8 个人举手。"

"第二种方法有 10 个人举手。"

"13 个人觉得第三种方法好。"

老师和小朋友共同统计了大家的意见，签到表也多了一列，每个小朋友一周签到后，需要在最后一列的格子里统计自己一周有几次是 8 点前到园的。

过了几天，大家又开始讨论起怎样选出每组的组长。老师提议道："你们玩过幸运数字的游戏吗？"小朋友的兴趣一下就被调动起来。老师拿出一个骰子，骰子滚动了一会儿停了下来，小朋友们激动地说："是 5！"

"那今天的组长就是每组签到表上第五个小朋友，大家去看看是哪些幸运儿吧！"老师说。被选出的组长们个个喜滋滋的，脸上洋溢着快乐和自豪！

【评　析】

生活中有很多用数字、用数学的机会，让孩子们发现生活中的数字、形状，发现生活中的规律，体验用数学解决问题的乐趣，是我们开展数学活动的重要目标。这样的活动不一定是集体教学，它可能渗透在一日生活的各个环节。正如案例中的晨间接待环节，建构在游戏中、绘本阅读时、餐前准备中等，处处都有学数学的契机。

3—6 岁幼儿是在直接感知、亲身体验和实际操作中进行学习的，因此在幼儿的真实生活中让幼儿进行操作和体验，比如案例中让幼儿用学号签到、记录到园的时间、投票、统计自己一周到园情况、数数每组签到表中第五个小朋友是谁等，在"做事"的过程中写数字、看时间、做统计，用数学本领解决问题，不断积累经验。

教师除了积极为幼儿创设生活中用数学的机会外，还要积极观察儿童，适时为他们提供一些支持，正如案例中当孩子不会写数字、不会看钟表时，教师为孩子提供数字表、数字钟为孩子的自主学习提供支持，让孩子在用数学的过程中有积极的体验，从而逐步形成学数学的积极态度和能力。

【建　议】

给教师的建议

1. 让幼儿周围的世界数学化

就像摄影师通过不同的镜头来捕捉世界一样，教师可以通过"数学滤镜"来观察世界。这样的教师会时刻留意身边的数学，会发现数学和数学问题情境存在于我们生活的各个角落。我们要和孩子一起发现隐藏在不同情境里的数学，发现身边的事物有不同的形状、有一定的排列顺序，在很多地方都会看到数的信息，邀请孩子一同来寻找这些事物，共同解决问题。

2. 让幼儿有机会借助手、脚、耳、目一起参与数学学习

根据幼儿学习特点，幼儿园常常设计多样化的学习活动和机会。多样化的学习不仅包括不同领域的学习活动，还指幼儿运用多感官参与学习。数学活动也应该是多样化的，如让幼儿唱和听"数数歌"来感受数字的顺序，幼儿轮流踏着鼓点前进，感受一一对应等。让幼儿真正参与到解决实际的数学问题中去，他（们）需要大脑中负责运动、视觉、听觉、情感思考等多个脑区共同协作，这样幼儿使用的学习方式越多，越可能产生深度学习。

给家长的建议

1. 引导孩子关注事物的形状，使用表示形状的词汇

能经常和孩子在一起讨论生活中各种事物的形状，尝试用一些表示形状的词汇来描述孩子看到的事物。如让孩子用自己喜欢的形状画装饰画；谈论新买的自行车时，会使用"圆滚滚的车轮""三角形的坐凳""方方的车灯"等词汇；看图书时，会和孩子一起关注书中相应的词汇等。

2. 引导孩子发现身边的数字，体会数字可以代表不同的意义

能经常和孩子关注与自己生活密切相关的数字信息，体会数字代表的不同意思。如关注食品包装的数字表示日期，告诉我们食品还能不能食用；电影票上的数字表示第几排第几列，可以帮助我们找到自己的座位；尺子上的数字代表长度，可以记录小绿豆每天生长的高度等。家长还可以和孩子玩跟数字有关的游戏，如用扑克牌玩配对游戏，用数字画画等。

3. 引导孩子观察和发现生活中的规律，尝试自己创造新的规律

能经常和孩子一起观察发现事物排列的规律，如形状间隔排列的瓷砖、按颜色排列的手链等；和孩子一起朗读儿歌时，找规律来记忆；鼓励孩子尝试设计有规律的图案，创编歌词，利用对称、排列等规律建构积木房子、桥、道路等。

4. 鼓励和支持孩子用数学来解决生活中的问题

能经常和孩子讨论和使用数学的方法解决生活中的问题，如在讨论去哪里玩，到底用谁的方法时，通过统计的方法来做决定；运动比赛的时候，通过测量的方法比比谁跳得远、谁跑得快；游戏的时候，通过"1、2，1、2"报数的方法分组等。

（杭州市西湖区文一街幼儿园　黄雯君）

● 教育偏差

相信有不少人自己被贴上过"数学不好"的标签，又或者自己给某个孩子下过"数学不好"的断语，而且在今后的学习生活中不断被证实。而实际上，并不是孩子自身能力的问题，而是这些标签、断语限制影响了孩子的发展。"这些被认为数学差的学生，当问题来自实际情境，并与他们的其他兴趣相联系的时候，他们就显示出了完全不同的态度。"要"联系到相关的实际问题"，关注"学习内容的实用性、有趣性、可选性和真实性"。

"教育是一个逐步发现自己无知的过程"（杜兰特），《指南》提出的"教育建议"，以及《皮亚杰教育论著选》《教育与脑神经科学》中的论述能给我们的反思带来一些启发。

教育建议：

（1）引导幼儿注意事物的形状特征，尝试用表示形状的词来描述事

物，体会描述的生动形象性和趣味性。如：参观游览后，和幼儿一起谈论所看到的事物的形状，鼓励幼儿产生联想，并用自己的语言进行描述。如熊猫的身体圆圆的，全身好像是一个个的圆形组成的。和幼儿交谈或读书讲故事时，适当地运用一些有关形状的词汇来描述事物，如看图片时，和幼儿讨论奥运会场馆的形状，体会为什么有的场馆叫"水立方"，有的叫"鸟巢"。

（2）引导幼儿感知和体会生活中很多地方都用到数，关注周围与自己生活密切相关的数的信息，体会数可以代表不同的意义。如：和幼儿一起寻找发现生活中用数字做标识的事物，如电话号码、时钟、日历和商品的价签等。引导幼儿了解和感受数用在不同的地方，表示的意义是不一样的。如天气预报中表示气温的数代表冷热状况。钟表上的数表明时间的早晚等。鼓励幼儿尝试使用数的信息进行一些简单的推理。如知道今天是星期五，能推断明天是星期六，爸爸妈妈休息。

（3）引导幼儿观察发现按照一定规律排列的事物，体会其中的排列特点与规律，并尝试自己创造出新的排列规律。如：和幼儿一起发现和体会按一定顺序排列的队形整齐有序。提供具有重复性旋律和词语的音乐、儿歌和故事，或利用环境中有序排列的图案（如按颜色间隔排列的瓷砖、按形状间隔排列的珠帘等），鼓励幼儿发现和感受其中的规律。鼓励幼儿尝试自己设计有规律的花边图案、创编有一定规律的动作，或者按某种规律进行搭建活动。引导幼儿体会生活中很多事情都是有一定顺序和规律的，如一周七天的顺序是从周一到周日，一年四季按照春夏秋冬轮回等。

（4）鼓励和支持幼儿发现、尝试解决日常生活中需要用到数学的问题，体会数学的用处。如：拍球、跳绳、跳远或投沙包时，可通过数数、测量的方法确定名次。讨论春游去哪里玩时，让幼儿商量想去哪里玩？每个想去的地方有多少人？根据统计结果做出决定。滑滑梯时，按照"先来先玩"的规则有序地排队玩。

通过对儿童和青少年的自发数学才能发展的心理学研究，我们可以得出一系列重要的教学意见。

第一，当儿童没有发觉所提出的问题涉及数学问题的时候（在具体实验过程中，以逆运算的形式出现的比例、法则及符号或绝对速度，甚至相对速度的问题，等等），学生便只用普通智力而不用个人的特殊才能加以解决（没有排除这类才能，但它们似乎未起决定性的作用）。特别是，常常发现有些学生尽管在算术课上表现平常，但当问题以他们感兴趣的某种活动的方式提出来的时候，证明他们具有理解力，甚至有发明的精神。他们处于以抽象方式解答问题的学校情境中（也就是说，没有和一种实际需要相联系），总显得很被动，而且常常很笨拙。尤其是他们总认为自己能力不够并中途辍学，从内心里认为自己失败了。这些被认为数学差的学生，当问题来自实际情境，并与他们的其他兴趣相联系的时候，他们就显示出了完全不同的态度。儿童依靠个人的智力而获得成功，这似乎涉及一般智力的问题。由此可以推出第一个基本的解答，即如果注意到学生感兴趣的活动，并用这一方法消除了他们在这门学科的学习中经常产生自卑感的情绪抑制，那么，所有正常的学生都具有良好的数学推理能力。在大多数的数学课上，整个差别就在于是要求学生接受来自外面已经完全组织好了的、他们理解或不理解的智力训练呢，还是在自发活动的情况下，要求他们自己发现各种关系和概念，并再创造它们，直到他们高兴接受指导和教授。

——《皮亚杰教育论著选》

要激发学生的学习动机，必须使学生意识到学校所教的学科，如阅读、数学、自然科学等，都是必不可少的、值得学习的。

当学生积极地参与文科或理科的自修项目、解决问题的活动、角色扮演、模拟训练时，大脑的思考能力都能得到增强。

当新学的知识联系到相关的实际问题时，就增加了记住新知识的概率。

当学生看不出学习和现实生活的相关性时，他们就不会再去学习，并会感到厌烦或感到压力。

教学中考虑学生的兴趣，有助于保证学生将所学的标准化内容用在现实生活之中。

学生所要学习的知识或所要完成的任务是否与他们本人有关系，是否有必要去学或去做，直接影响到学生的自我系统（他们的态度、信念和情感）。

当我们传授新知识给学生时，他们的大脑就试图把以前储存的信息模式和这些新知识建立联系。如果没有这样的联系，这些新知识可能很快就被忘掉。

要求学乍设立具体的个人学习目标，并要经常采取措施确保学生努力实现这些目标。

学习内容的实用性、有趣性、可选性和真实性是激发青少年主动学习的重要条件。

学业与职业相互联系的教学计划有助于学生顺利地完成从学校到职场的过渡，因为这些计划使学校教学活动切合实际。

——《教育与脑神经科学》

目标 2　感知和理解数、量及数量关系

3~4 岁	4~5 岁	5~6 岁
1. 能感知和区分物体的大小、多少、高矮长短等量方面的特点，并能用相应的词表示。 2. 能通过一一对应的方法比较两组物体的多少。 3. 能手口一致地点数 5 个以内的物体，并能说出总数。能按数取物。 4. 能用数词描述事物或动作。如我有 4 本图书。	1. 能感知和区分物体的粗细、厚薄、轻重等量方面的特点，并能用相应的词语描述。 2. 能通过数数比较两组物体的多少。 3. 能通过实际操作理解数与数之间的关系，如 5 比 4 多 1；2 和 3 合在一起是 5。 4. 会用数词描述事物的排列顺序和位置。	1. 初步理解量的相对性。 2. 借助实际情境和操作（如合并或拿取）理解"加"和"减"的实际意义。 3. 能通过实物操作或其他方法进行 10 以内的加减运算。 4. 能用简单的记录表、统计图等表示简单的数量关系。

中国香港《儿童发展范畴表现指标》

数理逻辑：能运用数数、数字、运算和数学概念解决日常生活中的实际问题；能从已有的概念或经验对各事物进行判断、推理和分析。

英国《EYFS 早期学习与发展目标》

分析问题、解决问题和数理知识：在练习和讨论中，开始使用有关加减的词汇。用"多"和"少"的概念比较两个数字。找出 10 以内比一个数字多一或少一的数。开始在"加法"与"两组物件合并在一起"及"减法"与"拿走一部分"建立联系。使用"多些"、"小些"、"重些"或"轻些"等词汇来比较数量。

日本《幼儿园教育要领》

环境：在日常生活中关心数量和图形等。

法国《对母育学校的方向指导》

科学技术活动：学习和背诵含有数字的儿歌，可使幼儿逐步了解事物的不同属性、特征，理解事物之间的关系，形成有关大小、多少等数量概念。

● 案例、评析及建议 ▪▪▪▪

【案　例】

数学游戏趣味多

案例一：水果争5

大班数学区中，教师利用扑克牌自创了水果卡牌，即每张卡牌上画着不同水果的数量，有的是 4 根香蕉，有的是 3 颗草莓，有的是 2 个苹果；也可以是一张卡牌上同时有 1 颗草莓和 2 根香蕉。

幼儿 4 人游戏，教师将一套卡牌平均分成 4 堆给 4 个幼儿，桌子中间放一个按铃。游戏规则是4人轮流出牌，当发现卡牌面上有5个同类水果时就赶紧按响桌中间的按铃，可以收取所有人桌面上的卡牌；再继续游戏。但如果幼儿错误按铃，则需要分给其他幼儿每人一张牌。

帅帅、悠悠、小迪、多多4位小朋友平均分取了一份卡牌后开始游戏。帅帅先出牌（2颗草莓）、悠悠出牌（1颗草莓和2根香蕉）、小迪出牌（1个苹果）、多多出牌（2颗草莓和1根香蕉）。这时候，多多迅速按响小铃，他发现一共有5颗草莓。于是，他有点儿得意地将大家的牌都收归自己了。游戏继续，多多出牌（3个苹果）、帅帅出牌（4根香蕉）、悠悠出牌（2颗草莓和2根香蕉），帅帅激动地伸手按响小铃，悠悠看看帅帅，再看看桌面的牌："哎呀！没有的。"小迪也说："这是6根香蕉，不是5根。"帅帅拿起4根香蕉的牌和有2根香蕉的牌，看看、想想，有点儿不好意思地放回了卡牌。小迪说："哈哈，你要分给我们每人一张牌喽！"就这样，孩子们继续进行着游戏，有争执、有激动，也有胜利的欢笑。

案例二：圈圈座位

老师在组织幼儿游戏时，经常会请幼儿围成圈圈坐好。可是，孩子们总是坐不好，一个挨着一个，容易出现拥挤的现象。以往都是老师帮忙，这一次老师鼓励幼儿自己想办法："怎么才能把圆圈变成大圈圈呢？"有的幼儿直接动手开始移小椅子，边移边说："往后面一点。"其他孩子纷纷学样，移动小椅子。不一会儿，圈圈变大了，小朋友之间没有这么挤了。老师说："哇，圈圈变大了！现在还会挤吗？"孩子们说："不挤了，分开来了。"老师说："嗯，圈圈变大就不挤了，坐起来真舒服！现在大圈圈上有多少小朋友呀？"一个孩子举手来数，说："有21个小朋友。"老师说："那刚才小圈圈的时候，有多少小朋友呀？"有孩子说不知道，有孩子说就是21个呀。于是，老师带孩子手拉手玩起了大圈圈和小圈圈游戏，引导孩子发现：手拉手人数没有变，但是圈圈一会儿变大，一会儿变小。原来大圈圈小朋友中间空的位置大一些，小圈圈就你碰我我碰你。大家总结道："一样的小朋友，可以变成大圈圈，也可以变成小圈圈。"

【评　析】

案例一："水果争 5"的游戏具有很强的开放性。幼儿的每一次出牌都有不确定性和多种可能性，能激发幼儿的思维。同时，4 人轮流出牌，谁先按铃判断具有一定的竞争性，能激发幼儿的好胜心，幼儿在实际操作中不断挑战自己，保持浓厚的兴趣。

这个案例给了我们很好的提示，游戏性的学习方式更符合幼儿的思维发展特点。比起高结构、玩法单一指向的材料，开放性、可变性的游戏更容易调动幼儿的参与积极性。水果总数也可以变化，水果争 7、水果争 8；而且幼儿可以改变内容，不用水果，自己创造一个事物。在享受游戏的过程中，幼儿通过同伴间的相互监督促进经验再建构，在有争议的时候，当场用数数的方式来验证正确性，这就是一个数经验巩固学习的过程。

教师和家长在关注幼儿的数关系能力发展时，除了借助日常生活情境外，还需要借助趣味、开放的游戏方式来激发幼儿的参与热情，在充满挑战的游戏情境中调动数学思维，直观感知和理解数、量以及数量之间的关系，理解数的"加""减"的实际意义。

案例二：许多生活、游戏环节中蕴含了幼儿对数的理解契机。坐圈圈是一个常见的活动组织需要。教师敏锐地发现孩子们总是坐不好圈圈，拥挤在一起是常态。在经常帮助但没有改变的情况下，教师这次请幼儿自己想办法解决。其实，教师之前是经常帮助幼儿把圆圈变大的，有幼儿会有这样的经验唤起，很顺畅地就把圈圈变大了。借助这个契机，教师巧妙地和幼儿玩起"圈圈变变变"的游戏，引导幼儿发现数量不会因排列形式、空间位置的不同而发生变化。

这个案例提示我们，可以借助生活与游戏中的常见现象，引发幼儿对数、量及数关系的经验建构，也可以利用这样的经验帮助幼儿在生活中做举一反三的联结与体验。

【建　议】

给教师的建议

1. 引导幼儿感知和理解事物"量"的特征

（1）借助幼儿熟悉的生活情境或事物，更容易唤起幼儿参与活动的兴趣，调动已有的生活经验来思考事物的差异性。如在教室里找到两样物品比较粗细、长宽；在排队时，以小组为单位要求幼儿按高矮来排。

（2）在让幼儿进行量的比较时，教具的选择很重要。首先，应只突出某种量的比较，便于儿童正确判断和区分。如在认识物体粗细时，应选用高矮相同而粗细不同的两个物体。其次，还要注意教具的摆放。如比较高矮时，被比较的物体应放在同一个水平面上，比较长短时，教具应横过来放，并使一段对齐。

（3）用语言来识别、描述事物"量"的特征非常重要。尤其是对于小年龄幼儿，也许幼儿已经有一定的感性经验，但是还不能用准确的语言来描述，经常会用"大小"来概括所有差异，所以，教师也需要不断地用正确的语言来帮助幼儿建构对应的词语来描述，这也是儿童数学思维抽象性水平的具体反映。

（4）量的比较具有相对性和传递性，这一点是最抽象的概念。如小红和小兰比，小红高，小红和老师比，小红矮，那小兰和老师比呢？面对这样的问题情境，教师需要帮助幼儿建立比较的有序性，通过现场情境再现的方式帮助幼儿逐步掌握并进行逻辑推理。

2. 指导幼儿学习通过对应数数的方式比较多少，进而理解数概念

（1）多利用日常生活，借助非正式的计数活动提供大量幼儿可参与体验的机会。如数一数今天来了几位小朋友；请幼儿按数量要求拿取操作的物品；可以提醒幼儿一开始用手指点触物体数数，感知——对应，后续逐渐以目测、默数来完成计数过程。

（2）通过点数的方式让幼儿体会物体的数量不会因排列形式、空间位置的不同而发生变化。如鼓励幼儿将一定数量的扣子以不同形式摆放，体会扣

子的数量是不变的。

3. 通过实物操作引导幼儿理解数与数之间的关系，并用"加"或"减"的办法来解决问题

（1）无论是集体活动还是区域活动、日常活动，都是要以解决问题的方式，在一定的实际情境中感知操作。如"生日蛋糕"，孩子们为小伙伴过 6 岁生日，做蛋糕，老师提供给孩子的"蜡烛"是不同颜色的，让孩子必须使用两种不同颜色的蜡烛（1 根红色和 5 根蓝色；3 根黄色和 3 根绿色）。

（2）当积累大量的实物操作经验后，幼儿就会进一步理解加减的实质，以及符号和算式的意义。如列出 1+2=3，可引导幼儿先说 1 和 2 合起来是 3，所以 1+2=3。引导幼儿逐步建立从组成到加减的运算模式。

给家长的建议

1. 利用日常生活情境，给幼儿创造实物操作感知与解决问题的机会

（1）鼓励幼儿在一一配对的过程中发现两组物体的多少。如在给桌子上的每个碗配上勺子时，发现碗和勺子多少的不同。

（2）鼓励幼儿通过数一数比较两样东西的多少。如数一数盘子里有多少个苹果，多少个橘子，判断苹果和橘子哪个多，哪个少。

（3）为幼儿提供"按数取物"的机会。如帮妈妈拿 8 颗扣子，帮奶奶拿 4 颗草莓。

（4）购少量物品时，有意识地鼓励幼儿参与计算和付款的过程。

（5）体验量的差异。如在宽窄不同的若干木板中，请幼儿选一块最宽的木板来建造独木桥。

2. 多用语言对幼儿所做的事情进行描述，支持孩子对数关系和量的属性表达

（1）选择和幼儿的集合数量相同的集合，以不同的方式对集合进行划分，并说总数是相同的。如我们都有 5 支彩色笔，你有 2 支蓝色的、2 支绿色的、1 支红色的；我有 2 支蓝色的和 3 支黄色的。

（2）当幼儿正确点数时要表示认可，并重复总数。如 1、2、3、4、5，

我有 5 块饼干。家长重复肯定：是的，你一共有 5 块饼干。请孩子找一个比家长手里更粗的积木，当孩子找来、比较正确后，引导孩子表达"我的积木比你的积木粗"。

（杭州市西湖区诚园幼儿园　陈芳）

教育偏差

防止小学化，并不意味着放弃对孩子数概念理解的引导，拔苗助长，因噎废食都是要不得的。"你怎样安排学习，使儿童认识到，当他掌握了信息，他便能超越信息；使他认识到，他所学过的论据，同其他资料和情境之间存在着联系。""利用这些所学的知识去认识世界，并在现实生活中加以运用。"

"教育是一个逐步发现自己无知的过程"（杜兰特），《指南》提出的"教育建议"，以及《布鲁纳教育论著选》《教育的目的》中的论述能给我们的反思带来一些启发。

教育建议：

（1）引导幼儿感知和理解事物"量"的特征。如：感知常见事物的大小、多少、高矮、粗细等量的特征，学习使用相应的词汇描述这些特征。结合具体事物让幼儿通过多次比较逐渐理解"量"是相对的。如小亮比小明高，但比小强矮。收拾物品时，根据情况，鼓励幼儿按照物体量的特征分类整理。如整理图书时按照大小摆放。

（2）结合日常生活，指导幼儿学习通过对应或数数的方式比较物体的多少。如：鼓励幼儿在一对一配对的过程中发现两组物体的多少。如，在给桌子上的每个碗配上勺子时，发现碗和勺多少的不同。鼓励幼儿通过数数比较两样东西的多少。如数一数有多少个苹果，多少个梨，判断苹果和梨哪个多，哪个少。

（3）利用生活和游戏中的实际情境，引导幼儿理解数概念。如：结合生活需要，和幼儿一起手口一致点数物体，得出物体的总数。通过点数的方式让幼儿体会物体的数量不会因排列形式、空间位置的不同而发生变化。如鼓励幼儿将一定数量的扣子以不同的形式摆放，体会扣子的数量是不变的。结合日常生活，为幼儿提供"按数取物"的机会，如游戏时，请幼儿按要求拿出几个球。

（4）通过实物操作引导幼儿理解数与数之间的关系，并用"加"或"减"的办法来解决问题。如：游戏中遇到让 4 个小动物住进两间房子的问题，或生活中遇到将 5 块饼干分给两个小朋友的问题时，让幼儿尝试不同的分法。鼓励幼儿尝试自己解决生活中的数学问题。如家里来了 5 位客人，桌子上只有 3 个杯子，还需要几个杯子等。购少量物品时，有意识地鼓励幼儿参与计算和付款的过程等。

名著启示

第一个是态度问题。你怎样安排学习，使儿童认识到，当他掌握了信息，他便能超越信息；使他认识到，他所学过的论据，同其他资料和情境之间存在着联系。他须有这样的态度：他能够有效地运用他的头脑去解决问题；当他掌握了一点点信息，他便能推断信息；当他有互不联系的材料，他便能使之联系起来。这基本上是个态度问题——这个将使他能够机敏地认识，他所学过的材料是他用以超越这些材料的机会。

第二个是一致性问题。你怎样引导儿童使他把正在学习的材料，同他自己的联系、区分、分类体系及参照构架配合起来去进行探索，使得他终于能够自己掌握它并从而能够按与他已经知道的事物一致的方式去使用信息？

第三个是让儿童活跃起来，使得他能够运用自己的能力去解题并获得成功，从而由于进行思考锻炼而感到鼓舞。

第四个是让儿童在有关运用信息和解题的技能方面进行实践。这是个高度技术性的问题，它不但和心理学有关，也和学习我们所谓启发式的任何领域内的那些有用的捷径有关。当我们谈到有关心理学的学习时，无论如何，我不认为心理学应停留在心理学术语的水平上。当儿童懂得他能够应用的数学中的一些基本原理时，他只是思考过程的特征。基本上，心智的工具不仅是某种反应模式，而且是有组织的、高效能的工具概念，这些概念是从他正在研习的领域中产生出来的。没有，肯定没有像算术心理学这样的东西，但是，算术的重要概念却是进行思考的成套工具的部件，它们包含儿童必须掌握的启发法和技能。这里的重大问题是你怎样引导儿童练习利用这些技能——因为，很明显，不论你怎样频繁地阐明一般观念，如果学生没有使用它们的机会，他就不会成为使用它们的能手。

第五个问题属于特殊的种类，我要说它是"自我循环问题"。儿童在学校环境中学习时，会很频繁地做他自己也描述不出来的那种事情。心理学家在新的研究中无时无刻不看到这一点——儿童有能力做许多种事情，例如，把环套在平衡木支点两边的钉子上，并得到很令人感兴趣的平衡；但他们不能对自己说出道理，也不能把这个事实转换为他们能够记住的简练记号。

第六个问题涉及我们灵活处理信息流，使之能用于问题解答这种能力的性质。

——《布鲁纳教育论著选》

在训练一个儿童的思维活动时，我们需要特别注意的是那种我所说的"呆滞的思想"——那些仅仅被大脑接收却没有经过实践或验证，或与其他东西进行融会贯通的知识。

……

现在，让我们来谈谈在我们的教育体制中，如果要避免思想上的僵化，就要特别注意两条戒律：（一）不要同时教授太多科目；（二）如果要教，就一定要教得透彻。

教授大量的科目，却只是蜻蜓点水地教授一点皮毛，只会造成一些毫不相干的知识的被动接受，不能激起任何思想的火花。如果只给儿童教授一些少而精的科目，让他们对所学的东西进行自由的想象和组合，他们就会利用这些所学的知识去认识世界，并在现实生活中加以运用。学习伊始，孩子就应该感受到发现世界的喜悦，他会发现，他所学到的东西，能够帮助他理解在他的生命中所发生的一系列事情。

——《教育的目的》

目标 3　感知形状与空间关系

3~4 岁	4~5 岁	5~6 岁
1. 能注意物体较明显的形状特征，并能用自己的语言描述。 2. 能感知物体基本的空间位置与方位，理解上下、前后、里外等方位词。	1. 能感知物体的形体结构特征，画出或拼搭出该物体的造型。 2. 能感知和发现常见几何图形的基本特征，并能进行分类。 3. 能使用上下、前后、里外、中间、旁边等方位词描述物体的位置和运动方向。	1. 能用常见的几何形体有创意地拼搭和画出物体的造型。 2. 能按语言指示或根据简单示意图正确取放物品。 3. 能辨别自己的左右。

视野拓展

英国《EYFS 早期学习与发展目标》

关于周围世界的知识和理解：选择所需的工具和技能来拼图、组装和黏合物品。

分析问题、解决问题和数理知识：讨论、辨别和再现简单的规律性图案。

使用"圆"或"大些"等词汇描述实物或平面图案的形状和尺寸。

日本《幼儿园教育要领》

环境：怀着兴趣利用身边的物体玩游戏，有创意地边用边想一想、试一试；对与生活关系较大的情报和设施等具有兴趣和关心。

法国《对母育学校的方向指导》

科学技术活动：引导幼儿发现和建立简单的空间关系。获得有关科学技术方面的粗浅知识和技能。例如，通过让幼儿参加制作、敲打、拼拆、修补等活动，丰富幼儿各种建筑材料的知识，学会分类，掌握部分与整体的关系，提高动手动脑能力。

案例、评析及建议

【案　例】

地图趣事

随着大班主题活动"大中国"的行进，孩子们关注到身边常见的生活工具——地图。地图上独特的"符号""图示""文字"代表着不同的意思，形成了独特的表达，这大大激发了孩子们一探究竟的兴趣。小朋友们对班里的地球仪有了很大的兴趣，一有空就在地球仪上寻找"大公鸡"（中国地图），还经常和好朋友一起在地图上找寻自己家乡的位置，以及自己曾经旅游过的城市轨迹。除此之外，在区域活动中，孩子们也特别喜欢玩地图拼搭的游戏，有的时候，几个小朋友一起合作把地图拼搭完成；有的时候，几个小朋友还展开比赛，看谁地图拼搭完成得又快又好。

看到孩子们拼地图拼得不亦乐乎，老师说："你们这么喜欢地图，那你们知道除了中国地图外，我们身边还有哪些地图呢？"这个问题提醒了孩子们，一些眼尖的小朋友开始寻找自己生活环境中的地图。很快，小萍指着门后的"消防疏散图"说："看，我们教室里就有地图。"小伊说："这个好像是逃生地图。"小凡说："动物园里也有地图，我看到过的。"小曲说："我们小区里也有地图呢。"……老师说："那请大家今天回去找一找身边的地图，可以用拍照或者画图的方法把你找到的地图带到班里，我们一起来欣赏你们找到的地图，好吗？"

第二天，孩子们带来了自己找到的生活中的地图，但是针对一些地图，也有小朋友提出不同意见，小谢说："这个是箭头，不是地图。地图是一张图，这个造型不对。"小萍说："这个是地图，因为它可以用来指路。"小逸立刻反驳道："这个是指路的标志。地图要有整个地方，这样才能看清楚。"

大家一起在幼儿园里找一找，发现"安全通道"之类的箭头标识可以指路，但是不能算地图。

乐乐说："我们上次'沙地寻宝'的时候画过'藏宝图'，'藏宝图'也是地图啊。""对啊！我们再来玩藏宝的游戏吧，这次我们把宝贝藏在教室里，画一张'教室藏宝图'让大家来找。"小曲兴奋地提议。他的提议得到了大家的一致认可。于是，小朋友们开始忙活起来。他们分成了"藏宝组"和"寻宝组"两组。"藏宝组"的小朋友把贝壳当作宝贝，藏在教室的各个地方，藏完后开始画"教室藏宝图"。"藏宝组"的小朋友很认真地画好，开心地把藏宝图送给"寻宝组"的小朋友，但是"寻宝组"的小朋友一脸期待地拿到藏宝图后，却纷纷面露难色，他们仔细地拿着图看了半天，却怎么也看不懂！这急得"藏宝组"的小朋友纷纷出面解释。

小宇说："你看这是教室，蓝色的是两扇门，中间是厕所。"乐乐问："那这下面一格格的是什么？"小宇说："这是我们睡午觉的床呀！""床又不在这个位置。"乐乐嘟囔着说。

看到孩子们的争论，老师说："大家不着急，我们坐下来讨论一下吧，看看怎样能改进我们的地图。"大家一坐下来，桐桐就问："我们画的地图别人看不懂，哎！怎样才能让别人看懂我们画的地图，我们是不是画少了？"老师说："我们先找找大家都看懂的地图长什么样！"孩子们对收集来的各种地图进行了观察，最终认为动物园地图和游乐园地图是他们能看懂的。老师问："这两幅地图你们能看懂，它们有哪些特点呢？"小萍说："这两幅地图上都画了出口和入口，用箭头表示，我一下就看明白了。"小曲说："地图上画了一些重要的房子（关键地点），还用文字或者符号表示出来。"小谢说："地图上都画了一条条的路。游乐园地图还用箭头画了路线让我知道怎么走。"乐乐说："地图上有指南针一样的标志。"老师说："你的小眼睛真亮，这是指向标。"老师问："你们觉得我们的教室最重要的是哪几部分？"小哲说："我们的教室有睡觉的地方（午睡室），在左边，中间是上厕所的（盥洗室），右边进门是我们吃饭、区域活动的地方（活动室）。"老师问："我们平时在教室是哪里进出的？（进口和出口）"童童说："我们一般前面的门（活动室）进去，后面的门（午睡室）出去。"老师问："还记不记得我们之前用指南针的时候，教室哪边是北面？（地图指向）"小萍回答道："我们之前使用过指南针，两扇门的方向是北面。"

有了地图的相关理论经验，小朋友们再次尝试"藏宝"与画"教室藏宝图"。这一次"寻宝组"的小朋友根据"藏宝组"提供的教室藏宝图很快就找到了宝贝。玩了几遍后，乐乐说："这也太简单了吧，还有没有更厉害的？"小宇说："教室太小了，我们画整个幼儿园的地图，看你们还找不找得到！""哈哈，幼儿园的'藏宝图'一定更好玩。""藏宝组"的小朋友迫不及待地动手画起来，但是画了一会儿，小宇就说："唉，好像有点儿难，幼儿园太大，有些地方我记得不是很清楚。"老师说："我们可以走出教室去看看幼儿园到底是怎样的。如果记不住，还可以用相机把幼儿园的角角落落拍下来。"小朋友们带上相机出发了，到了旱溪边却犯难了："哎呀，老师，老师，我们有些矮，有些地方拍不到，怎么办？"老师说："你们想想可以怎么办？"小宇说："我们要站得高一点！"畅畅："对！地图很多都是从很高的地方拍下去的！"老师："那幼儿园哪里比较高？"杨杨："金刚滑梯有三层楼那么高，我们爬上去！"孩子们爬到滑梯上："哇！这里可以看到教学楼！还有旱溪！"老师："那还有哪里可以看到幼儿园完整的场地？"越越："三楼的教室！可以看到整个操场、cs场地，还有斜坡滑梯！"孩子们开心地寻找幼儿园高的地方，站上去看一看，兴奋地表达自己的发现。

乐乐："我们在三楼走廊的窗户里可以看到整个秋千场地！"小萍："哇，有氧吧这里可以看到旱溪、丛林探秘，还有我们幼儿园的大门！"小谢："哈哈，我站在高的地方，这样看起来人都变得好小啊！"老师："你们在高的地方从上往下看的过程叫俯瞰，老师有一张更高地方拍的幼儿园俯瞰图，快来看看吧！"在这张地图上，孩子们激动地找到了他们心目中幼儿园里最重要的地方：金刚滑滑梯、旱溪小木屋、秋千架、斜坡滑滑梯、戏水池……老师说："你们想把宝贝藏在幼儿园的哪一个地方呢？"孩子们七嘴八舌地讨论起来。这一次，孩子们有了全方位的观测经验，根据自己"藏宝"的场所勾画藏宝图，"寻宝组"的孩子们很快就找到了宝贝。不满足于幼儿园户外藏宝的孩子们又开始了教学楼内的藏宝地图的探索。他们走遍室内每一楼层，记录每一层的班级、重要的标志物、出入口等，教学楼藏宝地图新鲜出炉了！

但是，孩子们经过多次尝试，发现要在整个教学楼（三层楼）玩寻宝游戏其实非常困难，尤其是要在一张平面的纸上呈现出整幢楼层。刚开始孩子们画得很抽象。但随后他们发现这样过于笼统，很难表现出每层楼的具体内容，孩子们在立体呈现的教学楼藏宝地图的过程中经历了很多次的失败，但是他们还是乐此不疲，同时解锁了教学楼藏宝地图的新玩法。乐乐说："遇到找不到教室的弟弟妹妹，我们看地图可以把他们护送回教室。""我们可以问她：你是几班的呀？然后把她送回教室。"小萍说："我们还可以根据地图把碗送到食堂去，或者根据地图找到总务室的张老师帮老师领东西。""对呀，如果遇到来幼儿园的客人，我们可以用地图给客人介绍、指路，让她们很快就找到自己要去的地方。"小谢兴奋地说。

【评　析】

几何图形和空间方位的学习与幼儿的生活经验有着密切的关系。当小朋友对地图产生兴趣的时候，教师应有意识地将兴趣与幼儿的生活联系起来。

1. 在幼儿生活中不断发现学习的资源

当孩子们热衷于寻找地球仪上的中国版图、快乐地开展拼地图游戏时，教师提醒孩子"你们生活中有地图吗"，鼓励孩子在自己的生活中寻找和发现地图。在寻和找的过程中，孩子们关注到了平时他们不太注意的"消防疏散图""游乐园游玩导图""动物园地图"等，让他们试着解读自己找到的地图，想一想它的作用是什么，看一看它和其他地图的不同之处，找一找各种地图相同的地方又有哪些。在这样的寻找、思考和交流的过程中，幼儿对于生活标识、地图等生活中的工具性资源有了新的认识，同时对于地图也收获了一些扩充性的新感知。

2. 在游戏过程中不断完善幼儿对空间方位的认知

在寻找生活中的地图，了解了地图在生活中的作用后，孩子们很自然地将地图与藏宝游戏联系在了一起。他们选择了自己熟悉的环境，尝试了手绘藏宝地图的新挑战。虽然一开始绘制出来的藏宝地图，小伙伴们都看不懂，但是通过绘制小朋友的讲解，还是可以看出他们在绘制中努力尝试着和实景匹配，也具备一定的方位意识。在实际制作过程中，幼儿发现个人画的藏宝地图却不是谁都能看得懂的，造成了游戏的障碍。于是，孩子们通过讨论、交流和梳理，有了对游戏地图建构统一理解的"标准"的意识，最终通过观察、讨论形成了一定的"制作地图"的标准：地图不仅仅只有"图"，还标有出入口、路线、指向标、重要地点和文字。根据讨论结果，孩子们再次实践尝试。这个过程是小朋友对某一个空间不断熟悉的过程，也是不断从物理空间转变为平面理解的过程。

3. 借力多元手段提升幼儿空间方位的认知

在面对比教室、教学楼更大的校园（空间场所）时，孩子们意识到太多东西（要素）没有办法一下子都准确地呈现在地图上，所以他们用拍照的方式来选择和记录。在这个过程中，他们发现了不同角度、不同高度观察物体会产生变化。在体验俯瞰的过程中，孩子们的空间知觉的经验变得更丰富了。另外，孩子们通过教室地图到校园地图的游戏实践过程，经历着由小到大的平面空间的真实体验。在绘制过程中，他们也总结出一些地图的关键点：可以把一块整体空间分成几个区块进行观察、记录；标识出口和入口可以让使用者一目了然；除了用绘画的方式呈现外，可以给地点做一些简单的文字标记或者图示，并且在地图上呈现路线指示。他们尝试不断挑战简单到复杂地扩大空间，从平面到立体：从教室、楼层到校园辨识方位。在空间表征的过程中，孩子们的空间感和方位感也由小及大地建立了起来。

4. 在实践运用中巩固幼儿空间方位的认知

刚开始，孩子们通过寻找生活中的地图，试着解读这些地图的意思，了解这些地图的作用；后来，结合自己的游戏活动，孩子们在感兴趣的寻宝游戏过程中不断检验，体会自己生活的空间场所，调整着自己的手绘地图；最后，孩子们通过自己对空间场所的熟悉，地图在他们眼里也不再局限于游戏工具，慢慢地出现了更多的应用方式：帮助小弟弟小妹妹找到自己的教室，快速地帮助老师去某个地点完成一些任务，做幼儿园的小向导，为客人介绍和指引，等等，这些实践运用的过程就是幼儿不断巩固空间方位认知的过程。

【建　议】

给教师的建议

用游戏的形式帮助幼儿感知形状与空间的关系。和小朋友开展"捉迷藏""藏宝找宝"等游戏，让幼儿在游戏过程中感受"里""外""上""下""前""后"等空间关系；在建构游戏和手工制作过程中让孩子感受到物品的形状特征，并尝试识别和描述；在体育、音乐和舞蹈游戏中，引导幼儿感受空间方位和运动方向。

给家长的建议

带孩子一起识别自己生活中熟悉场所的位置。如超市在家的旁边，我家在 X 楼等；通过让孩子参与家务劳动来丰富孩子感知形状和空间方位识别的认知。比如通过让孩子把自己的玩具放到指定位置、按照一定的形状分类整理、帮助家人去指定位置取物品、亲子寻宝、画藏宝图、家庭旅行计划单制作等来帮助孩子感知形状与空间的关系，提高空间知觉能力。

（杭州市西湖区留下幼儿园　郑秀凤）

● 教育偏差

"数字化时代的学习者偏爱既有用又有趣的学习。"时代发展的速度常让我们措手不及，旧有的教育方式不断碰壁。如何帮助孩子跟上时代发展的速度，需要我们教师和家长不断调整，接受新观点、新方法，主动放弃那种"几乎没有互动、合作或深度思考的迹象"的教育方式，引导幼儿学会探索，学会解决现实问题。

"教育是一个逐步发现自己无知的过程"（杜兰特），《指南》提出的"教育建议"、《教育未来简史——颠覆性时代的学习之道》中的论述能给我们的反思带来一些启发。

教育建议：

（1）用多种方法帮助幼儿在物体与几何形体之间建立联系。如：引导幼儿感受生活中各种物品的形状特征，并尝试识别和描述。如感受和识别盘子、桌子、车轮、地砖等物品的形状特征。鼓励和支持幼儿用积木、纸盒、拼板等各种形状材料进行建构游戏或制作活动。如用长方形的纸盒加两个圆形瓶盖制作"汽车"。收拾整理积木时，引导幼儿体验图形之间的转换。如两个三角形可组合成一个正方形，两个正方形可组合成一个长方形。引导幼儿注意观察生活物品的图形特征，鼓励他们按形状分类整理物品。

（2）丰富幼儿空间方位识别的经验，引导幼儿运用空间方位经验解决问题。如：请幼儿取放物体时，使用他们能够理解的方位词，如把桌子下面的东西放到窗台上，把花盆放在大树旁边等。和幼儿一起识别熟悉场所的位置。如超市在家的旁边，邮局在幼儿园的前面。在体育、音乐和舞蹈活动中，引导幼儿感受空间方位和运动方向。和幼儿玩按指令找宝的游戏。对年龄小的幼儿要求他们按语言指令寻找，对年龄大些的幼儿可要求按照简单的示意图寻找。

◉ 名著启示 ◆◆◆

数字化一代的九大学习特性：

1. 倾向于从多种数字渠道获取信息。

2. 倾向于并行处理或同时处理多个任务。

3. 倾向于在处理文本信息之前先处理图像、声音、色彩和视频信息。

4. 倾向于司时与多人进行协作和沟通。

5. 阅读纸质文本或网页文本时往往会无意识地进行快速阅读。

6. 倾向于适时学习。

7. 希望得到即时满足和即时奖励，但也伴随着延迟满足和延迟奖励。

8. 能在数字世界和现实世界之间自如切换。

9. 偏爱既有用又有趣的学习。

……

数字化时代的学习者偏爱既有用又有趣的学习。瑞恩曾访问马里兰州巴尔的摩市的一所优秀中学。校长兴奋地向他展示学校的创客空间，那是一个专门供学生进行创造的空间，学生们可以使用各种工具（包括数字化工具和非数字化工具、高科技含量的工具和传统工具）探索自己感兴趣的领域。瑞恩还看到了各种学生编程活动。创客空间内，学生们在一起合作学习，他们洋溢着笑容。他们在教室里热烈地讨论，为现实世界的问题寻找创造性的解决方案。走出创客空间时，瑞恩也被那种热情深深地感染了。

然而，令瑞恩大失所望的是，这种热烈的学习氛围只在这所学校的创客空间里才有。在其他的教室，他看到的还是老师们在讲台上喋喋不休地讲课，学生们在下面无精打采地听课的老场景。几乎没有互动、合作或深度思考的迹象。相反，许多学生在座位上已经开始走神，完全脱离了身边的学习环境。

作为本书作者，我们并非在批判这所学校，毕竟单凭某个侧面是难以对整体情况下定论的。我们只是好奇，为什么其他教室内没有创客空间的热烈氛围？为什么创客空间的学习环境不能成为学校的日常？

——《教育未来简史——颠覆性时代的学习之道》

第五章

解读《指南》"艺术"领域

（一）感受与欣赏

（二）表现与创造

艺术是人类感受美、表现美和创造美的重要形式，也是表达自己对周围世界的认识和情绪态度的独特方式。

每个幼儿心里都有一颗美的种子。幼儿艺术领域学习的关键在于充分创造条件和机会，在大自然和社会文化生活中萌发幼儿对美的感受和体验，丰富其想象力和创造力，引导幼儿学会用心灵去感受美、发现美，用自己的方式去表现美、创造美。

幼儿对事物的感受和理解不同于成人，他们表达自己认识和情感的方式也有别于成人。幼儿独特的笔触、动作和语言往往蕴含着丰富的想象和情感，成人应对幼儿的艺术表现给予充分的理解和尊重，不能用自己的审美标准去评判幼儿，更不能为追求结果的"完美"而对幼儿进行千篇一律的训练，以免扼杀其想象与创造的萌芽。

（一）感受与欣赏

目标 1　喜欢自然界与生活中美的事物

3~4 岁	4~5 岁	5~6 岁
1. 喜欢观看花草树木、日月星空等大自然中美的事物。 2. 容易被自然界中的鸟鸣、风声、雨声等好听的声音吸引。	1. 在欣赏自然界和生活环境中美的事物时，关注其色彩、形态等特征。 2. 喜欢倾听各种好听的声音，感知声音的高低、长短、强弱等变化。	1. 乐于收集美的物品或向别人介绍所发现的美的事物。 2. 乐于模仿自然界和生活环境中有特点的声音，并产生相应的联想。

视野拓展

中国香港《儿童发展范畴表现指标》

创作及欣赏事物的能力：能欣赏生活中美的事物，并表现出兴趣。

英国《EYFS 早期学习与发展目标》

创造性发展：运用多种渠道来反馈他们看到的、听到的、闻到的、触摸和感觉到的事物。

日本《幼儿园教育要领》

表现：通过接触生活中美的东西和打动心灵的事去丰富幼儿的想象。

韩国《全国幼儿园课程》

表现之探究：探究声音，探究形状，探究运动。

【案　例】

热闹的"鸣虫演唱会"

早晨，大班孩子小蔡拿着六个昆虫观察盒来到班级，原来他是今天的小主播，要为大家介绍的主题是"认识鸣虫"。然而正是这场看似昆虫小科普的晨谈，却开启了一场别开生面的"鸣虫演唱会"。

"你们听过鸣虫的叫声吗？你们觉得鸣虫是歌唱家还是演奏家呢？"小蔡用这种特别的方式开启了今天的晨谈介绍。金钟（梨片蟋）、叫油子（暗褐国螽）、竹蛉……小主播娓娓道来。"句句句、几几几、加加加、曲曲曲"，原来这些都是不同鸣虫的叫声。两只雄性的迷卡斗蟋见面会用牙齿和腿打架，并发出"曲曲曲"的声音。于是，小蔡请出了自己的好兄弟，和他一起向同伴演示。"曲曲曲、曲曲曲、曲——曲——"。

"太有趣了！"小豆坐在座位上大声感叹道。

分组观察了这些鸣虫后，子乔说："这些鸣虫的叫声真是太好听了，它们的嘴巴长在哪里呀？"

"不是哦，它们不是用嘴巴叫的，而是靠翅膀或身体震动发出的声音哦！"小蔡立马纠正道。

"原来是这样啊！"小朋友们恍然大悟。

"鸣虫的叫声有很多种，你们听，有的像铃铛，有的很清脆，有的从快到慢，有的很有节奏感，它们号称昆虫界的音乐家！"小蔡一边补充，一边继续播放各种鸣虫声音的视频。

"为什么我们不能开一场'鸣虫演唱会'呢？"子乔的建议立马得到了大多数孩子的响应。

"好啊！"老师立刻支持道，并临时调整了当日的活动计划。"那唱什么呢？谁来唱？用什么形式唱呢？"老师立马又把问题抛给了孩子们。

教室里大约沉默了半分钟。小蔡说："我们就来模仿不同的鸣虫的叫声，可以先一组一组地轮流唱，再合起来一起唱，就像我们的打击乐活动一样。"

"那就先按照你的提议来！你对鸣虫最熟悉，你来做指挥吧。"

小蔡又一次走到了教室中间，思考了一会儿，说："我们就分别模仿金钟、叫油子、蝈蝈和迷卡斗蟋吧。想模仿金钟的小朋友可以坐到这里，金钟的叫声是'句句句'的……"小蔡请小伙伴们自由分组，并把每种鸣虫的叫声又梳理了一遍。

演唱会开始了，这边"句句句、几几几"，那边"加加加、曲曲曲"。虽然很热闹，但听起来似乎没那么悦耳。有的孩子眉头紧锁，有的孩子面露难色，看来与他们自己的期望值也相差甚远。怎么办呢？老师建议道："或者，我们再来仔细听听每种鸣虫的不同叫声，每种听起来都一样吗？在我们的演唱中，可以有什么变化呢？"于是，老师和孩子们再次聆听。果然，有的鸣虫叫声长而缓，比如金钟是"句——句——"；有的则短而急，比如蟋蟀、蝈蝈之类。

经过了仔细地倾听与分辨，孩子们对几种典型鸣虫的叫声特点进行了节奏性提炼，并仔细记录了下来。为了方便记忆，孩子们还把不同鸣虫的叫声串联成了一个小故事："夏季的夜晚，鸣虫们在树丛里乘凉，它们扇动着翅膀，开启了鸣虫演唱会。最先登场的是叫油子，它们'几几几几 | 几几几几 |'地唱着；随后登场的是金钟，它们的声音清脆明亮，而且还是个长音王，'句—— | 句—— |'；最后，迷卡斗蟋和蝈蝈你一言我一语，轮番上阵：'曲曲曲、加加加、曲曲曲、加加加'。"

有了具体的演唱计划，孩子们根据故事情节里的声音节奏试着进行分声部演唱。果不其然，这次的合唱听起来节奏清晰、声部分明，孩子们也越唱越起劲儿。

随着活动的深入讨论，孩子们的想法也有越来越多的呈现。有的说："有的叫声可以响一些，有的可以轻一些。"有的说："我想一开始一种鸣虫叫，然后两种、三种、四种，这样越来越多。"还有的小朋友说："我想配上音乐来伴奏，一定更好听。"……基于孩子们的想法，老师用班级的交互式电子白板搜索并播放了《森林狂想曲》的视频MV，乐曲里的各种自然声，让孩子们不禁感叹："原来大自然的声音这么丰富、这么美妙。"

有了音乐欣赏的基础，孩子们茅塞顿开，一时间音乐视野也随之打开了。他们感受着大自然里的声音交织、鸟语虫鸣。伴随着音乐的萦绕，孩子们自由分成了不同的讨论小组，他们脑洞大开，决定自己来设计一场独一无二的"鸣虫演唱会"。

经过了一段时间的讨论后，皓皓组的小朋友想为"鸣虫演唱会"配上《小星星》的音乐，因为很多鸣虫喜欢晚上再出来；心心组的小朋友想在演唱会中加入风的声音和树叶的声音做背景，这样更像大自然；辰辰组的小朋友想为"鸣虫演唱会"增加表演区里的乐器做伴奏，比如碰铃、蛙鸣器等；一凡组的小朋友则是想象着在"鸣虫演唱会"中增加一个蝴蝶仙子的角色，这样，伴随着音乐和鸣虫声，蝴蝶仙子可以像指挥一样，在夏日的草丛中飞舞……

带着这份想象，带着这些感受，孩子们继续分组演绎着……

【评　析】

每个儿童的心里都有一颗美的种子。艺术领域学习的关键在于充分创造条件和机会，引导儿童学会用心灵去感受美和发现美。在本案例中，从一次科普性的晨谈引发了儿童对其中艺术元素的把握，引发了儿童深入探究的愿望，继而生成了一场有趣的音乐活动。这个即兴衍生出来的音乐活动，充分彰显了儿童在活动中的主体地位。活动自始至终都是由儿童引发和推动的，教师能够及时捕捉到儿童的兴趣点，及时调整活动内容，追随儿童欣赏深度的由浅入深。"儿童在前，教师在后"，教师的支持和引导帮助儿童梳理思路，从无序到有序，从单一到叠加，从具象到拓展。

通过充分感受和欣赏这些鸣虫不同的音色，声音的高低、强弱、长短及节奏等，在艺术感受的同时，也激发了儿童热爱自然、亲近自然的热情，从自然中汲取艺术的养分和技巧。然而，仅仅有这些鸣虫的声音还是远远不够的，如何从这些声音中提取出艺术元素，成为能被儿童理解和演绎的艺术形式？唯有通过欣赏，引导儿童从中听辨出其中的共通和差异、规律和变化等，再加上自己的理解和想象，才能使得儿童在活动中感受到艺术的真正价值。

随着活动的推进，教师利用新媒体资源，通过《森林狂想曲》MV 的播放，及时打开了儿童的艺术视野，使之感受到自然音乐带来的愉悦气息。儿童在欣赏音乐的过程中感受情感的冲击和智慧的启迪，引发了与自然万物间的互通，用饱含了天马行空的幻想、丰富而绚烂的梦境来表达自己对自然音乐的理解和感受。

【建　议】

给教师的建议

1. 注重欣赏在艺术活动中的重要作用

艺术欣赏是对儿童实施美育的重要途径。艺术的最终表达取决于欣赏的成功与否，即儿童对艺术的审美能力如何，而欣赏的最佳路径就是观察和倾听。教师需要帮助儿童充分认识欣赏内容的架构，帮助儿童梳理有效的艺术信息，确定每一阶段的欣赏目标，从平铺式欣赏到系统性欣赏，循序渐进地深入并加强对细节部分的深度感知。

2. 挖掘儿童周围有价值的艺术元素

艺术来源于生活。在大自然中蕴藏着许多潜在的艺术元素，除了有旋律的乐音，有些却并非显而易见，然而通过系统地整合、提炼，这些却可以成为有价值的艺术活动素材。因此，教师需要有对艺术欣赏的敏锐力，洞察周围自然环境中潜在的艺术元素，深挖它们的艺术价值。

3. 肯定和接纳儿童对艺术的多元化体验与差异性感受

陈鹤琴先生说："音乐是儿童生活的灵魂。"音乐本身具有的感染性与愉悦性能引起儿童良好的情感体验。然而每个儿童对艺术的感受是不同的，艺术活动需要儿童的思维碰撞，需要在同伴的相互评价、互相探讨的过程中感受艺术的多元化，教师需接纳儿童对艺术作品差异化的理解与感受，切忌用千篇一律的标准作为对儿童艺术感受力的唯一评价。

4. 关注生成活动中的艺术重塑

从科学活动衍生到艺术活动，教师需要帮助儿童进行思维的转变。科学活动强调真实严谨，而艺术活动倡导想象创造。在本案例中，不同鸣虫发出的声音是不同的，当它们融合在一起成为艺术时，需要重新进行艺术塑造，而并非科学事实的整合。因此，仅仅依托艺术形式实施的教育并不能等同于真正的艺术教育，艺术教育中需要关注儿童的审美感受，引发儿童的艺术想象，以及夸张甚至超乎真实的艺术创造等。

给家长的建议

1. 借助亲子郊游，沉浸式地感受自然中的声音之美

大自然是儿童最纯粹的艺术环境。家长可以借助亲子郊游的机会，带孩子走进自然，共同发现大自然中的美好事物。通过沉浸式的体验，充分欣赏和感受周围自然环境和生活中的声音与事物之美，激发儿童的审美情趣，理解他们独特的情感表达，肯定他们的艺术创作。

2. 营造生活中的艺术氛围，综合提升儿童艺术素养

艺术可以陶冶情操，塑造儿童的完美人格。家长要注重儿童在生活中艺术经验的获得与积累，拓宽儿童的艺术视野，而不仅仅是乐器的学习、艺术的考级等。通过营造丰富的审美环境，让儿童置身于艺术的环境中，不仅能综合提升儿童的艺术素养，而且有助于其艺术创造性的发挥。

（南京市鼓楼幼儿园　曲敏）

教育偏差

"大人们急于让小小的孩子长大，以至于歪曲了孩子内心广阔的宇宙，甚至把它破坏得无法复原。"不如让我们慢下来，和孩子一起去感受和发现自然界和生活中的美，将音乐、绘画以及一切美的东西融入到孩子学习和生活的环境中。

"教育是一个逐步发现自己无知的过程"（杜兰特），《指南》提出的"教育建议"，以及《孩子的宇宙》《芬兰教育现场：33 个简单策略营造愉悦的课堂》中的论述能给我们的反思带来一些启发。

教育建议：

（1）和幼儿一起感受、发现和欣赏自然环境和人文景观中美的事物。如：让幼儿多接触大自然，感受和欣赏美丽的景色和好听的声音。经常带幼儿参观园林、名胜古迹等人文景观，讲讲有关的历史故事、传说，与幼儿一起讨论和交流对美的感受。

（2）和幼儿一起发现美的事物的特征，感受和欣赏美。如：让幼儿观察常见动植物以及其他物体，引导幼儿用自己的语言、动作等描述它们美的方面，如颜色、形状、形态等。让幼儿倾听和分辨各种声响，引导幼儿用自己的方式来表达他对音色、强弱、快慢的感受。支持幼儿收集喜欢的物品并和他一起欣赏。

名著启示

孩子们存在于这个宇宙之中，这一点大家都知道。但是，是不是每个人都知道，在每个孩子的内心，都存在一个宇宙呢？它以无限的广度和深度而存在着。大人们往往被孩子小小的外形蒙蔽，忘却了这一广阔的宇宙。大人们急于让小小的孩子长大，以至于歪曲了孩子内心广阔的宇宙，甚至把它破坏得无法复原。一想到这种可怕的事往往是在大人自称的"教育""指导"和"善意"的名义下进行的，不由更加令人无法接受。

我忽然想到，所谓长大成人，也许就是将孩子们所拥有的如此精彩的宇宙存在逐渐忘却的过程。这样一来，人生似乎有点儿太凄凉了。

——《孩子的宇宙》

我曾经认为把这么多时间给到这种"特殊学科"有点可笑，但随着时间的推移，我发现，很多研都证明了音乐培养有助于学术上的成功。我不再对芬兰学校重视音乐抱有疑问。

例如，2014 年的一个研究涉及来自低收入家庭的数百名儿童。研究人员发现音乐课可以帮助这些孩子提高他们的识读能力和语言能力。西北大学的神经生物学家、研究员妮娜·克劳斯在美国心理协会第 12 期年度会议上讨论过它们之间的关联："研究表明，在贫困环境中长大的孩子的大脑会影响他们的学习能力……虽然较富裕的学生在学业上比来自低收入背景的孩子表现更好，但我们发现音乐培训可以改变神经系统，塑造更好的学习者，并帮助他们弥补在学习上的差距。"

研究人员因此得出结论，音乐课似乎能够强化神经系统在嘈杂环境下（比如在学校操场上）处理噪音的能力。由于大脑功能的改善，孩子们可能会有更好的记忆力，课堂上会有更棒的专注力，这将有助于他们更好地交流。

芬兰学校的课程安排确实很容易让孩子们在音乐教育中获益，但是即使你的学校没有那么多正规的音乐课，老师们也可以通过一些方法把更多的音乐带入自己的教室。有一套架子鼓或十几个古典吉他（就像在我赫尔辛基学校的课堂里感受到的）当然很好玩，但我不觉得需要花那么大的力气把音乐带进教室，况且如果学校课程中没有要求，老师们也很难把音乐当作重点。我认为最好的方法是把音乐融入到教学中。

——《芬兰教育现场：33 个简单策略营造愉悦的课堂》

目标 2　喜欢欣赏多种多样的艺术形式和作品

3~4 岁	4~5 岁	5~6 岁
1. 喜欢听音乐或观看舞蹈、戏剧等表演。 2. 乐于观看绘画、泥塑或其他艺术形式的作品。	1. 能够专心地观看自己喜欢的文艺演出或艺术品，有模仿和参与的愿望。 2. 欣赏艺术作品时会产生相应的联想和情绪反应。	1. 艺术欣赏时常常用表情、动作、语言等方式表达自己的理解。 2. 愿意和别人分享、交流自己喜爱的艺术作品和美感体验。

中国香港《儿童发展范畴表现指标》

创作及欣赏事物的能力：能运用及尝试不同的物料和方式以表达个人的经验和感受；能欣赏自己和别人的作品或表演。

英国《EYFS 早期学习与发展目标》

创造性发展：运用多种材料、适当的工具、想象和角色表演、动作、设计和创作、歌曲及乐器等表达和交流自己的主意、想法和情感。

日本《幼儿园教育要领》

表现：注意生活中的各种各样的声音、颜色、形状、接触和活动等，并以此为乐；在各种各样的事情中，去体味相互传达感动的乐趣。

韩国《全国幼儿园课程》

表现之审美：欣赏音乐、舞蹈、戏剧表演，欣赏客体、自然和造型艺术，尊重艺术表达，熟悉韩国的艺术传统。

法国《对母育学校的方向指导》

艺术和审美活动：审美活动涉及何种形式、各个时代和各类文化艺术。如绘画、唱歌、摄影、欣赏大自然的美景、收集艺术品等。

● 案例、评析及建议 ▪ ▪ ▪

【案　例】

走进艺术馆，共赏水墨画

一早，糖糖蹦蹦跳跳地来到老师跟前，说："老师，昨天我和爸爸去看了一个展览，有好多好多的水墨画呢，可好看了！"糖糖的话引起了老师的关注。想到班里正在开展水墨画的相关活动，老师就利用中午的时间走进了江苏省现代艺术馆，发现馆里正在举办"往来成古今"的中国画展览。观展中，老师发现这些作品不仅形式多样、不拘一格，而且非常适合大班孩子欣赏，易于唤起他们的想象，引发艺术共鸣。得知要去艺术馆观展的孩子们兴奋不已，大家一起讨论了观展要注意的事项。老师建议大家可以尝试在艺术馆里创作水墨画。这个建议让孩子们忙碌起来，大家共同准备好了水墨画的工具材料，期待着即将开启的艺术馆之旅。

第二天上午，老师们和孩子们一起来到了艺术馆，孩子们发现观展的人都非常专注，馆里非常安静，大家做着手势相互提醒着不要发出太大的声音，并且分成两个组去观展。"哇，好大好长的画呀，还是黑乎乎的，好奇怪啊！""这到处都是墨，我感觉像恐龙。"孩子们驻足在泼墨作品《野塘清趣》前开始议论起来。"这就是水墨画吧，这么大是用好大好大的毛笔画的吗？"孩子们凑近了看看，又站远了继续研究。在一旁的小米摇摇手说："你们看这里，我觉得像荷叶呢！""你们看，这幅画好长啊，我昨天就发现它了！"糖糖说着兴奋地从画的左边跨了几大步走到画的右边，张开双臂再次感叹道，"我和爸爸都是第一次看到这么长的水墨画！真长！""那说明这个池塘很长很大！这些应该都是荷叶吧！下面肯定有好多鱼，还有乌龟！"小嘟指着画面说道。大家从这一边看到那一边，不时围绕自己的发现交流着，还有孩子为了丈量画作有多长，学着糖糖跨步数步数，时不时传来一阵笑声。

大家慢慢地聚集到了另一组画作前。看着连片的画作，孩子们忍不住交流起来："这个画家真厉害，画了这么多！""这幅画也好长呀，画家太牛了！让我感觉到了一个很大很大的池塘里！""对呀，对呀，你们看，好多鱼呀！"老师发现，原来是画家周京新先生的画作"游系列之一"里的一幅画引发了孩子们欣赏的兴趣。

老师问："这些画和我们以前看的水墨画有什么不一样？"小宝说："我们以前看的水墨画有山有水，还看过水果的，没有看过画鱼的。""老师，这幅画里有很浓的墨，还有很淡的墨，就像这些地方，还有这里！"毛毛指着画面补充。老师："你看得真仔细呀！那画家用浓墨画了什么？淡墨呢？"三三抢着回答："乌龟的身体用了淡墨，虽然是淡墨，但是龟的壳和脚颜色

　　　　　　　　《3—6岁儿童学习与发展指南》案例式解读（第二版）

深一点，肚皮那里墨的颜色浅一点。"嘟嘟接着说："我发现所有的小鱼眼睛都用了浓墨。""浓墨画眼睛让你有什么样的感觉？"老师紧跟着嘟嘟的话提问。"显得很有精神。""让人觉着小鱼的眼睛很亮！"老师赞许地点点头，继续问："那淡墨呢？""鱼的身体和龟壳用的是淡墨！""我觉得淡墨让人感觉是在水里，有点儿朦胧。"小米大胆地谈了自己的感受。

"老师，这幅画让人感觉鱼和乌龟都在游呢！像是还在动！"嘟嘟发表着自己的想法。"我也发现了，它们都朝着一个方向游，大鱼、小鱼的位置排列不一样，像波浪！"小美激动地比画起来。孩子们围着画儿一起欣赏着，老师问："为什么会有乌龟呢？可能会发生什么故事呢？"吱吱指着画面左侧的乌龟和它前方的小鱼说："它们应该在做游戏，乌龟还追着小鱼跑呢！"芳芳却摇摇头："不是的，你看乌龟伸着头，我觉着乌龟追它们是想要吃它们吧！"说着，她张大嘴做了个向前扑腾的动作，其他孩子不禁捂着嘴偷偷笑了起来。

"这幅画上下都空着，这里用了什么方法？为什么要用这个方法？"老师用手比画了画面上下的位置，又提出了新问题。嘟嘟说："老师，我知道！这里用的是留白的方法，我觉着就是表示水！""上次画水墨画的时候，老师说了留白的方法呢！这也是用的留白的方法呀！"小米恍然大悟。"我感觉应该会有很多很多水草吧！"小美想象着，说着她的手臂挥舞了起来。"我觉着也有可能鱼儿们游过的这个位置，刚好没有什么东西。"明明一脸肯定的模样。老师说："看来留白真是一种好方法，可以让每个欣赏画的人都能有自己的想法呢！我们也可以试着用一用这个方法。"

观展后，孩子们在艺术馆展厅门口开始了自己的创作，他们用浓墨勾勒形态，淡墨填色，创作出来很多生动有趣的形象，尤其令人惊喜的是，很多画面都大胆地运用了留白的方法。孩子们相互交流着对画面的想象，也吸引着观展的人们。

【评 析】

艺术馆是幼儿园课程的重要资源，选择艺术馆适合孩子欣赏的艺术作品展，既可以实现课程资源的跨界运用，更重要的是可以在观展的过程中拓展孩子的艺术视野，陶冶他们的审美情趣。本案例中，老师利用艺术馆举办的中国画作品展，让孩子在真实的场景中欣赏画家们的作品，直观地感受、体验中国画的表现形式。艺术馆里形式多样、不同尺寸、不同表现手法的画作，不仅对孩子们产生了视觉冲击力，也引发了孩子们对画作的欣赏、比较和猜想，这是班级日常开展艺术欣赏活动无法实现的。

在艺术馆观展的过程中，孩子们对于馆内的作品和艺术馆的整体环境产生了很多即刻且真实的表达。馆内作品的开放性，给予孩子自由的、个性化的、多感官、多通道的审美空间，从而引发了丰富的、有趣的审美想象。孩子们通过语言、动作、表情主动与作品、同伴、老师对话，积极地回应着、表达着自己对于作品独特的理解、想象与感受。这种审美想象是孩子审美愉悦的体现，可给予孩子更加丰富、愉悦的审美情感。

欣赏"游系列之一"的画作时，老师通过启发式的提问引导孩子们链接已有经验，对比发现画作所表现的题材、方法的特点，让孩子们在欣赏的过程中了解浓墨、淡墨的用法，在想象的过程中感受留白方法的重要性。对话引导、追问启发、鼓励想象，是老师引导孩子们在欣赏画作的同时，鼓励他们大胆表达对画作理解和感受的重要支持策略。为了满足孩子们即时的创作愿望，老师鼓励他们在富有情境性、艺术性的艺术馆门口即兴创作，让孩子们用稚嫩的笔触和丰富的想象力，将自己的欣赏感受得以诠释和再现，让自己的审美情感进一步得以升华。

【建　议】

给教师的建议

1. 充分利用所在地艺术馆资源，选择适宜的艺术展

教师应关注所在地艺术场馆资源，发掘临近幼儿园的艺术馆，及时发现、选择既能展现艺术的形式美又贴近孩子生活，符合其审美情趣的，适合 3—6 岁孩子欣赏的艺术展。同时，教师要提升自身艺术素养和欣赏水平，多走进艺术馆深入欣赏、理解不同艺术作品的线条、色彩、构图、明暗、笔

触、肌理等形式语言，为组织和实施艺术欣赏活动做好前期准备。

2. 创设宽松自由的欣赏氛围，引发孩子欣赏的兴趣

在艺术馆观展的过程中，教师无须过多讲述艺术作品的背景或成人欣赏作品的观点，而应充分尊重和保护孩子的好奇心和好问心，创设宽松自由的欣赏氛围，鼓励孩子通过语言、动作等方式大胆表达自己的感受、理解与想象，重视他们富有个性的感知与独特的审美体验，保护他们珍贵的想象力。欣赏过程中，教师即时进行观察和记录也尤为重要，可采取拍摄、录音等方式记录下孩子欣赏表达的过程。

3. 创造条件满足孩子的艺术表达，提升其审美情趣与情感

艺术欣赏后，孩子的创作热情往往会被激发，教师应利用艺术馆的环境，创造条件让孩子即时进行创作，让他们的体验与情感及时得以表达和宣泄。教师可在观展前，和孩子共同商议、准备观展后现场创作所需的工具和材料。观展后，应充分激发、支持、满足孩子的创作愿望，让孩子在欣赏、表达、创造的过程中，不断提升审美情趣与情感。回到班级后，还可以鼓励孩子利用班级环境和公共环境布置艺术展，引发同伴间作品欣赏与交流。

给家长的建议

利用周末、节假日时间多带孩子走进周围的各类艺术场馆，和孩子一起欣赏艺术品、感受艺术魅力，让孩子沉浸式自由欣赏、专注感受、放飞想象，可以和孩子相互分享自己的体验与感受，尊重孩子的艺术偏好。注意参观时长，关注孩子的观展兴趣，如果孩子累了、倦了，及时休息。

走进艺术馆前，要让孩子了解观展的基本要求，如尽量保持安静、不大声喧哗、不随意用手触碰艺术品、不走进围栏线内等。鼓励孩子带上记录工具记录自己的发现，如相机、平板电脑、记录本等，引导孩子拍摄喜欢的艺术品照片或画下自己的观展过程和想法。

观展结束后，可以收集艺术展的票根和明信片、票片或与展览相关的、孩子喜爱的图片或小物件，和孩子一起尝试做一份观展海报，记录孩子观展的过程和体会，鼓励孩子将海报带去幼儿园和同伴、老师分享。

（南京晓庄学院实验幼儿园　刘倩）

教育偏差

不要把欣赏艺术作品看成一件简单的事，更不能将欣赏当作被动地接受。"当我们'欣赏'一个艺术家的作品时，我们自己尽我们的力量，重复着他创作这个作品的创造性活动。"要能理解孩子欣赏时的行为和内心的感受，这需要我们家长和教师不断学习，提高审美能力。

"教育是一个逐步发现自己无知的过程"（杜兰特），《指南》提出的"教育建议"、《教育原理》中的论述能给我们的反思带来一些启发。

教育建议：

（1）创造条件让幼儿接触多种艺术形式和作品。如：经常让幼儿接触适宜的、各种形式的音乐作品，丰富幼儿对音乐的感受和体验。和幼儿一起用图画、手工制品等装饰和美化环境。带幼儿观看或共同参与传统民间艺术和地方民俗文化活动，如皮影戏、剪纸和捏面人等。有条件的情况下，带幼儿去剧院、美术馆、博物馆等欣赏文艺表演和艺术作品。

（2）尊重幼儿的兴趣和独特感受，理解他们欣赏时的行为。如：理解和尊重幼儿在欣赏艺术作品时的手舞足蹈、即兴模仿等行为。当幼儿主动介绍自己喜爱的舞蹈、戏曲、绘画或工艺品时，要耐心倾听并给予积极回应和鼓励。

名著启示

因此，一个真正的艺术作品，是艺术家内心的建设的或创造的过程，而一首可以听到的诗篇，一个可以看到的图画或雕刻，仅仅是这个过程的一个记录，以及这个过程能传达给别人的手段。因此，当这种传达发生时，也就是说，当我们"欣赏"一个艺术家的作品时，我们自己尽我们的力量，重复着他创作这个作品的创造性活动。这个推论无疑大体上是正确的，同时，它和审美训练问题的关系也非常重要。它意味着欣赏并不是对于在一首诗、一个雕像、一幅图画或一首乐曲中所结合的美的消极的观察，而是对产生美的心理活动的积极的重组。譬如说，这就是为什么同一首诗或同一个曲，有时可能使我们充满着审美的兴奋，而在另外的时刻，使我们感到冷淡。一切都依赖于我们的心理活动，有没有再产生原有的创造性过程，并且到达什么程度。所以，在这个领域内，教师的目的必须在于去发现哪些条件最能帮助学生心中的改造过程，并且去利用这些条件。这件事情不是用热情的赞扬可以做到的，也不是用小心翼翼的批评可以做到的，除非教师能在他自己身上保持他自己审美经验的活力和生气，这个目的也许根本就不能达到。

——《教育原理》

（二）表现与创造

目标 1　喜欢进行艺术活动并大胆表现

3~4 岁	4~5 岁	5~6 岁
1. 经常自哼自唱或模仿有趣的动作、表情和声调。 2. 经常涂涂画画、粘粘贴贴并乐在其中。	1. 经常唱唱跳跳，愿意参加歌唱、律动、舞蹈、表演等活动。 2. 经常用绘画、捏泥、手工制作等多种方式表现自己的所见所想。	1. 积极参与艺术活动，有自己比较喜欢的活动形式。 2. 能用多种工具、材料或不同的表现手法表达自己的感受和想象。 3. 艺术活动中能与他人相互配合，也能独立表现。

■ 视野拓展 ▰▰

中国香港《儿童发展范畴表现指标》

创作及欣赏事物的能力：乐于参与创作活动。

英国《EYFS 早期学习与发展目标》

创造性发展：辨别和探究声音是怎样变化的，背唱简单歌曲、掌握音乐的韵律和节拍，并随着节拍运动。

日本《幼儿园教育要领》

表现：将感受到的和想象到的事通过声音和活动等予以表现或者自由地去进行描绘和制作；对各种素材有兴趣，动脑筋去游玩。

法国《对母育学校的方向指导》

艺术和审美活动：幼儿通过运用不同材质的材料与工具，自由探索，独立创造，发展艺术表现能力和创造力，提高审美能力。艺术活动可以让幼儿通过动作、姿态、声音和模仿他人，来进行表达和创作。

案例、评析及建议

【案　例】

微景观小世界

接连几天户外沙池区里，总有几个小脑袋聚集在一块儿忙碌着什么，只见他们一会儿走进小树林收集树枝、树叶、小花、小草，一会儿跑向户外美工区向小伙伴讨要着泥做的玩偶，一会儿又跑去教室里借来了乐高区的房子、汽车。老师好奇极了：沙池里会发生什么呢？边想着边开启了手机的录像模式，悄悄地走向了沙池区。

"你的微景观东西太少了，看我的，有房子有树，还有小狐狸和小人在玩呢！"嘟嘟对着菲儿边说边指着。菲儿看看自己的微景观，又看看嘟嘟的，问身边其他正在忙碌的小伙伴："你们做好了吗？嘟嘟说我的东西太少了，可我觉得挺美的呀。"听到菲儿这么问，大家聚集过来，仔细观察着两人的作品，又回头看看自己的，开始讨论起来。

"嘟嘟说微景观就像一个小公园，那公园里应该要有好多东西的吧！"小贝听了，皱皱眉头："我们做的微景观有的大有的小，所以里面的东西有多有少。"他边说边两手一摊："哎呀，我也不知道到底哪个好。"楠楠想了想，说："嘟嘟，只有你见过微景观，微景观到底有多大呀？"大家的目光都看向了嘟嘟。"我家的微景观有的这么大，有的也很小，但是都很漂亮呢！"嘟嘟用两手比画起来。"那还是很小啊，我们做的好像都大了呢！"一时间，孩子们更加疑惑了。

小贝喊道："我们问问老师不就行了！"在孩子们的邀请下，老师走近了孩子们的微景观，说："你们做的微景观非常有趣呀，不过和我看到的不太一样。嘟嘟，你们家有微景观吗？""我爸爸特别喜欢微景观，他做了好多呢！"嘟嘟说得眉飞色舞。"那你能带来给我们欣赏一下吗？再请你爸爸给大家做个介绍。"老师提出了建议，嘟嘟开心地点点头。老师拿出拍摄的视频，继续提出建议："其他小朋友不一定知道微景观，等会请你们结合这些视频先向大家介绍一下沙池里做的微景观吧。"游戏回顾时间，孩子们的介绍和有趣的场景一下子引发了大家对微景观的好奇心，对于"微景观到底有多大""怎样做一个漂亮的微景观""做微景观需要哪些材料工具"这些问题，孩子们开始期待嘟嘟爸爸的到来。

第二天一早，嘟嘟和爸爸一起带来了几盆微景观，并和老师一起把微景观布置在教室里已准备好的展台上。"哇！原来这些就是微景观呀！真好看！""快看，里面有小山、亭子，还有好几个小人，真好玩呀！"孩子们簇拥在展台前你一言我一语地议论起来。晨谈时，嘟嘟爸爸向大家介绍了微景观，以及制作微景观需要的工具、材料、容器和可以种植的小植物。嘟嘟和老师一起利用简笔画的方式，将这些内容记录在晨谈纸上。孩子们这才了解到，原来微景观是从中国盆景演变发展而来的，属于中国优秀传统艺术之一，人们常常把它们称为"立体的画"和"无声的诗"。

见孩子们的兴趣不减，老师调整了之后的活动，和嘟嘟爸爸一起引导孩子们欣赏微景观。围绕之前收集的问题，嘟嘟爸爸耐心地帮助大家了解创作微景观要注意容器、小植物和摆件的选择，如容器的外形、色彩，小植物可以考虑多肉植物、蕨类植物以及一些耐阴的小植物；至于里面的景观，主要靠小人、亭子、小山等摆件来实现。老师提醒大家，创作微景观要先思考微景观的主题是什么，再根据想法设计小植物和要使用的摆件，同时要注意微景观整体的色彩搭配，让微景观的色彩有层次，具有美感。"我太喜欢微景观啦！我想做一个美美的公园微景观！""我可以设计恐龙乐园微景观！""我要做一个农家乐微景观，里面会有好多小动物，哈哈！"孩子们纷纷表达着自己想要创作的意愿，跃跃欲试。

老师问："有个问题哦，我们没有做微景观的容器、小植物和这些摆件，有什么办法可以解决呢？"菲儿说："我们可以收集一些盒子做容器！"孩子们积极地表达着自己的想法："对呀，对呀，我们可以自己做一些小房子、小人和小动物，包括植物！""乐高里的小人、小汽车可以借来用一用！"小雅说："老师，我们可以到幼儿园里去剪一些树枝、花草来做微景观里的植物，还可以请爸爸妈妈帮忙收集一些可以种的植物。"

"需要的材料工具非常多，有什么办法可以更快地收集、准备呢？"老师继续问。航航说："我们可以分组，有的收集盒子，有的去做摆件，有的去收集一些植物吧！""别忘了还要收集一些土！"嘟嘟提醒大家。菲儿说："我觉得大家应该先画出微景观的设计图，然后统计一下需要的植物和摆件，这样准备起来就不会浪费了！"菲儿的想法得到了大家的认同。下午，孩子们利用绘制日记的时间，完成了微景观的设计图。之后，孩子们在晨谈时交流分享了自己设计的主题和创意，也接受了小伙伴们的新建议。老师把孩子们的想法记录下来贴在了设计图上，和孩子们一起把设计图展示在班级环境中。

孩子们依据分组行动起来，每天的户外游戏使他们很快完成了准备工作，户外美工区里琳琅满目：各种装满土的、不同形状的废旧盒子，用超轻黏土制作的或收集的各种摆件、利用废旧材料或自然物制作的小植物。一时间，户外美工区里熙熙攘攘，一件件富有创意、具有情境的微景观诞生在孩子们的手中，有主题公园类的，如龙猫花园、恐龙乐园、机器人之家；有故事类的，如《西游记》《龟兔赛跑》《小红帽》。孩子们想把自己的作品和创意分享给其他班级的小朋友。在老师们的支持下，孩子们在幼儿园的大厅里用纸箱搭建了展台，将之前的设计图和创作的微景观都布置展示在大厅里。孩子们还轮流当起了讲解员，向小伙伴们介绍着微景观，讲述着其中发生的故事，也吸引着同伴们到户外美工区来创作属于自己的微景观。

【评 析】

孩子对生活中美的事物总是充满着热情和向往，他们总想自己去做一做，表达自己的想象和创造、理解和感受。本案例中，大班孩子们在户外沙池里创作微景观时的交流探讨，引起了老师的关注。老师抓住这个有意义有价值的问题情境和教育契机，利用家长资源引发了孩子探究、感知、欣赏、设计、创作、表达微景观的系列活动。

　　活动过程中，老师重视观察记录，发现孩子独特的想法和创意；重视赋权儿童，鼓励他们分组合作收集准备创作微景观的各种材料；重视儿童表达，创造条件让每个孩子都有展示、交流、分享的机会。为了满足每个孩子创作的愿望，老师鼓励孩子在持续的活动中大胆地想象与表征，支持他们运用多种方法、多种材料创作表现具有情境的、独特的微景观。

　　对于孩子产生分享交流的愿望，老师给予积极地回应，共同布置展区展现作品，不仅和孩子一起美化了公共环境，更为重要的是搭建了"儿童教儿童"的交流平台，让孩子分享自己的创作经历，让创作美、欣赏美、感受美融入到孩子的真实生活中。小小的微景观，看似一隅角落，却承载着孩子心中美好的愿望，激发着他们发现美、想象美、创造美的潜能。

【建　议】

给教师的建议

1. 开拓思路，发掘艺术创作的源泉

　　老师要多通道了解中国优秀传统艺术和世界艺术的多种表现形式，学会发现生活中美的事物，收集创设欣赏的环境或利用偶发的教育契机，激发孩子对多种艺术形式的向往与热爱，创新地开展多类型的艺术创作活动，支持并尊重孩子富有创意的、独特的表现与表达。

2. 以跨领域的视野开展艺术活动

　　老师要改变传统的艺术教育观，以跨领域的视野看待、组织、实施艺术活动，引导并支持孩子综合多领域的经验、方法开展艺术创作。重视创作过程中孩子创意想象的大胆表现、情绪情感的积极表达、同伴间的合作分享，以及艺术作品的展示交流，创造条件支持每一个孩子参与布展和分享的活动，不断激发他们的审美情趣和表达能力。

3. 重视艺术类家长资源的挖掘利用

　　由于不同国家、文化、地域的差异，艺术的表现形式复杂多样，老师要善于发掘班级家长群体中的艺术类家长资源，对他们加以分析了解，引导家长积极参与到班级的艺术活动中来，鼓励他们运用专业的知识、方法引导孩子发现、欣赏生活中不同的艺术形式，丰富孩子的艺术视野，激发他们创造美的愿望和情趣。

<u>给家长的建议</u>

1. 理解呵护孩子的表征方式

孩子总喜欢通过涂涂画画、粘粘贴贴等方式来表达自己对周围世界的认识和理解，要了解孩子作品表达的内容，不妨和孩子一起围绕作品谈谈话，了解他们创作的动机、想法和意图，用文字、照片等方式记录孩子对作品的表达。不轻易以成人的标准评判孩子作品的好坏，而是多以赞扬的语句鼓励、肯定孩子的艺术表征与表现方法，呵护孩子稚嫩的童心童趣。

2. 营造艺术创作的家庭环境

对于喜爱艺术创作的孩子来说，可以为他们在家中创设具有艺术氛围的环境。可征求孩子的意愿和想法，选择家中的独立场所或角落，提供橱柜、收纳架、收纳筐以及多种绘画工具、手工材料等，鼓励孩子动手布置属于自己的艺术创作空间，引导孩子将自己的作品通过摆放、张贴、悬挂等方式呈现在这个空间里，既美化家庭环境，又能萌发孩子的自信心和自豪感。

3. 创造亲子合作的机会条件

利用空闲时间，创造机会和条件与孩子一起动手做做、画画。可以了解孩子的创作意图，尊重理解孩子的想象，和孩子商量好分工，鼓励支持孩子选择自己喜欢的工具、材料、方法等大胆表现自己的想象，共同合作完成艺术创作。可鼓励孩子将合作完成的作品带去幼儿园展示分享，感受亲子创作带来的乐趣和成就感。

（南京市鼓楼幼儿园　何凯黎）

教育偏差

对于艺术活动，我们很容易忽视，不愿孩子花费时间；或者会不顾孩子意愿，强硬让孩子参与。在孩子进行艺术活动时，我们有时会夸张地进行表扬，回避出现的问题；而有时又不屑一顾，不去倾听孩子的表达。这都不利于孩子形成积极的自我评价，导致孩子不敢表达或不愿表现。

"教育是一个逐步发现自己无知的过程"（杜兰特），《指南》提出的"教育建议"、《儿童发展心理学》中的论述能给我们的反思带来一些启发。

教育建议：

（1）创造机会和条件，支持幼儿自发的艺术表现和创造。提供丰富的便于幼儿取放的材料、工具或物品，支持幼儿进行自主绘画、手工、歌唱、表演等艺术活动。经常和幼儿一起唱歌、表演、绘画、制作，共同分享艺术活动的乐趣。

（2）营造安全的心理氛围，让幼儿敢于并乐于表达表现。如：欣赏和回应幼儿的哼哼唱唱、模仿表演等自发的艺术活动，赞赏他独特的表现方式。在幼儿自主表达创作过程中，不做过多干预或把自己的意愿强加给幼儿，在幼儿需要时再给予具体的帮助。了解并倾听幼儿艺术表现的想法或感受，领会并尊重幼儿的创作意图，不简单用"像不像""好不好"等成人标准来评价。展示幼儿的作品，鼓励幼儿用自己的作品或艺术品布置环境。

● 名著启示 ▰▰▰

如何才能帮助孩子形成更加积极的自我评价？表 12.1 中介绍了一些有益的建议。

表 12.1

培养积极的自我评价	
早期的看护会促进安全型依恋	·学会理解您孩子发出的信号。予以回应并且观察他们的需求是否得到满足。 ·观察并且倾听。在可行的情况下让婴儿主动。不要总是急着开始互动。

培养积极的自我评价	
早期的看护会促进安全型依恋	· 孩子所在的环境要对孩子的气质比较敏感。如果孩子不情愿，不要过于强硬或者行动过急，也不要束缚活跃的孩子过久。 · 让孩子有许多机会玩耍并且与其他人互动，包括与您互动。 · 对您孩子早期的成绩表达出愉悦；即便其他孩子都做了同样的事，可对这个孩子来说，是新的成绩！ · 如果孩子向您寻求安慰，要安慰他。用语言交流。运用面部表情和身体动作，组织一些活动让孩子明白他们很优秀、可爱、能干。
给予积极的支持和鼓励。结果固然重要，也要看重努力和进步	· 对好的结果要赞扬（比如，"画儿太美了！入选展览，我为你自豪！"），但也要强调过程和付出的努力（比如，"上这些色很好玩吧？我看你花了不少工夫在上面呢！"）。 · 对所付出的努力给予支持，对过程表示认可。 · 帮助孩子设立切合实际的大目标和小目标，这样他真实的自我和理想的自我之间的差距就不会很大。 · 提醒孩子不必事事优秀，有些事情只是为了好玩！
给孩子指导和引导，帮助他进步	· 抽时间带领孩子学习做力所能及的事。 · 与其他人（比如老师、教练、朋友）携手，为孩子树立学习新知识和技能的好榜样。 · 思维要有创造性，利用孩子的优点去改善弱点（比如，一个孩子阅读能力不是很好，但很善于社交，她应该会喜欢给家人、朋友或动物玩偶声情并茂地朗读故事）。 · 尽量快乐地进行教学互动（比如，发明一些纸牌或者钱币游戏，训练孩子的计算能力；玩顺口溜，以训练语音）。
反馈要坦诚	· 不要撒谎或者夸大其词，尤其是当孩子上小学的时候。通常他们都清楚自己哪里做得不好，你撒谎只会让他们不信任你。要坦诚，但要用温和友善的方式。 · 和孩子谈他们能改进的具体的事情，并且给予帮助。花时间帮助孩子培养技巧，并给予指导，和孩子一块做一件事等。方法因人而异。 · 反馈要平衡，既指出好的方面，也指出不好的方面。 · 以自己、其他家庭成员和孩子的朋友为例，指出强项和弱势，让他们知道人无完人。

培养积极的自我评价	
教给他们设立目标的技巧	·帮助孩子设立具体合理的目标。 ·孩子渐渐长大，示范他们如何设立明确的长远目标和眼前的小目标，以及如何制订计划达到目标。 ·帮助孩子记录进步（比如制作图标、日历或者进度记录），对进步给予评价。
强调优点	·所有的孩子都会在某方面做得很好。 ·以具体的例子，告诉孩子已具备的优点。

——《儿童发展心理学》

目标2　具有初步的艺术表现与创造能力

3~4岁	4~5岁	5~6岁
1. 能模仿学唱短小歌曲。 2. 能跟随熟悉的音乐做身体动作。 3. 能用声音、动作、姿态模拟自然界的事物和生活情景。 4. 能用简单的线条和色彩大体画出自己想画的人或事物。	1. 能用自然的、音量适中的声音基本准确地唱歌。 2. 能通过即兴哼唱、即兴表演或给熟悉的歌曲编词来表达自己的心情。 3. 能用拍手、踏脚等身体动作或可敲击的物品敲打节拍和基本节奏。 4. 能运用绘画、手工制作等表现自己观察到或想象的事物。	1. 能用基本准确的节奏和音调唱歌。 2. 能用律动或简单的舞蹈动作表现自己的情绪或自然界的情景。 3. 能自编自演故事，并为表演选择和搭配简单的服饰、道具或布景。 4. 能用自己制作的美术作品布置环境、美化生活。

● 视野拓展 ◢◥◤

中国香港《儿童发展范畴表现指标》

创作及欣赏事物的能力：在美术及设计、音乐、舞蹈、假想游戏、角色扮演和故事演讲活动中，能运用想象力，以不同方式表达和创作。

英国《EYFS 早期学习与发展目标》

创造性发展：探究颜色、结构、形状、形式和平面、立体空间；在美术创作、音乐、舞蹈、想象和角色扮演中发挥想象力。

日本《幼儿园教育要领》

表现：对音乐有兴趣，能通过唱歌或使用简单的韵律乐器去体味其乐趣；乐于描画和制作，并在游戏中使用或装饰；用动作和语言等去表现自己的形象以体味演示游戏的乐趣。

韩国《全国幼儿园课程》

表现：制造各种声音，唱歌；演奏乐器；绘画；设计和制作，有动作的表达，综合表达，戏剧表演。

法国《对母育学校的方向指导》

艺术和审美活动：活动中，幼儿接触不同物质，尝试不同的技术，可以增加感觉的机会，发展创造性想象。幼儿学校应当向幼儿呈现美好的形象，使这些美好的形象帮助、引导幼儿向往和形成其他的形象。激发幼儿对美的向往之情，催发幼儿创造美的欲望。

案例、评析及建议

【案　例】

猫和老鼠

休息时，大班孩子们围坐在一起聊天。林林说："昨天，爸爸给我看了一部动画片叫《猫和老鼠》，特别搞笑。我爸爸说这部动画片他小时候也看过。"西西说："是猫捉老鼠吗？"林林说："不是，不是，是猫和老鼠。猫叫汤姆，老鼠叫杰瑞，汤姆特别倒霉，总是打不赢杰瑞。"一旁的贝贝也连忙补充道："我也看过的，有一次杰瑞用棒子敲了汤姆的头，汤姆就'呜呜呜'（贝贝一边说一边做出旋转下倒的动作）地晕倒了。"林林笑着说："他们的动作、表情，还有里面的音乐，都特别有趣。"周围的孩子们，一边听一边哈哈大笑起来。

听到孩子们突然对猫和老鼠感兴趣，老师便把表演区里猫和老鼠的头饰悄悄地放在了显眼的位置。

第二天，西西、林林等几个孩子又谈起了猫和老鼠，当他们发现表演区里的头饰时，立刻戴上了头饰，开始模仿汤姆和杰瑞的动作。林林戴的是老鼠头饰，在前面跑；西西戴的是猫头饰，在后面一边跑一边喊："你给我站住！"林林突然转身，手臂伸直敲在西西头上，嘴巴还发出了"当当"的声音，西西配合地倒了下去。看到这里，几个男孩笑成一团。这时，贝贝走了过来，说："动画片里他们是不说话的。"贝贝的一句话让原本热闹的表演区突然安静了下来。看见孩子们犯了疑，一旁的老师连忙追问道："不能说话可以怎样表演呢？"大家又开始七嘴八舌地讨论起来。"我们不说话，只做动作来表演。""我们用些道具吧。""还可以加点儿音乐。""还要有表情，就是那种特别夸张的，像汤姆那样。"

经过一番商讨，孩子们决定来设计一场"猫和老鼠"的游戏。他们在小爱机器人上搜索适合猫鼠游戏的音乐，并尝试复盘动画片中的情境，迁移至游戏情节中来。

林林说："动画片里猫和老鼠是邻居，他们每天都喜欢监视对方，老鼠跑到哪儿猫就追到哪儿。"于是，大家一起拟定了一个情境——猫和老鼠是邻居，他们会相互跟踪。

跟随音乐，孩子们模仿着猫鼠在散步，"老鼠"在前面走，"大猫"紧随其后。

初步熟悉音乐后，老师针对动作提出了质疑："动画片里猫和老鼠经常你追我赶地奔跑，还会有一些敲击动作，这些情节可以加入到游戏设计里吗？"贝贝说："不行，太危险了，我们这里全是桌子、柜子，大家一起跑肯定会撞到的。"瓜瓜说："不行，不行，要是真的敲头，那多疼啊。"于是大家又一次犯了难："那我们可以用什么样的身体动作来表演呢？"孩子们似乎脑海里了了画面，面面相觑。

这一次，老师和孩子们开始共同寻找大猫的新特点，拓展创编的思路。"你们觉得汤姆可能喜欢什么？平时会做些什么？"老师开始逐步引导。"可能喜欢吃吧，他会做好吃的，也会偷吃主人的食物。""可能喜欢音乐吧，他会弹钢琴，还会听音乐、跳舞呢。"顺着孩子们的想法，老师鼓励他们根据回忆开始模仿。有的孩子身体左右扭动，模仿汤姆跳舞；有的孩子边走路边伸爪子，模仿汤姆弹琴的样子；有的孩子昂首阔步，像极了汤姆骄傲的神态；还有的孩子说汤姆爱臭美，总喜欢甩甩尾巴照镜子。

伴随着音乐，这个猫鼠游戏也越发完整了。接着，老师提出新的动作创编思路："大猫总觉得后面有老鼠跟踪，可是一只也没抓着。大家有什么好办法吗？"于是，孩子们在原有动作表现的基础上，从高、中、低、更低等四个不同的空间位置提出要求，尝试创编新的复合动作继续游戏。

经过小组讨论，孩子们创编了四个新的"边走路边观察的姿势"：双手举过头顶，双脚踮起，轮流向前和向后迈步；双手置于身体两侧作"螃蟹状"，分别向身体左、右侧横向走；双手作"猫爪状"，略弯腰原地转圈跳；趴在地上，爬着前进。

孩子们非常喜欢猫鼠游戏，不断地创编出与众不同的动作，但是基本上都是空间位置的变化。这时，一只"急性子猫"出现在了孩子们中间——他就是洋洋。洋洋做什么事都很快，有时风风火火，有时话还没说完，他就出现了，即便是唱歌、做操，也总是比别人快半拍。所以在刚才的游戏中，他的动作总是"先发制人"。可正是他的"抢拍"行为，不仅显得非常滑稽诙谐，同时也让大家觉得更加贴近动画片中汤姆的个性。于是，孩子们就纷纷模仿了起来。从之前的1倍速，立马加到1.5倍速、2倍速——只见这只"急性子猫"快速登场，快速化妆，走得太急又摔了一跤，惹得孩子们哈哈大笑。随即，后面又跟出几只"急性子"的小老鼠，他们上蹿下跳，表情和动作都加速演绎，简直有趣极了！

在这样的情境下，孩子们发现了更有情趣的创编思路，也激发了他们更具个性化的艺术表达。

【评 析】

艺术领域学习的关键在于充分创造条件和机会，引导儿童学会用心灵去感受美、发现美，用自己的方式去表现美、创造美。儿童对事物的感受与理解有别于成人，所以我们应该对儿童的艺术表现给予充分的理解和尊重，保护他们想象与创造的萌芽。

在整个活动中，教师基于儿童的兴趣和关注点，从汤姆和杰瑞的话题出发，不断引发思考，提供材料支持。儿童不仅感受到了乐曲诙谐、欢快的风格，还通过故事情境、身体游戏等方式理解并创编动作，进行合乐游戏。在案例的尾声，教师通过对个体差异的观察，着重关注到了儿童对于角色富有个性的感受与表达，从而拓展了儿童艺术表现与创造的新思路。

1. 基于观察模仿的表达

班杜拉的观察学习理论提出儿童是通过观察模仿来获得生活和学习经验，这样能更直观地体验学习的过程，同时也能激发学习的动力。本案例中，儿童正是通过观察习得模仿创作、随乐游戏的。比如，第一阶段是感知乐曲，观察模仿。当儿童初次倾听音乐时，教师通过故事情境调动他们对猫和鼠的已有经验，结合观察到的角色动作，模仿提取出基本的动作框架元素，并尝试合乐做出简单的动作。在这个阶段，儿童专注于对音乐的感受和动作的模仿，这不仅能够了解乐曲的结构和特点，逐渐明确游戏玩法，还能够感受动作表现的基本结构，为后期自由创编做好充分的准备。到了后期创编动作阶段，儿童不仅可以观察模仿老师、同伴的动作，还可以根据生活中积累的经验进行模仿和创造。儿童的创造与表现是有依据、有线索的，这样的创造才是有思考的独特表达。

2. 提供创造表达的情境

为了帮助儿童充分感受并表达艺术作品，教师通常会营造不同的情境。情境的介入不仅可以增加游戏的趣味性，还能够帮助儿童更好地进行动作创造和表达。活动初期为了帮助儿童感受音乐中不同乐曲的形象特点，引入大猫和小老鼠的角色，在"小老鼠跟猫散步"的情境中开始游戏；接着开始创编动作时，提供了"爱臭美、爱跳舞"的角色形象情境，调动起儿童生活中对这类形象的经验，从而创编出扭动身体、摇尾巴、昂首挺胸、照镜子等动作；随着对音乐与游戏的熟悉，儿童对动作创编的要求也由易到难，提出、设定了"寻找小老鼠"的游戏情境，通过不同地点的寻找，创编出高、中、低、更低等不同空间方位的动作。

3. 尊重儿童原创的表达

艺术活动中，儿童的表达基于他们的已有经验。在他们自主表达、创作过程中，教师不能过多干预或把自己的意愿强加给儿童，而是多倾听儿童的原创意图，在需要时再给予具体的帮助。比如，当儿童说到大猫爱跳舞、爱臭美时，他们各种各样的模仿动作，都是他们在日常生活中提炼而来的。有些动作特征很明显，大家能够明白；而有些不明显的，教师需要给予机会让创作者分享自己的意图。在动作提炼时，教师也不要过多美化，需要多听取儿童的意见和喜好，一定要尊重儿童的原创表达。

4. 引入高级榜样的激发

艺术活动是审美活动，儿童在其中获得积极的审美体验和感动，才会更愿意参加活动。为了保证审美的流畅性，教师在组织活动时要分解目标层层推进，保证每名儿童在每个阶段都能够聚焦重点，同时提供不同的高级榜样，为后一阶段做准备。在游戏中，教师的动作创编是分几个层级推进的，从手指动作到身体动作，从单一动作到方向变化，从固定体位到复合空间，直到最后个性角色的凸现，通过这样一个个性鲜明的角色，为儿童提供了高级榜样，激发出他们动作创编的新思路——原来艺术创编除了可以动作、位移变化，还可以是情感个性的变化。层层递进的游戏模式，引发儿童对高水平、高层次游戏行为的向往，更加有效地激发了儿童的潜在好奇心和自我提升的愿望。在高级榜样的引导下，儿童自主地探索和学习，不断激发和维持着学习自我实现的内源性动机。

【建　议】

给教师的建议

1. 为儿童创设艺术表现的时间与空间

和儿童共同欣赏乐曲、演唱歌曲、演奏器乐，与他们交流对音乐的感受，倾听儿童对音乐的理解。除了日常的艺术活动，教师还应与儿童积极营造艺术的时段，共同创设艺术的空间。比如，在表演区，教师可以和儿童一同搭建表演的舞台、优化艺术环境；在游戏、散步、过渡环节中播放不同风格的背景音乐，提升儿童对音乐的感受力；借助新媒体、新技术的支持，为儿童的艺术欣赏、创想搭建便捷的平台等。

2. 用肯定式的评价积极回应儿童的艺术创作

当儿童进行艺术表达时，教师一定要给予及时鼓励与积极回应，及时肯定儿童创造过程中的想法与独到之处，而非简单的"好""真棒"，让儿童感受到同伴和教师的尊重。同时注意观察幼儿的需要，在时间、空间、材料等方面给予积极的支持。

3. 注重日常生活和游戏中艺术素材和经验的积累

日常生活中要注意引导儿童观察和积累，特别是教师发现儿童出现高级的创造行为时，要及时引导他们将其转换成容易利用的记忆符号，并成为艺术创造的根基。此外，儿童生活中的动画片、绘本故事中的情节片段，也可成为儿童艺术创造的蓝本。

给家长的建议

1. 营造艺术氛围，丰富孩子的感性经验

日常居家时，家长可以多选择一些不同风格的音乐播放，让儿童的生活中环绕着悠扬的乐曲，例如进餐时播放舒缓的音乐，绘画时播放悠扬的音乐，游戏时播放活泼的音乐，等等。音乐的伴随，能够让人心情愉悦，同时还可以帮助儿童积累丰富的感性经验。有条件的家庭，还可以多带儿童一起参与音乐会，感受艺术的氛围，陶冶儿童的情操。

2. 参与音乐游戏，让孩子享受愉悦体验

家长也可以和孩子共同进行一些音乐游戏，可以是听音乐做合拍的身体动作，可以用简易或自制的乐器进行演奏，还可以选择有音乐伴奏的亲子游戏等。和儿童进行这些活动，最主要的就是享受过程，体验快乐，千万不要把它们当成技能训练。

（南京市第一幼儿园　赵初、费颖）

教育偏差

创造能力，包括艺术创造能力对人一生发展的重要性不言而喻，而我们的教育活动却常常反其道而行之。"人们不断要求教育把所有人类意识的一切创造潜能都解放出来。但是千百万人们今天却正在发现，他们创造活动的两个组成因素（思想和行动）都已经瘫痪了。"创造性思维很重要，"作为教育者，有时候抛掉以前的想法比一个幼儿做更多努力更为重要"。

"教育是一个逐步发现自己无知的过程"（杜兰特），《指南》提出的"教育建议"，以及《学会生存——教育世界的今天和明天》《教育未来简史——颠覆性时代的学习之道》中的论述能给我们的反思带来一些启发。

教育建议：

尊重幼儿自发的表现和创造，并给予适当的指导。如鼓励幼儿在生活中细心观察、体验，为艺术活动积累经验与素材。如，观察不同树种的形态、色彩等。提供丰富的材料，如图书、照片、绘画或音乐作品等，让幼儿自主选择，用自己喜欢的方式去模仿或创作，成人不做过多要求。根据幼儿的生活经验，与幼儿共同确定艺术表达表现的主题，引导幼儿围绕主题展开想象，进行艺术表现。幼儿绘画时，不宜提供范画，特别不应要求幼儿完全按照范画来画。肯定幼儿作品的优点，用表达自己感受的方式引导其提高。如"你的画用了这么多红颜色，感觉就像过年一样喜庆""你扮演的大灰狼的声音真像，要是表情再凶一点就更好了"等。

名著启示

人们不断要求教育把所有人类意识的一切创造潜能都解放出来。但是千百万人们今天却正在发现，他们创造活动的两个组成因素（思想和行动）都已经瘫痪了。歪曲的人生观与宇宙观、愚昧、暴力、产生暴力的集体精神病、无权、受苦的和受压制的统治、害怕自由——所有这一切聚集起来，使得行动与批判的思维互相进行破坏。

人是在创造活动中并通过创造活动来完善他自己的。他的创造机能就是那种对文化最敏感的机能，就是那种最能丰富和超越成就的机能，也就是那种最容易受到压制与挫折的机能。

教育既有培养创造精神的力量，也有压抑创造精神的力量。教育在这个范围内有它复杂的任务。这些任务有：保持一个人的首创精神和创造力量而不放弃把他放在真实生活中的需要；传递文化而不用现成的模式去压抑他；鼓励他发挥他的天才、能力和个人的表达方式，而不助长他的个人主义；密切注意每一个人的独特性，而不忽视创造也是一种集体活动。认清这些任务乃是现代心理教育学研究最有成果的智力成就之一。

——《学会生存——教育世界的今天和明天》

多年来，我们在研讨会上组织的一个小活动充分展示了一贯做法的威力。这个活动是这样的：首先在投影屏幕上圈出块地方，或在讲台前摆一个盒子或垃圾桶当作机场，然后请活动参与者设计和折出一架能飞出去并降落在"机场"上的纸飞机。等大家都折好纸飞机后，让他们同时向机场"发射"。通常只有少数纸飞机能成功着陆到"机场"上。

在这之后，请活动参与者根据第一次的纸飞机飞行表现重新设计并制作一架纸飞机，目的是提高飞机的飞行性能和着陆准确性。同时我们把第一轮的纸飞机放在桌上进行展示。参与者做好第二架纸飞机后，再次让他们同时向"机场"进行"发射"。我们见到的结果通常是，第二轮的着陆甚至比第一轮更差劲，因为大多数参与者改进纸飞机的方法是在原来的基础上进行修补，而不是重新设计一架新的飞机。

第二轮飞行结束后，我们把第二轮的纸飞机也收集起来放在附近的另一张桌子上进行展示，然后和参与者进行交流。我们先来看看他们的第一架飞机——每一架都有点儿不一样的地方（用的纸张、大小、折法，等等），但每一架又都是用同样的折纸方法折出来的。虽然这样折出来的纸飞机大多数都飞不好，但这是我们折纸飞机的一贯方法。老师就像折纸飞机的人，外界要求他们做这样那样的改进，但就像折飞机的方法一成不变，学校教育并没有发生变革。我们做的只是给它添加了更多的功能而已。

再来看看他们的第二架飞机。很多和第一架看起来并无大异，只是细节上略有不同。通常情况下，第二架都飞得更差。这也是一贯做法的威力啊！

我们继而引申开来，设计纸飞机和设计学校的惯性思维如出一辙。我们最后做了一件让参与者目瞪口呆、恍然大悟的事情：拿起一架纸飞机，把它揉成一个球，然后向"机场"扔了过去。这架皱的飞机显然比其他有模有样的飞机飞得更远，着陆也更精准。

我们想表达的重点就在于此：作为教育者，有时候抛掉以前的想法比一个劲儿做更多努力更为重要。我们要尽量把事情简单化，专注于真正重要的东西。真正重要的是学生怎么学而不是教师怎么教。

——《教育未来简史——颠覆性时代的学习之道》

附 《幼儿园保育教育质量评估指南》

为深入贯彻全国教育大会精神，加快建立健全教育评价制度，促进学前教育高质量发展，根据中共中央、国务院《关于学前教育深化改革规范发展的若干意见》和《深化新时代教育评价改革总体方案》精神，制定本指南。

一、总体要求

（一）指导思想

以习近平新时代中国特色社会主义思想为指导，全面贯彻党的教育方针，落实立德树人根本任务，遵循幼儿发展规律和教育规律，完善以促进幼儿身心健康发展为导向的学前教育质量评估体系，切实扭转不科学的评估导向，强化评估结果运用，推动树立科学保育教育理念，全面提高幼儿园保育教育水平，为培养德智体美劳全面发展的社会主义建设者和接班人奠定坚实基础。

（二）基本原则

1. 坚持正确方向。坚持社会主义办园方向，践行为党育人、为国育才使命，树立科学评价导向，推动构建科学保育教育体系，整体提升幼儿园办园水平和保育教育质量。

2. 坚持儿童为本。尊重幼儿年龄特点和成长规律，注重幼儿发展的整体性和连续性，坚持保教结合，以游戏为基本活动，有效促进幼儿身心健康发展。

3.坚持科学评估。完善评估内容，突出评估重点，改进评估方式，切实扭转"重结果轻过程、重硬件轻内涵、重他评轻自评"等倾向。

4.坚持以评促建。充分发挥评估的引导、诊断、改进和激励功能，注重过程性、发展性评估，引导办好每一所幼儿园，促进幼儿园安全优质发展。

二、评估内容

坚持以促进幼儿身心健康发展为导向，聚焦幼儿园保育教育过程质量，评估内容主要包括办园方向、保育与安全、教育过程、环境创设、教师队伍等5个方面，共15项关键指标和48个考查要点。

（一）办园方向。包括党建工作、品德启蒙和科学理念等3项关键指标，旨在促进幼儿园全面贯彻党的教育方针，落实立德树人根本任务，强化党组织战斗堡垒作用，树立科学保育教育理念，确保正确办园方向。

（二）保育与安全。包括卫生保健、生活照料、安全防护等3项关键指标，旨在促进幼儿园加强膳食营养、疾病预防、健康检查等工作，建立合理的生活常规，强化医护保健人员配备、安全保障和制度落实，确保幼儿生命安全和身心健康。

（三）教育过程。包括活动组织、师幼互动和家园共育等3项关键指标，旨在促进幼儿园坚持以游戏为基本活动，理解尊重幼儿并支持其有意义地学习，强化家园协同育人，不断提高保育教育质量。

（四）环境创设。包括空间设施、玩具材料等2项关键指标，旨在促进幼儿园积极创设丰富适宜、富有童趣、有利于支持幼儿学习探索的教育环境，配备数量充足、种类多样的玩教具和图画书，有效支持保育教育工作科学实施。

（五）教师队伍。包括师德师风、人员配备、专业发展和激励机制等4项关键指标，旨在促进幼儿园加强教师师德工作，注重教师专业能力建设，提高园长专业领导力，采取有效措施激励教师爱岗敬业、潜心育人。

三、评估方式

（一）注重过程评估。重点关注保育教育过程质量，关注幼儿园提升保教水平的努力程度和改进过程，严禁用直接测查幼儿能力和发展水平的方式评估幼儿园保育教育质量。

（二）强化自我评估。幼儿园应建立常态化的自我评估机制，促进教职工主动参与，通过集体诊断，反思自身教育行为，提出改进措施。同时，有效发挥外部评估的导向、激励作用，有针对性地引导幼儿园不断完善自我评估，改进保育教育工作。

（三）聚焦班级观察。通过不少于半日的连续自然观察，了解教师与幼儿互动情况，准确判断教师对促进幼儿学习与发展所做的努力与支持，全面、客观、真实地了解幼儿园保育教育过程和质量。外部评估的班级观察采取随机抽取的方式，覆盖面不少于各年龄班级总数的三分之一。

四、组织实施

（一）加强组织领导。各地要高度重视幼儿园保育教育质量评估工作，将其作为促进学前教育高质量发展、办好人民满意教育的重要举措，纳入本地深化教育评价改革重要内容，建立党委领导、政府教育督导部门牵头、部门协同、多方参与的组织实施机制。各省（区、市）要结合实际，完善本地质量评估具体标准，编制幼儿园保育教育质量自评指导手册，增强质量评估的操作性，确保评估工作有效实施。要逐步将幼儿园保育教育质量评估工作与已经开展的对地方政府履行教育职责评价、学前教育普及普惠督导评估、幼儿园办园行为督导评估等工作统筹实施，避免重复评估，切实减轻基层和幼儿园迎检负担。

（二）明确评估周期。幼儿园每学期开展一次自我评估，教育部门要加强对幼儿园保育教育工作和自评的指导。县级督导评估依据所辖园数和工作需要，原则上每3—5年为一个周期，确保每个周期内覆盖所有幼儿园。省、市结合实际适当开展抽查，具体抽查比例由各省（区、市）自行确定。

附 《幼儿园保育教育质量评估指南》

（三）强化评估保障。各地要为幼儿园保育教育质量评估提供必要的经费保障，支持开展评估研究。要切实加强评估队伍建设，建立一支尊重学前教育规律、熟悉幼儿园保育教育实践、事业心责任感强、相对稳定的专业化评估队伍，评估人员主要由督学、学前教育行政人员、教研人员、园长、骨干教师等组成，强化评估人员专业能力建设。加强对本指南的学习培训，推动幼儿园园长、教师自觉运用对本指南自我反思改进，不断提高保育教育水平。

（四）注重激励引导。各地要将幼儿园保育教育质量评估结果作为对幼儿园表彰奖励、政策支持、资源配置、园长考核以及民办园年检、普惠性民办园认定扶持等方面工作的重要依据。对履职不到位、违反有关政策规定、违背幼儿身心发展规律、保教质量持续下滑的幼儿园，要及时督促整改，并视情况依法依规追究责任。要通过幼儿园保育教育质量评估工作，积极推动地方政府履行相应教育职责，为办好学前教育提供充分的条件保障和良好的政策环境。

（五）营造良好氛围。要广泛宣传国家关于学前教育改革发展的政策措施，深入解读幼儿园保育教育质量评估的重要意义、内容要求和指标体系，认真总结推广质量评估工作先进典型经验，有效发挥示范引领作用，积极开展国际交流与合作，营造有利于促进学前教育高质量发展的良好氛围。

附件

幼儿园保育教育质量评估指标

重点内容	关键指标	考查要点
A1. 办园方向	B1. 党建工作	1. 健全党组织对幼儿园工作领导的制度机制，以政治建设为统领，加强幼儿园领导班子建设，推进党的工作与保育教育工作紧密融合。 2. 落实幼儿园党的组织和党的工作全覆盖，加强教师思想政治工作，落实党风廉政建设责任制和意识形态工作责任制，坚持党建带团建，充分发挥工会、共青团等群团组织的作用。 3. 坚持社会主义办园方向，积极研究制定幼儿园发展规划和年度工作计划。
	B2. 品德启蒙	4. 全面贯彻党的教育方针，落实立德树人根本任务，坚持保育教育结合，将培育和践行社会主义核心价值观融入保育教育全过程，注重从小做起、从点滴做起，为培养德智体美劳全面发展的社会主义建设者和接班人奠基。

重点内容	关键指标	考查要点
A1. 办园方向	B2. 品德启蒙	5. 注重幼儿良好品德和行为习惯养成，潜移默化贯穿于一日生活和各项活动，创设温暖、关爱、平等的集体生活氛围，建立积极和谐的同伴关系；帮助幼儿学会生活，养成自己的事情自己做的习惯，培育幼儿爱父母长辈、爱老师同伴、爱集体、爱家乡、爱党爱国的情感。
	B3. 科学理念	6. 遵循幼儿身心发展规律和学前教育规律，尊重幼儿个体差异，坚持以游戏为基本活动，珍视生活和游戏的独特教育价值。 7. 充分尊重和保护幼儿的好奇心和探究兴趣，相信每一个幼儿都是积极主动、有能力的学习者，最大限度地支持和满足幼儿通过直接感知、实际操作和亲身体验获取经验的需要。不提前教授小学阶段的课程内容，不搞不切实际的特色课程。
A2. 保育与安全	B4. 卫生保健	8. 膳食营养、卫生消毒、疾病预防、健康检查等工作制度和岗位职责健全，并认真抓好落实。 9. 科学制定带量食谱，确保幼儿膳食营养均衡，引导幼儿养成良好饮食习惯。 10. 教职工具有传染病防控常识，认真落实传染病报告制度，具备快速应对和防控处置能力。 11. 按资质要求配备专（兼）职卫生保健人员，认真做好幼儿膳食指导、晨午检和健康观察、疾病预防、幼儿生长发育监测等工作。
	B5. 生活照料	12. 帮助幼儿建立合理生活常规，引导幼儿根据需要自主饮水、盥洗、如厕、增减衣物等，养成良好的生活卫生习惯。 13. 指导幼儿进行餐前准备、餐后清洁、图画书与玩具整理等自我服务，引导幼儿养成劳动习惯，增强环保意识、集体责任感。 14. 制定并实施与幼儿身体发展相适应的体格锻炼计划，保证每天户外活动时间不少于 2 小时，体育活动时间不少于 1 小时。 15. 重视有特殊需要的幼儿，尽可能创造条件让幼儿参与班级的各项活动，同时给予必要的照料。根据需要及时与家长沟通，帮助幼儿获得专业的康复指导与治疗。
	B6. 安全防护	16. 认真落实幼儿园各项安全管理制度和措施，每学期开学前分析研判潜在的安全风险，有针对性地完善安全管理措施。 17. 保教人员具有安全保护意识，做好环境、设施设备、玩具材料等方面的日常检查维护，及时消除安全隐患。发生意外时，优先保护幼儿的安全。

重点内容	关键指标	考查要点
A2. 保育 与安全	B6. 安全 防护	18. 幼儿园切实把安全教育融入幼儿一日生活，帮助幼儿学习判断环境、设施设备和玩具材料可能出现的安全风险，增强安全防范意识，提高自我保护能力。
A3. 教育 过程	B7. 活动 组织	19. 认真按照《幼儿园教育指导纲要》《3—6 岁儿童学习与发展指南》要求，结合本园、班实际，每学期、每周制定科学合理的班级保教计划。 20. 一日活动安排相对稳定合理，并能根据幼儿的年龄特点、个体差异和活动需要做出灵活调整，避免活动安排频繁转换、幼儿消极等待。 21. 以游戏为基本活动，确保幼儿每天有充分的自主游戏时间，因地制宜为幼儿创设游戏环境，提供丰富适宜的游戏材料，支持幼儿探究、试错、重复等行为，与幼儿一起分享游戏经验。 22. 发现和支持幼儿有意义的学习，采用小组或集体的形式讨论幼儿感兴趣的话题，鼓励幼儿表达自己的观点，提出问题、分析解决问题，拓展提升幼儿日常生活和游戏中的经验。 23. 关注幼儿学习与发展的整体性，注重健康、语言、社会、科学、艺术等各领域有机整合，促进幼儿智力和非智力因素协调发展，寓教育于生活和游戏中。 24. 关注幼儿发展的连续性，注重幼小科学衔接。大班下学期采取多种形式，有针对性地帮助幼儿做好身心、生活、社会和学习等多方面的准备，建立对小学的积极期待和向往，促进幼儿顺利过渡。
	B8. 师幼 互动	25. 教师保持积极乐观愉快的情绪状态，以亲切和蔼、支持性的态度和行为与幼儿互动，平等对待每一名幼儿。幼儿在一日活动中是自信、从容的，能放心大胆地表达真实情绪和不同观点。 26. 支持幼儿自主选择游戏材料、同伴和玩法，支持幼儿参与一日生活中与自己有关的决策。 27. 认真观察幼儿在各类活动中的行为表现并做必要记录，根据一段时间的持续观察，对幼儿的发展情况和需要做出客观全面的分析，提供有针对性的支持。不急于介入或干扰幼儿的活动。 28. 重视幼儿通过绘画、讲述等方式对自己经历过的游戏、阅读图画书、观察等活动进行表达表征，教师能一对一倾听并真实记录幼儿的想法和体验。

重点内容	关键指标	考查要点
A3. 教育过程	B8. 师幼互动	29. 善于发现各种偶发的教育契机，能抓住活动中幼儿感兴趣或有意义的问题和情境，能识别幼儿以新的方式主动学习，及时给予有效支持。 30. 尊重并回应幼儿的想法与问题，通过开放性提问、推测、讨论等方式，支持和拓展每一个幼儿的学习。 31. 理解幼儿在健康、语言、社会、科学、艺术等各领域的学习方式，尊重幼儿发展的个体差异，发现每个幼儿的优势和长处，促进幼儿在原有水平上的发展。不片面追求某一领域、某一方面的学习和发展。
	B9. 家园共育	32. 幼儿园与家长建立平等互信关系，教师及时与家长分享幼儿的成长和进步，了解幼儿在家庭中的表现，认真倾听家长的意见建议。 33. 家长有机会体验幼儿园的生活，参与幼儿园管理，引导家长理解教师工作对幼儿成长的价值，尊重教师的专业性，积极参与并支持幼儿园的工作，成为幼儿园的合作伙伴。 34. 幼儿园通过家长会、家长开放日等多种途径，向家长宣传科学育儿理念和知识，为家长提供分享交流育儿经验的机会，帮助家长解决育儿困惑。 35. 幼儿园与家庭、社区密切合作，积极构建协同育人机制，充分利用自然、社会和文化资源，共同创设良好的育人环境。
A4. 环境创设	B10. 空间设施	36. 幼儿园规模与班额符合国家和地方相关规定，合理规划并灵活调整室内外空间布局，最大限度地满足幼儿游戏活动的需要。除综合活动室外，不追求设置专门的功能室，避免奢华浪费和形式主义。 37. 各类设施设备安全、环保，符合幼儿的年龄特点，方便幼儿使用和取放，满足幼儿逐步增长的独立活动需要。提供必要的遮阳遮雨设施设备，确保特殊天气条件下幼儿必要的户外活动能正常开展。
	B11. 玩具材料	38. 玩具材料种类丰富，数量充足，以低结构材料为主，能够保证多名幼儿同时游戏的需要。尽可能减少幼儿使用电子设备。 39. 幼儿园配备的图画书应符合幼儿年龄特点和认知水平，注重体现中华优秀传统文化和现代生活特色，富有教育意义。人均数量不少于 10 册，每班复本量不超过 5 册，并根据需要及时调整更新。幼儿园不得使用幼儿教材和境外课程，防止存在意识形态和宗教等渗透的图画书进入幼儿园。

重点内容	关键指标	考查要点
A5. 教师队伍	B12. 师德师风	40. 教职工有坚定的政治信仰，按照"四有"好教师标准履行幼儿园教师职业道德规范，爱岗敬业，关爱幼儿，严格自律，没有歧视、侮辱、体罚或变相体罚等有损幼儿身心健康的行为。 41. 关心教职工思想状况，加强人文关怀，帮助解决教职工思想问题与实际困难，促进教职工身心健康。
	B13. 人员配备	42. 幼儿园教职工按国家和地方相关要求配备到位，并做到持证上岗，无岗位空缺和无证上岗情况。 43. 幼儿园教师符合专业标准要求，保育员受过幼儿保育职业培训，保教人员熟知学前儿童身心发展规律，具有较强的保育教育实践能力。园长应具有五年以上幼儿园教师或者幼儿园管理工作经历，具有较强的专业领导力。
	B14. 专业发展	44. 园长能与教职工共同研究制订符合教职工自身特点的专业发展规划，提供发展空间，支持他们有计划地达成专业发展目标。 45. 制订合理的教研制度并有效落实，教研工作聚焦解决保育教育实践中的困惑和问题，注重激发教师积极主动反思，提高教师实践能力，增强教师专业自信。 46. 园长能深入班级了解一日活动和师幼互动过程，共同研究保育教育实践问题，形成协同学习、相互支持的良好氛围。
	B15. 激励机制	47. 树立正确激励导向，突出日常保育教育实践成效，克服唯课题、唯论文等倾向，注重通过表彰奖励、薪酬待遇、职称评定、岗位晋升、专业支持等多种方式，激励教师爱岗敬业、潜心育人。 48. 善于倾听、理解教职工的所思所做，发现和肯定每一名教职工的闪光点和成长进步，教职工能够感受到来自园长和同事的关心与支持，有归属感和幸福感。

1. 玛利亚·蒙台梭利.童年的秘密［M］.芭芭拉·卡特，霍力岩，李敏谊，李冰伊，译.北京：光明日报出版社，2013.

2. 唐纳·科克，库尔特·W·费希尔，杰拉尔丁·道森.人类行为、学习和脑发展：典型发展［M］.宋伟，梁丹丹，主译.北京：教育科学出版社，2013.

3. 格雷格·卢金诺夫，乔纳森·海特.娇惯的心灵："钢铁"是怎么没有炼成的？［M］.田雷，苏心，译.北京：生活·读书·新知三联书店，2020.

4. 阿尔弗雷德·阿德勒.儿童的人格教育［M］.彭正梅，彭莉莉，译.上海：上海人民出版社，2011.

5. 鲁道夫·德雷克斯，薇姬·索尔兹.孩子：挑战［M］.甄颖，译.北京：生活·读书·新知三联书店，2015.

6. 阿尔弗雷德·阿德勒.儿童教育心理学［M］.王童童，译.北京：中华工商联合出版社，2017.

7. 马克斯·范梅南.教学机智——教育智慧的意蕴［M］.李树英，译.北京：教育科学出版社，2001.

8. 河合隼雄.孩子的宇宙［M］.王俊，译.上海：东方出版中心，2014.

9. 佐藤学.学习的快乐——走向对话［M］.钟启泉，译.北京：教育科学出版社，2004.

10. 内尔·诺丁斯.批判性课程：学校应该教授哪些知识［M］.李树培，

译．北京：教育科学出版社，2012.

11. 内尔·诺丁斯．学会关心：教育的另一种模式［M］．于天龙，译．北京：教育科学出版社，2011.

12. 卡尔·罗杰斯，杰罗姆·弗赖伯格．自由学习［M］．王烨晖，译．北京：人民邮电出版社，2015.

13. 约翰·洛克．教育漫话［M］．杨汉麟，译．北京：人民教育出版社，2006.

14. 伊丽莎白·格林．做更好的教师：教育怎样发挥作用［M］．李晨，译．上海：华东师范大学出版社，2019.

15. 罗伯特·帕特南．我们的孩子［M］．田雷，宋昕，译．北京：中国政法大学出版社，2017.

16. 阿尔弗雷德·阿德勒．自卑与超越［M］．马晓佳，译．北京：民主与建设出版社，2017.

17. 卡罗尔·德韦克．终身成长［M］．楚祎楠，译．南昌：江西人民出版社，2017.

18. 马克斯·范梅南，巴斯·莱维林．儿童的秘密——秘密、隐私和自我的重新认识［M］．陈慧黠，曹赛先，译．北京：教育科学出版社，2004.

19. 大卫·伊格曼．大脑的故事［M］．闰佳，译．杭州：浙江教育出版社，2019.

20. 瓦莱丽·汉农，萨拉·吉林森，莉奥妮·香克斯．学以致用：世界教育趋势及令人振奋的实践［M］．刘海粟，译．北京：中国人民大学出版社，2016.

21. 克努兹·伊列雷斯．我们如何学习：全视角学习理论［M］．孙玫璐，译．北京：教育科学出版社，2010.

22. 安德烈亚斯·施莱歇尔．超越 PISA：如何建构 21 世纪学校体系［M］．徐瑾劼，译．上海：上海教育出版社，2018.

23. 高杉自子．幼儿教育的原点［M］．王小英，译．上海：华东师范大学出版社，2014.

24. 珍妮特·冈萨雷斯 – 米纳．多元化社会中的早期教育［M］．徐韵，周红，译．南京：江苏教育出版社，2008.

25. 约翰·杜威．我们怎样思维·经验与教育［M］．姜文闵，译．北京：人民教育出版社，2005.

26. 马克斯・范梅南.教育的情调［M］.李树英，译.北京：教育科学出版社，2019.

27. 约翰・D・布兰思福特，等.人是如何学习的［M］.程可拉，孙亚玲，王旭卿，译.上海：华东师范大学出版社，2013.

28. 伊恩・朱克斯，瑞恩・L・沙夫.教育未来简史——颠覆性时代的学习之道［M］.钟希声，译.北京：教育科学出版社，2020.

29. 皮亚杰.皮亚杰教育论著选［M］.卢濬，选译.北京：人民教育出版社，2015.

30. 大卫・苏泽，等.教育与脑神经科学［M］.方彤，黄欢，王东杰，译.上海：华东师范大学出版社，2014.

31. J.S.布鲁纳.布鲁纳教育论著选［M］.邵瑞珍，张渭城，译.北京：人民教育出版社，2018.

32. 怀特海.教育的目的［M］.庄莲平，王立中，译注.上海：文汇出版社，2012.

33. 蒂莫西・D・沃尔克.芬兰教育现场［M］.李红燕，牛双红，译.上海：华东师范大学出版社，2018.

34. 沛西・能.教育原理［M］.王承绪，赵端瑛，译.北京：人民教育出版社，2005.

35. 琼・利特菲尔德・库克，格雷格・库克.儿童发展心理学［M］.和静，张益菲，译.北京：中信出版集团，2020.

36. 联合国教科文组织国际教育发展委员会.学会生存——教育世界的今天和明天［M］.北京：教育科学出版社，1996.

37. 安德森，等.教育目标分类学［M］.蒋小平，等译.北京：外语教学与研究出版社，2009.

38. 皮亚杰.发生认识论原理［M］.王宪钿，译.北京：商务印书馆，1981.

39. 曹能秀.学前比较教育［M］.上海：华东师范大学出版社，2009.

40. 周采.比较学前教育［M］.北京：人民教育出版社，2010.

41. 王坚红，尹坚勤.国际视野下的学前教育机构评估标准［M］.南京：南京师范大学出版社，2012.